Business Model Reconstruction

商业模式重构

从核心科技到价值主张

胡兴民　　杨芳莉　著

中国出版集团　东方出版中心

图书在版编目（CIP）数据

商业模式重构：从核心科技到价值主张 / 胡兴民，
杨芳莉著. -- 上海：东方出版中心，2024. 12.
ISBN 978-7-5473-2643-5

I. F71

中国国家版本馆CIP数据核字第202459YW75号

商业模式重构：从核心科技到价值主张

著　　者	胡兴民　杨芳莉
策　　划	刘佩英
责任编辑	周心怡
特约编辑	郑韵颖　曹毅波
封面设计	沈恪诚
版式设计	余佳佳

出 版 人　陈义望
出版发行　东方出版中心
地　　址　上海市仙霞路345号
邮政编码　200336
电　　话　021-62417400
印 刷 者　上海万卷印刷股份有限公司

开　　本　890mm×1240mm　1/32
印　　张　11.125
字　　数　275千字
版　　次　2025年1月第1版
印　　次　2025年1月第1次印刷
定　　价　78.00元

推荐序一

　　很高兴看到胡兴民、杨芳莉的新书《商业模式重构：从核心科技到价值主张》出版。胡兴民先生是南京大学商学院的博士，曾任IBM、eBay 中国、海尔集团、麦德龙集团、顶新国际集团等国内外大型企业的高层管理者，可以说是理论与实践兼具的难得人才。为了加强理论与实践的结合，南京大学商学院也多次邀请胡兴民先生在本校 MBA、EMBA 课堂，从实践视角，开设数字营销、企业数字化转型、商业模式创新等相关课程。

　　商业模式是在互联网经济成为商业主流以后，逐渐从实践中归纳出来的一套理论与方法，基于这一发展背景，绝大多数商业模式的书籍，都侧重在讲述新兴网络企业发展出来的新商业模式，例如亚马逊、阿里巴巴等电商企业的去中间化模式，优步（Uber）、爱彼迎（Airbnb）的共享经济模式，阿里巴巴、腾讯的生态圈模式，Facebook、推特与微信等的社群经济模式，Spotify、YouTube 以及爱奇艺等视频或音乐平台的免费＋付费模式（freemium）等。我们在商学院中跟许多已经在不同企业任职主管多年的 MBA、EMBA 同学介绍这些新模式时，经常会有学生提出疑惑："这些新模式与我服务企业的现况差异太大，要在我的公司应用这些模式实在很难！"还有些同学说："我们公司是生产并销售机械设备的，你让我免费，那么我们公司靠什么活下去呢？"面对这种状况，作为学校的老师，我更多的也只能建议学生们，要充分了解每个模型的背景以及适用环境，至于如何在企业内引进适当的新商业模式，提升企业竞争力，以及这些新模式是否能够对企业获利能力产生实际效果，则存在理论与实践上比较大的差距。因为企业需要考虑多个维度的商业模式整合，仅凭借套用单一模式，往往只能解决局部问题，产生的效果极为有限。

胡兴民先生具有数十年、跨行业领域的实践经验，加上较深的理论素养，他从行业视角出发，深入探索企业的发展历史以及当前面临的挑战。然后提出一个价值模型：包含价值主张、价值生成、价值传递、价值推广、价值获取五个维度，以新的价值主张为核心，用这一价值模型将当前理论与实践上的各种典型商业模式进行分类。这五个维度的商业模式看似独立，但是在实践工作上却必须紧密配合，才能发挥其最大效果。在学术界比较少见对不同商业模式的理论整合框架。这一理论框架能够很有效地帮助不同行业的管理者重新理解与界定商业理论模式，更深入地对企业多个维度的商业运营模式进行完整的思考，并且将不同维度的商业模式整合到一个完整的架构中。这为企业高层关于商业模式战略的制定，提供了一个非常好的思考框架。例如，从事制造业的人会认为采用"免费模式"没有用，因为他们面临的是，传统生产线无法动态满足客户个性化的要求，以及传统渠道推广乏力的困境，免费模式解决不了他们的问题。胡兴民先生采取的方式是，基于价值模型，从制造业的发展轨迹来检视它在生产资源的部署与获取方面是怎么做的，再沿着价值模型，基于当前万物智能互联的大环境，解答制造型企业如何能更有效地获取、部署生产能力。价值模型的五个维度，也不忘提醒制造型企业管理层，他们还需要考虑如何将生产出来的产品的价值传递给客户或消费者，例如应该搭配什么样的创新销售渠道模式或采取什么样创新的服务模式。最后，他们还要考虑是否采取新的定价或收费模式，避免掉入激烈价格竞争的红海。这才能彻底地解决企业当前面临的复杂问题，是企业在思考商业模式创新时，应该有的完整、系统化的思考方法，这更契合数智时代"价值链逆转"的大趋势。

    当今世界技术革命与大国博弈并存，企业在这时代大潮中，必须要能够与时俱进，对自身的商业逻辑进行创新，让企业更能适应环境，保守不求创新的企业必然遭到社会的淘汰。在各种创新活动当中，商业模式创新正处于企业创新的顶层架构位置，本书中提出的价值模型确实是一个比较完整而周延的战略思考蓝图，值得企业家们以及在学的同学们参考。

教育部长江学者特聘教授

南京大学商学院院长、教授、博士生导师

安同良

推荐序二

在商业世界里，成功绝非偶然。我们正身处于各行各业高度内卷的时代，竞争从未如此激烈。破局的关键，在于对自身的商业模式的不断审视、优化和重构。传统模式下的销售策略及营销章法，已经无法满足市场快速变化和客户的多样需求。《商业模式重构：从核心科技到价值主张》为我们提供了一个重新思考的契机。

本书深入剖析了商业模式的核心，提出"价值主张是任何企业的生命线"，用实际案例和清晰的脉络，诠释当今企业该如何打破常规，去真正满足客户需求。在我看来，这不仅是一种策略，更是一种思维方式的转变。传统的思维往往让我们陷入固有的框架，而真正的突破，来自对价值的重新审视。

书中继而提出商业模式创新路径，涵盖了从价值生成到价值推广的各个环节。胡博士让复杂的商业挑战变得易于理解，帮助我们找到实际操作的方法。无论你身处哪个行业，掌握这些思路，能帮助你更笃定且从容地迎接未来的挑战。

我强烈推荐这本书给所有希望推动业务发展的领导者和管理者。这不仅是一本理论指导书，更是一本行动手册，帮助你从新的角度审视自己的企业，并启发你在不确定的未来中找到明确的方向。

米其林大中华区副总裁

刘　鹏

推荐序三

　　世界在不断变化，时代的发展影响着每一个人的工作和生活，同时也酝酿了一代又一代的企业发展的土壤。从手工时代开始，每一次技术的更新都催生出了全新的商业理念，在满足人们现下需求的同时，又引导出了全新的需求，反过来又再次影响技术的发展。而如今，伴随着人工智能、数字化转型等新技术的出现，企业的生存环境进一步变得难以捉摸，研发速度要求越来越快，产品的生命周期越来越短，用户的需求也越来越个性化，这就对企业的商业模式提出了更高的要求。

　　尤其是在中国，市场竞争异常激烈，迭代速度异常之快，以互联网为例，从第一代互联网——门户网站开始，到后来的平台经济，再到现在移动互联网的本地化生活、直播和短视频，甚至很多消费者都跟不上这快速的变化。但毫无疑问，每一次迭代都是基于上一代的基础之上。有了门户网站带来的互联网居民，才有了购物平台上的大量消费者；有了这些消费者，才有了线下门店的引流；有了这种O2O（线上到线下，online to offline）的模式，才有了大量移动互联网App的诞生。可以看到，虽然商业模式日新月异，但每一代都离不开上一代所打下的基础，因此了解商业模式的历史流转，深入研究其内在逻辑，才能打造企业的动态能力，在下一个时代立于不败之地。

　　很多人说，商业模式的研究只是对之前经验的总结，并不能启发对未来的思考，我认为此言差矣。诚然，理论研究和实践之间存在一定的差距，但如我之前所说，新的实践脱胎于之前的实践，而理论也来自实践，只要摸清其中的本质，那理论研究必然会对实践有益。

因此，当我这次有幸提前读到《商业模式重构：从核心科技到价值主张》之后，立刻感觉到这是一本不可多得的理论与实践相结合的好书，书中不仅清楚讲述了商业模式的发展、理论以及本质，理清了脉络沿革，更是总结了一套可以用于实践的创新理论，这套理论并非给一个模式去套，而是说明白了应该从哪几个维度去做创新思考，如何在现实的基础上更进一步去思考未来的方向。不仅如此，书中也总结了一套组建创新团队的方法，帮助读者从理论到实践，真正地让创新模式落地。

胡老师曾任职 IBM、全家、海尔等多家大型企业的高级管理者，带领着团队做出了卓越的成绩，现在也一直奋战在商学院的一线，给年轻的管理者们传授他的宝贵经验。因此，他一直保持着对市场的敏锐洞察，是一位兼具实践和理论的创新专家。

希望胡老师和杨老师的这本著作，能给更多的管理者带去对商业模式的思考和启发。市场变化，风云诡谲，让我们一起奋斗在路上。

钉钉首席运营官

傅徐军

前　言

　　商业模式已经不是一个新的话题，为什么我还要出这本关于商业模式的书，因为从我 20 多年任职于世界 500 强的企业高管，以及后来在几所华东地区 985 高校给 EMBA 的学员上课的经验来看，我发现，企业家们最大的困境——企业无法快速增长的原因，大多数是商业模式的问题。为什么这么说，因为我发现企业家们在介绍自己的企业时，都只能说出自己是什么行业、什么赛道。这种行业或赛道的思维方式，使得大多数企业家的思维被局限在固定的窠臼里面，无法跳脱出来想清楚自己的企业到底能给客户带来什么价值，这个价值有什么独特之处，这就是大多数企业缺乏竞争力的底层原因。

　　我曾经管理一家大型便利连锁商店，我刚上任，采购总监就问我："总裁，我们要卖几种针和线，我们要陈列几款蜜饯糖果？"我问他："我们为什么要卖针、线或蜜饯？"这位资深的采购总监说："我们是便利店啊，不就是要带给客户'便利'嘛！"我的回答是："请问你觉得我们应该卖'刚需、高频'的产品，还是'稀有少卖'的商品？"这位总监想了半天，无法跳出他脑子里面便利店的刻板印象，这样当然就无法和竞争对手产生差异化。经过调研，我们后来调整产品，以咖啡、生菜色拉、盒饭、三明治、包子等鲜食产品作为主打，很快，客户的消费频次大幅上升，我们的毛利率也是同行的两倍。这些所有的创新成功，都源于价值主张的创新。

　　为什么讲商业模式需要先谈价值主张，很简单，卖蜜饯、矿泉水

1

的便利店与卖咖啡、生菜色拉、盒饭的便利店的生产体系是完全不同的，它们的门店装修、场景化设计，也是截然不同的。所以一旦消费者选择不同的商品或服务，企业的生产、物流、营销体系都会发生相应的改变。后来，在这家便利店，我们又推动付费会员制度，客户每年缴 100 元，就可以得到更多的优惠，结果我们近亿的会员基数当中有 20% 的客户买了付费会员年卡。如果你的心算还可以，大概可以算出我们一年收了多少会员费。这笔会费收入高于绝大多数国内连锁便利店的销售金额。我们也因此成了业界争相模仿的对象。这个例子包含了商业模式创新的五大部分，首先是价值主张创新，接下来依次是价值生成创新（产品制造）、价值交付创新（门店体验设计）、价值获取创新（付费会员制度）以及价值推广创新（数据化管理客户终身价值）。所以商业模式不是简单一句话，我是 B2B（business to business，企业对企业）或 B2C（business to consumer，企业直接面向消费者），你需要思考上述五个维度的价值创新，这五个维度的价值创新能给你一个良好的思考框架，也是本书在理论模型上的创新。

我在给 EMBA 学员上课时，经常听到同学们反映，某某老师讲的商业模式像是天马行空，难以落地。例如你是生产汽车的，他就让你改行做共享汽车，只要是做超市的，他就让你学胖东来。这样脱离现况的思考方法，对于还在企业内天天打拼的人来说，是完全不可行的。

我在学生时期，有幸跟过几位大师级别的老师学习，例如近代营销学之父菲利普·科特勒（Philips Kolter）教授，系统动态学之父、麻省理工学院的杰伊·福雷斯特（Jay Forrester）教授。我发现他们有一个共同特色，在理论形成时都积累了大量的商业历史经验，在理论迭代时，又都能掌握时代脉动，特别是与时俱进的创新技术。

本书将帮助你与时俱进地思考企业该选择的路以及该怎么走，要深入探索这个问题，就必须先想清楚你这个行业是怎么来的，它经过哪些迭代演化，现在的挑战在哪里？未来趋势又会如何对行业产生影响？我们常说，研究历史可以"鉴往知来"，商业模式的研究也是这个逻辑。因此，本书展开的方法，将时代分为三阶段——传统商业时代（20世纪初到世纪末）、互联网经济时代、数字化智能时代。

我们会先解读过去百年的商业历史，了解生产、商贸、物流、服务等行业的模式迭代。接着我会探究"互联网+"在不同行业有哪些模式创新。最后从数字化与智能化的角度去看，告诉你企业可以应用的最新概念或模式。这样可以避免过去你在阅读商业模式书籍时经常遇到的问题，"书上的模式非我族类，不能适用"。例如，你明明是搞生产的，有自己的产品、工厂，你看了平台模式的书籍，会觉得你的企业应该立即放弃生产，关闭渠道，改行专心做平台吗？不行的，你仍然需要考虑你的现况，并且推演未来事件和整个行业的走向，决定你的新商业模式，要知道，不是只有平台才能活得下去。再例如你原来是做实体零售，可是电商一直做不好；或是做快消品的，有门店和电商两个渠道销售，这两个部门经常打架，该怎么将它们整合起来。还有的人可能会问："我的产品放在超市门店，如何能够超越放在旁边货架上的竞品？""我是做设备销售的，怎么能够超越其他对手？"这些在这本书里都有答案。

我会让你从商业历史迭代中，找到你现在的位置，再告诉你未来可以考虑的方向，这时即使你真的考虑不搞生产，要搞平台了，你也会有比较清楚的逻辑判断。你会发现这本书是商业模式转型的最佳指引。

现在，就让我们一起进入商业模式创新的世界！

目　录

商业模式赋予企业的价值和竞争力

PART I

第 1 章
透视商业模式的本质和意义

1.1　商业模式的迷思

首先，什么是商业模式，很多人会说自己的商业模式是 B2C、C2C、B2B，他们认为这样就把自己的商业模式概括全了。可是一家企业的商业模式真的是区区几个字就能讲清楚的吗？更直接地说，这几个字就能指导所有员工弄清楚，到底自己在干什么吗？当然不行，因为这种说法，只是描述了一个静态的商业现象，或者说它只是在行业当中的大分类，并没有讲清楚这家企业到底是怎么活的，如何在行业当中做得比竞争对手更好，如何完成自己的商业目的。

1.2　商业模式的核心及源起

商业模式是企业向利益攸关者的陈述。面对股东，企业要能清楚地告诉他们，自己在做什么业务，如何能赚钱。这是他们对企业投资的基本要求。面对团队，清楚的商业模式能指导团队，告诉团队中所有的成员，企业将走向何方，所有员工该怎么做，在设计行动方案时做出选择的基本原则。面对外部合作伙伴，如果想要建立与他们的长久合作关系，也要让他们理解清楚，企业到底是在做什么；说服了他们，这些外部的合作厂商才会愿意投入资源，为企业提供最好的产品与服务。

"商业模式"一词最早在 1957 年由贝尔曼（Bellman）和克拉克（Clark）提出，到了 2005 年加兹亚尼（Ghaziani）和瓦特里斯克（Ventresca）进一步将商业模式术语扩展到各个领域（如营销、管理、银行和通信技术），并在各种商业框架（如商业计划、商业战略、价值创造、全球化和组织设计）中使用。而后在 2014 年，达西尔瓦（DaSilva）和特克曼（Trkman）梳理了大量文献，发现了商业模式常常与管理文献中的其他流行术语混淆（如战略规划、业务模型、收入结构、经济模型），于是他们对商业模式的含义和应用重新定义，但依然没有给出确切的内涵。不过在这个过程中，沃顿商学院管理学教授克里斯托夫·佐特（Christoph Zott）和拉斐尔·阿密特（Raphael Amit）通过大量研究，在 2001 年发表的权威性商科论文中，对商业模式进行了比较权威的解释，商业模式是通过利用商业机会来创造价值，从而设计的交易内容、交易结构和对交易的治理方式。

那么，商业模式有什么价值和作用？它可以帮助企业打造持续赚钱的能力。

自从商业兴起之后，商业模式就一直存在，只是人们对它还没有一个清晰、统一的认识。在 20 世纪 90 年代以前，还没有商业模式的概念。90 年代开始在企业战略以及竞争优势的理论研究中，偶尔会提到商业模式。2000 年以后互联网兴起，加速了企业经营及业务模式的创新，一些新的互联网化的模式确实能快速击败那些存在已久的传统企业，例如雅虎（Yahoo）的出现，使得传统电视、报纸媒体濒临灭绝。电商的出现，让实体门店日趋萧条。但这些新生的互联网企业，常常会陷于无法长期获利的窘境，需要靠着资本续命，由此商业模式开始被热烈地讨论。所以，商业模式的重点就是怎么赚钱。

1.3　商业模式不是短期生意套路，而是更高层次的经营战略

在继续讲什么是商业模式之前，我认为有必要先说说什么"不是"商业模式。你可能会在很多平台上看到一些人夸夸其谈地说商业模式，例如超市应该做这样的促销活动，"一斤鸡蛋卖一块钱"，把客户吸引过来，然后告诉客户，充值 100 元的会员卡再送 100 元，前面这 100 元是随时可以抵现金消费，后面那 100 元可以抵扣每次到店购买金额的 10%，这样客户一算，那不就是长期九折了嘛！如此客户就会不断地来，成为忠实客户。这些培训讲师会说，这就是"引流、截流、变现"的商业模式。这是不是商业模式呢？严格说这只是做生意的"套路或促销"，我们讲的商业模式是一种更高层次的经营战略，不是做生意时的短期套路。

1.4　什么是商业模式——基于不同视角的五大主流观点

我们先来看看国内外的学者专家是如何定义商业模式的，总览相关的研究与书籍，对于什么是商业模式，基于不同视角的探索，主要有以下五种观点。

1.4.1　商业模式是"流程设计"

学者欣费尔德（Sinfield）在 2012 年的斯隆管理学报（*Sloan Management Review*，美国麻省理工学院管理学院的期刊）中提出，商业模式是一家企业在各个方面尝试，去发展出一个可获利的产品或服务，并且交付到目标客户手里。这不仅是一种系统化的方法，更是在探索企业创造价值的方式，为企业的发展找到新的成长机会。

佐特和阿密特（Christoph Zott, Raphael Amit, 2010）在他们的一篇

论文 "Business Model design: An Activities System Perspective" 中也提出，商业模式是设计企业 "活动系统" 的理论观点。他们进一步指出，商业模式是关于各种交易在 "内容、结构与治理" 的设计，使得企业能通过商业机会的探索来创造价值（Depicting the content, structure, and governances of transactions design so as to create value through the exploitation of business opportunities）。所谓的 "活动"（activities），在商业模式中可以被看作企业经营模式中的任何一个个体（或企业）投入的人员、物质、资金等资源，用以服务特定目的，以满足最终整体目标。一个活动系统（activities system），就是 "一组围绕于目标企业的相互关联的组织活动，包含那些由核心企业、合作伙伴、卖方或客户，所做出的行为组合"。

1.4.2 商业模式是 "说故事"，解释企业是如何经营的

马格立塔（Magretta）（2002）在《哈佛商业评论》（*Harvard Business Review*）提出，商业模式就是说故事。它要能够解释企业是如何经营的，这里的如何经营有两层意义：① 怎么运营日常工作；② 如何产生效果。马格立塔指出，一个好的商业模式要回答德鲁克（Peter Drucker）的老问题："你的客户是谁？""客户看重你提供的什么价值？"它也回答了每个经理人都必须思考的问题："我们怎么赚钱？"从基本经济逻辑来看，就是 "企业如何在适当的成本下，把价值交付给客户，达成企业获利的目的"。

1.4.3 商业模式是说明 "利益团伙关系结构" 的观点

清华大学教授魏炜、朱武祥认为，商业模式本质上就是利益相关者的交易结构。他们认为企业的利益相关者包括外部利益相关者和内部利益相关者两类，外部利益相关者指企业的顾客、供应商、其他各种合作伙伴等；内部利益相关者指企业的股东、企业家、员工等。图

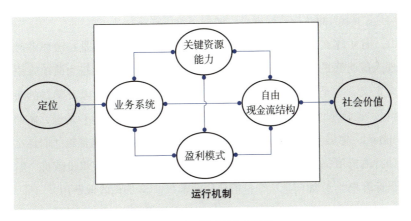

图 1-1　商业模式的六大要素

1-1 是由魏、朱两位教授提出的，他们将观点以图形描绘出来，认为完整的商业模式体系分成六大要素，分别为：定位、业务系统、关键资源能力、盈利模式、自由现金流结构和社会价值。

　　商业模式设计，首先企业要掌握精准的定位，再通过一套运营机制，最后产出对社会的价值。中间这个运营机制需要考虑企业的业务系统，这里的业务系统并不是狭隘的销售工作，而是所有与运营相关的职能，例如供应链、生产、营销、物流、服务等。除此之外，还需要关注企业的关键资源能力的部署，以及现金流的支持。最后还需要考虑盈利模式。通过这几个环节，产出最后的社会价值。这些描述就构成了企业的商业模式。

1.4.4　商业模式是说明，如何进行"价值传递"

　　拉帕（Rappa）（2002）认为商业模式，就是清楚说明一个公司如何通过价值链定位来赚钱。这个定义也有同样的问题，什么是价值链定位？加州伯克利大学教授戴维·蒂斯（David Teece）（2010）认为，商业模式能够提供数据与佐证，来证明企业如何创造与传递价值，商业模式也架构出企业传递价值过程中带来的收入、成本以及利润。

1.4.5 商业模式是思考，如何"价值创新"

看了这么多不同的定义，个人觉得这些说法都不是一般职业经理人能听懂的，对于商业模式的定义，我更倾向采用较为简单言语来定义，它是"说明一个企业如何在行业当中，制胜以及赚钱的逻辑"。也就是说明，你做的是什么生意（what），你的生意是怎么做的（how），你需要回答五个问题：① 你的客户是谁，你能带给他们什么独特的价值？② 这些价值是如何创造出来的？③ 如何将价值推广给目标客户？④ 如何把这个价值传递给客户？⑤ 如何收取费用？

这样的定义涵盖面够广，而且讲清楚了需要商业模式的目的——赚钱。在现代商业环境下，同行内卷严重，企业是怎么赚钱的并不是一句话就讲得明白的，还需要说清楚这几个问题：你所提供的产品或服务为什么优于其他竞争对手；客户为什么需要你的东西；如果有类似的竞争对手，客户为什么选择你；最终为什么你的成本低于你的收益，也就是你如何赚钱等问题。否则你做出来的产品，即使具有你认为的可以接受的功能，大家还是会问你比别人更好还是更便宜、客户为什么向你买单；即使你侥幸卖掉了，你能有利润吗？这些都是商业模式必须说清楚的。

1.5 本章小结

本章作为全书的开端，总结了学者们从不同视角出发，对商业模式的五种定义：

（1）商业模式是"流程设计"。

（2）商业模式是"说故事"，解释企业是如何经营的。

（3）商业模式是说明"利益团伙关系结构"的观点。

（4）商业模式是说明，如何进行"价值传递"。

（5）商业模式是思考，如何"价值创新"。

第2章
后互联时代商业模式的变革和价值

2.1 后互联网时代，再一次改变了商业模式

蒸汽机的发明，使得机器取代了部分人工，我们称之为第一次工业革命；电气化进一步提升了生产效率，生产开始大规模化，创造了巨大的经济利益，我们称之为第二次工业革命；在以电脑系统的发明为代表的时代，人们能够更有效率地沟通、决策，大量自动化设备进入生产环境，我们称之为第三次工业革命；互联网的发明，改变了人们的沟通、生活、商业模式，构成了第四次工业革命。而现在我们正处在"后互联网时代"与"数字化智能时代"，"后互联网"是互联网的 2.0 版本，前面的互联网 1.0 的入口在台式的个人电脑，我们必须在特定场合，有台式电脑可用（至少也要笔记本电脑）。而 2.0 版的互联网是以移动互联网为基础所构成的世界，人们可以随时随地接入网络，由于物联网（IoT, Internet of Things）的接入，使得各种设备也可以随时将信息回传，主控机制（人或电脑）也可以随时对这些设备发出指令。而发出指令，就需要先有逻辑判断，这就开启了数字化智能时代。智能时代的来临，不但带来了相关的技术，使得"万物互联"，更带来了生活的转变，消费者的想法发生了极大的变化，这就要求企业的商业模式也随之快速改变。

2.2 商业模式转型的三个推力与一个拉力

在众多的改变当中，我们总结出了三个推力（市场需求、消费体验、跨业竞争）与一个拉力（新科技应用），这四个力迫使企业更为急切地改变自身的商业模式，参见图 2-1。

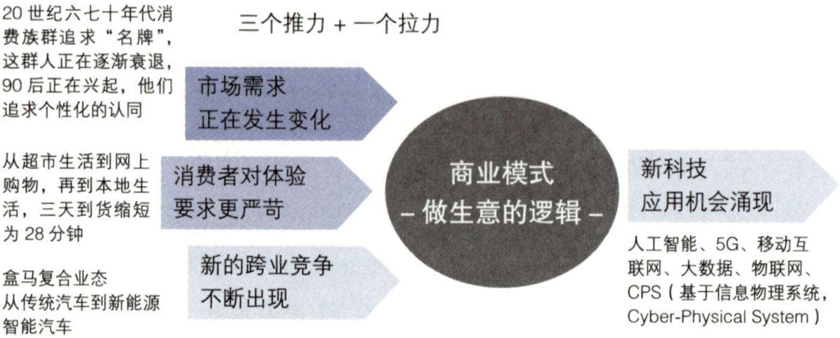

20 世纪六七十年代消费族群追求"名牌"，这群人正在逐渐衰退，90 后正在兴起，他们追求个性化的认同

从超市生活到网上购物，再到本地生活，三天到货缩短为 28 分钟

盒马复合业态
从传统汽车到新能源智能汽车

三个推力 + 一个拉力

市场需求
正在发生变化

商业模式
- 做生意的逻辑 -

消费者对体验
要求更严苛

新的跨业竞争
不断出现

新科技
应用机会涌现

人工智能、5G、移动互联网、大数据、物联网、CPS（基于信息物理系统，Cyber-Physical System）

图 2-1 驱动商业模式创新的三个推力与一个拉力

2.2.1 推力 1：市场需求正在快速发生变化——个性化的追求

一位安徽的企业家，他的企业是做女性内衣的，在过去的十来年，逐步成长，最后达到一定规模，顺利上市。他在上课时问我："老师，我发现我的客户忠诚度很高，她们一直乐于购买我的品牌内衣。但是我发现一个隐忧，那就是来我店里面的客户好像都是 40 岁以上的女性，年轻女性很少出现，怎么会这样，我该怎么办？"

要解释这个问题，其实也不难，我们需要关注一个极为重要的现象，那就是 2022 年是中国人口结构产生重大变化的一个分水岭。根据 2023 年初国家统计局发布的数据，中国人口在 2022 年发生了负增长的现象，也就是说死亡的人数多于出生的人数。这当中，消费的人口结构也正在变化。生于 20 世纪六七十年代的人，或许目前还是社会上经济所得、消费能力较高的群体，但是他们的消费总额占比却逐渐退让给那些经济能力不如他们的出生于八九十年代的人群。

　　这种结构的变化主要源于主力消费人群的世代更替。生于六七十年代的消费者，成长于经济匮乏时代，一旦个人经济情况改善，他们希望追求更好的生活，购买高品质的产品。过去，"进口货"可以说是高品质产品的代名词，所以这一消费族群追求"名牌"。而当前社会消费主力已经逐渐变更为八九十年代的新一代族群，这些人生长于相对比较富裕的年代，尤其是九十年代群体，他们不再需要名牌产品的衬托，这些人追求的是个性化的自我主张。我问这位学生："你觉得现在 00 后的女孩，会很高兴地告诉她的伙伴，我用的内衣和我祖母的是同一个品牌，这些衣服都是我妈妈帮我买的吗？"类似的挑战也发生在像宝洁这种全球知名的快消品巨头，他们的个人清洁洗护产品是六七十年代消费者的最爱。而 90 后与 00 后的消费者则对这些父母辈的品牌缺乏兴趣，他们更喜爱的是完美日记、一叶子，那些能与他们的价值观产生共鸣，能够彰显他们个性的国潮产品。宝洁是一家百年企业，在日化品类久居龙头地位，但是企业规模太大以及陈旧的财务审核机制使得企业内部创新被严重妨碍，于是宝洁推出了平台共创模式"Connect+Develop"，作为与外界共同进行产品创新、利润共享的平台，这种新模式拯救了宝洁，带给宝洁更好的创新能力。

　　这种人口结构变化所产生的经济现象与需求的变化，几乎在所有行业都存在。个性化是一个看起来很容易，但是要解决却很难的问题。首先涉及企业对于产品与服务的概念创新，接着生产的模式会发生巨大变化，因为过去企业已经在大批量生产上做了重大投资，并且把生产效率提升到一定的水平。但是个性化需要的是更多不同外观、功能、材质的产品，真正做到个性化则涉及多样、小批量的生产模式，甚至是定制化产品生产能力。企业资源组合的模式也必须改变。

　　传统工业生产模式属于大批量生产销售的商贸模式，这种模式已经不太能满足消费者个性化的需求，现在的消费者不仅在生活日用消费上关注个性化，就连汽车这种高单价的耐久商品，也追求个性化消费。例如上汽大通为了满足客户定制的需求推出了蜘蛛智选 App，让消费者有上万种的配件组合，可以定制自己的爱车。消费者逐渐不愿意自己的车子和别人的是一模一样的了。所以消费者会去贴膜，改装店生意越来越好。这种前端市场的需求直接驱动了该企业的 C2M（从消费者到生产者）生产模式，这不正是商业模式的改变吗？

2.2.2　推力 2：消费者对体验要求更严苛

过去，消费者很乐意到大卖场去"度周末"。但是，自从有了互联网电商平台，消费者将购物场景搬回了家里，电商平台"去中间化"的诉求，导致大型购物中心、购物超市人流量大幅下滑，消费者选择在淘宝、京东上购物，享受次日送达的乐趣。但是当本地生活的消费风潮起来后，电商去中间化的模式，似乎又不那么吸引人了。今天的消费者要求的是更严苛的 30 分钟内送达，消费者对购物需求更严苛的要求，已经迫使企业不得不再次调整他们的商业模式与运营结构。

传统的餐饮行业更是发生了巨大的变化。一家上海市国资餐饮企业的招牌上写的是创建于清光绪多少年，过去是消费者追捧的上海市知名品牌。他们的高层主管在上课时也问我，他们店里面主要的消费者都是中年人，很少看到年轻人在他们店里面聚会、吃饭，难道这块上海知名品牌的金字招牌不管用了吗？很多餐饮行业的高管也都说，时代不一样了，人们更乐意到桂满陇、耶里夏丽等具有场景特色的主题餐厅去消费，因为在那些餐厅中用餐有如置身西湖边上或是宛如到了新疆，可以在少数民族的歌舞中与朋友家人欢聚用餐。

我们可以把极致的场景化、效率化作为消费者要求的特征，场景化是营销上的流程与体验的重新设计，效率化则涉及供应链、物流体系的重新设计，这也正是商业模式的改变。

2.2.3　推力 3：新的跨界竞争者不断出现，挑战现有行业内的竞争规则

过去企业面对的是与自己同样模式的同质竞争，例如在超市行业，大润发、家乐福、沃尔玛，这些品牌彼此激烈竞争，但是对消费者而言，它们基本上并不存在显著的差异，企业之间的竞争更多是在短期促销，从竞争对手那里暂时性地把客户抢过来。

而今天的超市行业，出现了更多的复合型业态，使得行业当中的竞争更趋复杂，例如盒马将帝王蟹的烹制、和牛的现煎现烤，搬到了超市里面，这样，超市之间的竞争一下子成了与餐饮的跨行业竞争。这种跨业竞争，使得企业必须反思，我们给消费者带来的到底是什么产品与服务，是什么样的价值。

互联网的产生进一步增强了企业之间的链接能力，使得新的平台企业异军突起，产生了更多新的跨业竞争对手。例如，如果有人问全世界最大的酒店住宿服务提供者是谁，可能会得到香格里拉、万豪等大型酒店集团等答案，但是它们的服务能量以及接待客数却远远不及另外一个竞争对手爱彼迎，互联网兴起后，爱彼迎通过平台功能把大大小小的酒店、民宿及出行交通与需求者连接起来，让旅客在全世界范围有了更多样、不同价格区间的住宿选择。它不是用更好更华丽的酒店打败传统的酒店集团，而是用互联网创造了新的酒店服务商业模式，打败了酒店行业的那些传统霸主。

从上面几个案例，我们发现，这种"异族入侵"的事，似乎已经是各个行业的共同现象。某种异族企业入侵，打击了原有的商业模式，那些原生企业势必要想办法应对，这又是商业模式改变的驱动力。

2.2.4　拉力：新科技的应用机会涌现

技术创新也产生了更为复杂的"换道超车"现象，例如，汽车行业，传统上被德日企业所垄断，其他绝大多数国家的汽车品牌，没有

能力研发出更强大的发动机与传动系统，使得"奔、宝、奥"长期占领了中高端汽车市场。特斯拉的出现，改变了游戏规则，将汽车行业的核心竞争力转变为三电——电驱、电池、电控，没几年，特斯拉就成为全球市值最高的车企。那些有着百年积淀的汽车企业，一下子都"懵圈"了，市场销售额大幅下滑，过去传统汽车工业被标榜为一个国家工业皇冠上的明珠，却一下子成了夕阳工业。根据 2023 年比亚迪官网数据，比亚迪全年销售 300 多万辆车，远超特斯拉的 180 万辆，中国也成为全世界范围汽车销售量最大的国家，把那些拥有传统汽车工艺的德日车企，远远甩在后头。

近几年，人工智能、5G、移动互联网、大数据、物联网等技术的快速发展，带动了更多的新行业，也让更多能跟上技术创新的企业发展出强大的竞争力。例如将这些技术用于新农业，可以随时掌控农地里的温度、湿度、酸碱度，精准地启动自动化的灌溉、施肥设备，提高了农业的生产力以及产出的质量。在很多酒店、餐厅里，我们可以看到机器人走来走去，取代了大量的人工服务。

在生产型企业方面，工业 4.0 更为这些企业带来了重大的挑战与机遇，2015 年德国率先提出了工业 4.0 的观念，接着又进一步提出工业 4.0 的 RAMI4.0 标准框架，从企业系统层级、企业价值链的过程、基于信息物理系统（Cyber-Physical System, CPS）架构三个维度，定义了实施工业 4.0 的各项标准。接着美国工业互联网联盟（IIC）也提出了对生产型企业数字化的架构与标准。2015 年中国工信部与国标委也共同推出了国家智能制造的标准体系，为中国实现制造强国的战略目标奠定坚实的基础。近年来，我国企业开始导入数字孪生技术，帮助企业缩短了产品研发的时间，提高了产品制作的精准度。工业 4.0 下的 CPS 技术架构，使得制造型企业变得更聪明，提升了它们的生产效率以及对市场变化的反应速度。

2.3　疫情带来的反思

2020 年初以来，新冠疫情肆虐全球，导致一些体质较差的企业倒闭。

我经常以独立董事或顾问的身份列席不同企业的董事会，听到越来越多企业的董事会对他们的 CEO 提出质疑，企业将如何在这波疫情中扛下来。更多的企业需要考虑，后疫情时代的经营环境将如何改变，企业将如何对抗风险。

当前，我们已经清楚看到疫情带来的商业模式与运营模式的转变。例如连锁行业，在传统上是以店铺为主的商业模式，通过扩大门店数加强对客户的覆盖，2020 年因为疫情，大量店铺变得门可罗雀，零售行业转到线上做买卖，更多零售企业通过短视频和直播，直接销售。疫情也导致一些制造行业的工厂停线，随后，这些企业积极地进行自动化、无人化以及智能化等数字化投入，使得这些企业具有更强的抗压能力，进一步蜕变成更具竞争力、可以提供多样少量定制能力的 C2B 企业。

2.4　商业模式创新将为新时代企业带来强大的竞争力

时代改变了，做生意的逻辑也必须改变，商业模式使得企业与伙伴、客户的关系模式发生变化。具体而言，我们看到了商业模式创新经常为企业带来的四种主要的变化，擅长当中的一种或多种，将使得企业具备更强大的竞争力。

2.4.1　更容易吸引新客户

从基本逻辑来说，传统商业模式就是做降本求利的买卖，隐含的规则就是卖方生产出来一个产品或服务，买方看上了这个产品或服务，于是卖方给出一个价格，买方可能会进行议价，最终双方达成协议，交易就形成了。但是新的商业模式，卖方可能提供的是"免费"。卖方能够愿意免费提供产品或服务，势必要从其他地方把利益赚回来，我们看到几乎所有的视频网站、短视频平台都采取了免费模式，让消费者很难拒绝，这种做法对于网络引流，就开了一个大口子，因为企业在网络上引流时，不用像电商平台那样，流量进来就必须立即转化客户购买，它们可以让客户先体验一下，感觉好，再付钱。

同样的模式也出现在淘宝、天猫网站上，卖家来开店不收钱，赚了钱再缴费用给平台，这也是另外一种类型的免费模式，这种模式让买方很快地卸下防御的心理，因此对企业的拉新产生非常正面的效果。

2.4.2　更高效组合资源

商业模式的一个重点就是思考企业如何能更高效地组合资源，传统的商业模式无论是从生产、销售、服务的角度，更多是基于如何持有资源的观点来看，例如，传统的资源基础理论就建议企业必须先找出自己的核心能力与资源，并坚持去积累这些资源，这样企业就能产生竞争优势。这种观点在几十年前可能确实有它的道理，可是现在经济环境如此快速地变化，互联网世界的发展不过就是最近 20 年的事，它从门户网到电商，到搜索引擎，再到社交媒体，老模式基本上隔个几年就被颠覆了。

在生产制造行业，这种现象也极为普遍，汽车行业的主流从传统汽车转变为新能源汽车，日常生活用品更是不断地迭代创新。这种状况下企业如果还是想着积累自己拥有的资源，一旦大方向变化，企业就立即掉队了。

新的商业模式平台与生态圈模式正好解决了这个问题。淘宝没有一个自己的商品却成为全世界最大的交易市场；优步和滴滴没有一辆自有汽车，却成为全世界范围的汽车出租公司；爱彼迎没有任何一家自己的酒店，也成了全球最大的酒店住宿服务企业。淘宝不需要担心自己的商品是否好卖、需要生产多少，因为这些产品都是卖家提供的；优步与滴滴也不需要花时间考虑去购入哪一款车才能最大程度吸引乘客，因为这些车都是广大车主提供的；爱彼迎更不用花时间去盖酒店、设计酒店风格，以保证能吸引客人，因为这些租出去的酒店都不是爱彼迎的。商业模式当中的平台与生态圈模式带给企业极大的弹性，企业可以快速地选择最受欢迎的产品或服务，推荐给客户，高效的资源组合更使得企业在客户胃口不断改变的时候，提供企业更好的因应弹性。

2.4.3　更低的运营成本

传统的商业模式，需要先投入资源，构建庞大的运营体系，这些运营体系包含了内部和外部的体系。在销售体系上，需要经过总代理、分销商、经销商、门店等多个环节，假设这四层渠道，每个环节只要求 20% 的利润，一个产品的价格从出厂到最终客户手里就翻倍了。电商的商业模式达到了去中间化的目的，直接对接供给与需求两端，这种模式更可能实现终端用户买得便宜、厂家利润也相当高，还省却了大量的渠道管理人员与时间的投入，企业能够更轻盈、快速地发展市场。

2.4.4　获利能力提升

新商业模式为什么能提高企业的利润，苹果 IOS 生态可能做了最佳的案例。诺基亚采用传统模式，所有的开发人员都由公司招募、支付薪资，但是这些中心化的开发模式，使得诺基亚手机的应用功能创新受到了数量有限的"自己人"（就是那些有上万个工程师的团队）的限制，而且开发每个应用，不管是不是卖座，都先产生了成本。苹果公司反其道而行，更专注在手机平台功能的开发，通过 IOS 的 API（应用程序的外接接口），吸引了全球上百万的科技企业与个人，为苹果公司开发各行各业的专属应用。如果某个应用未受到终端用户的青睐，这些自由开发者很快会去找新的点子，如果某个应用得到用户的青睐，用户愿意付钱，这时苹果公司会与自由开发者进行分润。以苹果手机上的音频产品为例，苹果公司根本不用担心哪些音乐比较受消费者欢迎，它只需要在音频产品的授权上把关，其他就是想赚钱的人自己去找材料上传，赚了钱大家分。这种生态圈模式，让苹果公司有了庞大的免费打工团队，帮它找客户、找产品，苹果没有任何成本，只会产生收入。苹果公司之所以能成为全球市值最高的企业之一，原因不在于它的手机设计有多么酷炫，实际上是它的获利商业模式使然。

2.5　本章小结

本章讲述了商业模式的三个推力与一个拉力。疫情期间，有的企业能够持续发展，但有的企业基本上停业，甚至关门倒闭，这次的挑战，使得企业必须思考，未来如果还有外部不可抗力的冲击时，企业是否具有高度的弹性能够化险为夷，也提醒企业应重新思考商业模式的重要性。

商业模式的力量及四大顶层设计思维

PART II

第 3 章
商业模式与战略管理的关系

我在教授商业模式创新课程时，很多学员都会问："商业模式是企业的战略吗？""企业的商业模式与企业的战略有什么不同？"这个问题的答案，要看你对企业战略的定义是什么。如果从比较狭义的企业战略来看，我们可以说企业战略就是一种选择，选择做什么、不做什么，以及基于这个选择，企业怎么部署资源，如何一步步达到企业设定的目标。

商业模式本身也是一种选择，首先选择企业是做什么的。接着从多个维度来构思企业如何获利。从广义的角度来说，企业的商业模式创新本身，就是另一种战略的选择以及战略实施的思考方法。所以在讲商业模式之前，我们先回顾一下企业战略思考模式的理论发展与迭代。

3.1　什么是战略管理（strategy management）

讲战略管理之前，我们需要先解释一下什么是"战略"。"战略"（strategy）一词源于希腊语 strategos，意思是"将军指挥军队的艺术"，所以这是个用来描述军事活动的术语，自 20 世纪 60 年代，战略思想开始运用于商业领域。虽说它是艺术，但也是科学，战略并不是"虚的东西"，它主要是研究企业如何选择它的目标，并且在这个目标市场击败对手，让企业能从中获利，并且持续生存下去。

第 1 章提到过，在 20 世纪 90 年代以前并没有商业模式的概念，那么你可能会好奇，商业模式是指导企业做生意的逻辑，它应该是极为重要的知识理论体系，为什么过去没有呢？那些商学院的学术研究者怎么会漏了这一件大事？其实在 90 年代以前，在学术领域确实有学者研究过商业模式的相关内容，只是那个时候的名称不是"商业模式"，应该说，90 年代以前确实没有商业模式，只有一门与商业模式接近的学科——"战略管理"。

战略管理是依据企业的战略规划，对企业的战略实施监督、分析与控制，特别是对业务方向与企业资源配置加以约束，最终促使企业顺利达成目标的管理过程。战略管理也是指对企业战略的管理，包括战略制定 / 形成（strategy formulation/formation）与战略实施（strategy implementation）两部分。我们经常用 4P 来描述从企业未来发展的角度来看什么是战略：首先，战略表现为一种计划（plan）；从组织设计的视角来看，战略则是一种模式（pattern）；从产业层次来看，战略表现为一种定位（position）；从企业资源分配视角来看，战略则表现为一种资源分配的优先次序（priority）。

3.2　战略管理的四阶段发展历程

战略管理的思想可以回溯到 20 世纪 60 年代，其发展大致可以分为四个阶段：早期、中期、近期以及当代，参见图 3-1。

早期阶段（即 60 年代）主要是谈长期规划（long range planning）；70 年代是战略管理理论蓬勃发展、百家齐放的"春秋战国时代"。

中期阶段（也就是 80 年代）有了波特（Michael Porter）的竞争策略理论，一度引发了市场的热议和疯传。近期则开始于 20 世纪 90 年代，学界开始正名，采用"战略管理"一词，这个阶段又依次产生了资源基础理论（resources based theory）、核心资源理论（core competency theory）、动态能力理论（dynamic capability theory）；2000 年以后才开启了商业模式理论的阶段。

图 3-1　战略管理的思想迭代

3.2.1　长期规划

20 世纪 60 年代初期，美国企业所处的环境仍属于战后恢复阶段，社会环境相对稳定，企业战略管理的重点在于按计划稳定地推行业务。到了 60 年代后期，美国战后的制造型企业开始高速发展，资源管理复杂度加大，一些企业主管也是从二战后的军方退役，遂开始引进他们在军队当中所熟悉的长期规划的思维与方法，对企业的工作进行管理。这个阶段需要管理的工作或计划大都是具有工作时程的项目，这些工作的管理重点在于在什么阶段，投入什么样的人力、物力、财力资源，需要在什么时间完成到什么进度，最重要的管控工具就是企业的财务预算制度（budgeting），所以我们也可以称这个阶段是预算管理的阶段。

长期规划的方法运用在企业当中，始于 60 年代，这是个属于大生产时代的初期发展阶段，企业环境相对静态、单纯，重点在于内部资源部署，完成生产任务，所以这套方法很适合于企业在这个时期的任务。因为有既定的目标、时间计划，所以长期规划的特点不是"做什么"，而是"怎么做"。

但是从 70 年代中期开始，美国的整个经济环境已经进入另一个蓬勃发展的阶段，企业面临的是多元化发展选择方向，于是企业将焦点逐渐转移到"做什么"，因此开始发展出各种战略规划的概念。

3.2.2　战略规划

伊戈尔·安索夫（Igor Ansoff）（1976）提出，战略思考的焦点应该从规划转到战略，强调对内外部环境的分析、检测，制定企业发展战略，他提出了"市场 / 技术的二维矩阵"。后续，学者提出更多战略选择的模型，例如 SWOT、垂直与水平发展，产品深化 / 市场深化矩阵、波士顿矩阵（Boston Consulting Group Matrix, BCG）等，至今仍被广泛使用。因为这些理论模型在本书后面介绍商业模式时，有一些概念上的承接，所以我们还是需要分别对几个主要的理论进行说明。

3.2.2.1　市场 / 技术的二维矩阵

安索夫建议应该基于技术和市场两个维度来思考，给企业的战略发展提出了四种发展策略的建议，参见图 3-2。技术和市场这两个维度，都可以区分为"现有"和"新的"两种类型。针对现有技术应用在现有市场，也就是在原有的市场上加深原有技术的应用，我们称之为"市场深化"策略。如果在现有市场当中发展新的技术，这时可能会产生更多的新产品，我们称这个策略为"产品开发"。我们也可以选择将原有的技术推展到新的市场，这时的策略我们称为"市场开发"。第四种状况是我们选择以新的技术应用在新的市场，我们称之为"多元化经营"。

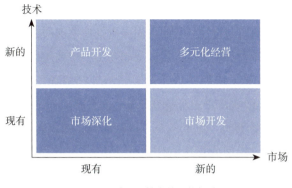

图 3-2 市场 / 技术的二维矩阵

通过安索夫的矩阵，企业可以更客观地评估它们的选择。以滴滴打车为例，它已经开发了定位、追踪、匹配的技术，开发了用户体验良好的 App，并且已经进入了华北市场。假设它保持现有技术不再投入，专注于市场，它在这个市场是否有竞争对手？占有率是不是已经达到一个接近饱和的水准了？如果还没有，那么继续深挖市场可能是最有效率的方法。如果在华北已经达到市场饱和，就可以进一步思考，哪个市场或地区还有类似的客户需求，例如它可以继续用原有技术进入华东市场，在这个新市场进行开拓，使得过去所做的技术投入发挥更大价值。同样的道理，它也可以在现有市场再投入新的技术，比如说滴滴打车的业务在华北的市场占有率已经饱和，这个时候它们是不是可以考虑引入无人驾驶技术或发挥更强的大数据算法技术，让人车匹配的速度和效率更高，这样既可以省去新技术面对的市场开发的成本，同时也能让现有市场再产出更大的效益，成本更低。当然，它也可能选择再开发新的技术投入一个新的市场，例如它可以考虑是否进入神州租车所在的高端车租赁市场。

3.2.2.2 SWOT

SWOT 理论是早期战略规划理论当中最受欢迎的模型之一，SWOT 代表着四个英文字的缩写。我们经常将企业这四个维度的条件用四个方格写在一起，帮助企业决策者更客观地评估自己所处环境与自身条件，然后对自己的战略方向做出选择。这四个维度的前两个维度是关于企业自身的特性，后两个则是关于市场所带来的危险挑战与机会。

- S：企业的优势（strength）。企业的优势是企业思考战略第一个需要考虑的，与竞争对手比较起来，自己在哪些方面更具有优势。它可能是从市场的角度来看，例如市场占有率、品牌优势、渠道优势；也可能是从技术角度来看，例如对于某项技术拥有专利、产能、生产效率、生产工艺；也可能是从组织能力来看，例如组织团队素质较高、团队的执行能力较强、员工对企业的忠诚度较高、员工吃苦耐劳拼搏的精神更强等。

- W：企业的弱点（weakness）。前面我们用来描述优势的各个维度，都有可能被拿来描述自己的弱点。

- O：企业当前面临的机会（opportunity）。例如建筑业，国家放开房产购买资格的限制，允许购买第二套房，那么这就是市场机会。这些都是外在原因造成的机会。

- T：企业所面临的威胁（threat）。就是外在环境发生的事情或是趋势，会对企业造成的不利影响。

值得注意的是，优势以及弱点是已经发生的，通常是过去积累的东西，机会与挑战则是尚未发生的事情。图 3-3 所示的四个维度的方格，以德国宝马汽车公司为例。它的优势是传统发动机的工艺、汽车底盘设计、加速快和质量好，它的弱点是成本较高、价格贵、无法大量普及、汽车速度快、不符合高管偏好稳重的形象。它的机会点是有利于高端市场及发展中国家的合作建厂需求。它的威胁是，电动汽车技术可能改变游戏规则，使得传统汽车工艺优势不再，中国汽车快速崛起，价格低廉，质量也不差。

Strength（优势） • 传统发动机的工艺 • 汽车底盘设计 • 加速快、质量好的品牌优势	Weakness（弱点） • 成本较高，价格贵，无法大量普及 • 速度快，不符合高管偏好稳重的形象
Opportunity（机会） • 发展中国家经济改善，有利于高端市场 • 发展中国家的合作当地建厂需求	Threat（威胁） • 电动汽车技术可能改变游戏规则，使得传统汽车工艺优势不再 • 中国汽车快速崛起，价格低廉，质量也不差

图 3-3　宝马汽车公司的战略分析框架

企业成员们在讨论战略、分析基础状况时，通过这个可视化的战略分析工具，很快就能找出战略发展的共识。

3.2.2.3　BCG 矩阵

BCG 矩阵模型，或许是因为它给了每种业务选项一个很形象的描述，所以这个模型在学术以及实践领域都有较高的知名度。不同于安索夫的理论模型只有进攻方向的考虑，BCG 矩阵模型则是用于针对企业现有的产品在特定市场的情况，制定该进还是该退的策略选择，参见图 3-4。

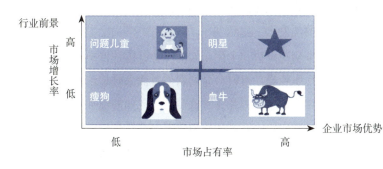

图 3-4　BCG 矩阵

BCG 矩阵也是采用了两个维度，但是都聚焦在市场。BCG 矩阵建议企业思考现有市场的潜力，以及企业在现有市场的优势强度，概略地可以分为高与低两个标准（这种区分也使得我们在套用这个模型时有衡量标准的问题，即什么是高、什么是低）。

首先，企业当中有没有哪个产品所处的市场具有更良好的前景，一般可以用整个市场的增长率作为衡量指标。其次，商品在这个市场所处的地位，一般可以用市场占有率作为衡量标准。

企业当然希望自己的产品是在一个快速发展的市场，而且在这个市场具有较高的优势（市占率），这种产品我们称之为"明星"。企业的明星产品越多，这家企业的前景就越好，例如国内的汽车大厂比亚迪，它在所处的新能源车市场是个潜力无穷、正在高速增长的市场，而它的竞争态势更是颇有斩获。2022 年下半年，它的销售量在国内市场已经超过了特斯拉，成为新能源车的销售冠军，这就是典型的明星级产品。

当然，一家企业不可能所有产品都一直处在明星的阶段，一些产品可能已经强了许多年，但是整个市场大盘已经没有明显的增长，这时这个产品就落入矩阵的右下方，我们称之为"血牛"，就是牺牲自己，为企业输送血液的产品。这种产品因为所处的市场不再增长，所以做再多投资，它的回收可能也较为有限，但是它还是赚钱的，所以一时间也无须放弃。很多成熟企业的产品都处在这个阶段，例如许多知名快消品牌的洗发水、食品。

不过，如果初步分析一个产品处在这个阶段，也不一定要立即把这个产品打到血牛堆里，有时产品创新很可能会赋予这个产品新的生命。例如雀巢咖啡，它的罐装咖啡就是处在成熟的咖啡市场里，原本的市场格局已经确立，讲究口味的消费者会选择打豆、咖啡机现煮的方案，不讲究口味的消费者可能会选择罐装冲泡的速溶咖啡，或三合一袋装咖啡。但是，雀巢咖啡通过技术创新，将咖啡放入胶囊，重新赋予了雀巢品牌咖啡的意义，很多讲究口味但又比较懒的消费者，终于找到了另外一条路。一款不需打豆，只要十几秒钟就能做出一杯与咖啡机现打豆、现煮风味相近的胶囊咖啡出现了。所以胶囊咖啡从咖啡机市场当中，抢了一部分不是最高端、比较忙碌、但还是有些讲究的咖啡消费者（我想这可能是作者在创造 BCG 矩阵这个模型时没有想到的问题，不过这个模型的大原则还是对的）。

3.2.2.4　战略管理中期理论的不足

70 年代末期，企业多元化不再只是试探新的发展机会，而是面临更激烈的实际竞争，而战略管理，只说了应该去哪儿，却没说去了以后怎么打仗。企业需要的方案是，一家企业在特定行业，该怎么评估它的优劣势，以及该如何进一步部署，怎么制胜。但是这些模型只给了方向，没有给出具体做法，因此，"怎么做"遂成为战略管理理论下一步需要发展的领域。

3.2.3　竞争战略

时间进入 20 世纪 80 年代，国际化趋势带动了企业跨国战略，并购盛行，是否该进入某个国家、地区的某个产业，成为企业最重要的决策。就在此时，具有产业经济学背景的哈佛大学教授迈克尔·波特的理论正好符合时代的需求。波特的竞争策略理论的基本思路是，好战略的第一步是企业要有一个正确的目标，第二步是环顾企业所在的产业，要有能力从产业中得利。关键问题是，企业要如何培养在这个产业中的竞争优势，并发展差异化战略。竞争优势的来源是价值链——各种价值活动，波特先后提出三套理论，形成了完整的竞争策略理论知识体系架构。

- 五力分析模型（five forces model）（源于产业经济学），评估企业在行业中的优势与劣势。
- 竞争优势理论（compotitive advantages），以"差异、成本、聚

焦"三原则，概括了所有竞争策略的选项。

- 价值链理论（value chain），深入企业拆解分析，构建企业在各个核心环节的优势。

3.2.3.1 五力分析模型

波特作为对产业经济学进行长期研究的学者，基于产业经济的研究框架，提出影响企业在行业中竞争力的五种力量来源。参见图3-5。

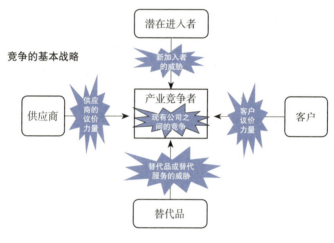

图 3-5 五力分析模型

同业竞争者的竞争力强度。一家企业是否能够进入某个地区的行业市场，首先需要关注的是，这个行业中有没有较多的竞争者，具体的衡量做法一般是调研个别竞争者的市场占有率，其中特别需要关注是否存在一个有垄断地位的大咖。如果已经有垄断型的强大竞争者，那么进入该市场将存在巨大风险，除非企业自身具备足以颠覆市场的新技术，否则应该选择比较审慎的进入策略。

供应商的议价能力。企业能否在一个地区或市场生存，另一个关键问题是供应链问题，企业需要考虑所需要的上游供应链是否完善，如果供应链有瑕疵或不足，也是一种负面信息。波特还进一步地将条件定义为：供应商的议价能力。如果市场上只有一家供应商，那么这家供应商的话语权将对企业造成威胁，如果是多家供应商，也需要考虑它们之间是否有价格协议，或是否形成托拉斯。例如石油输出国家组织（OPEC），就形成了全球性的石油价格供给与价格的主导力量。

购买者的议价能力。第三个需要考虑的是买方市场，企业所提供的产品或服务是否只有一两个买家，如果买家很有限，他们也极可能形成买方联合的机制，这时买方将具有更强的议价能力，这样也将对企业造成负面影响。

新进入者的威胁。从自由经济的视角来看，任何行业只要有利可图，就会有源源不断的新进入者，同行多，对企业当然也不是好事。这时企业需要评估自身是否已经建立足以进入行业的壁垒，它可能是某种技术、专利、人才、资本。

替代品的威胁。前面一项评估新进入对手的条件是，这个对手提供的产品与服务是否与自己企业所提供的属于同质产品。但是另外一个可能飞来的横祸则是替代品的威胁。替代品往往比较不容易立即被察觉。例如咖啡店的直接竞争对手是其他的咖啡店，但是如果从消费者的消费目的来看，咖啡店其实就是偏西式的轻餐饮，那么，其他的西式快餐店就可能是它的替代品。企业必须从消费目的的视角，持续关注是否存在这种潜在的替代品。

3.2.3.2　竞争优势理论

波特首先提出了前述的产业进出评估的五力分析模型，接着他又在后续两到三年里，提出了第二个理论——竞争优势理论。这个理论是假设企业已经进入某个市场，接下来需要考虑的问题是，如何在这个市场里面保持竞争优势。波特提出了三种基本策略——成本、差异、聚焦。他还特别指出，这三种策略就是所有可能的选项，企业想要具有竞争优势，必须在这三种策略当中选择一种。

成本策略。企业必须能够做到与竞争对手的同质产品相比，成本

更低。成本更低，就保证了企业面对激烈竞争时，能比对手"撑得
更久"，也可以直接用低价策略将对手逐出市场。台湾地区的鸿海集
团，在全球精密加工产品市场，例如手机行业，就做到了成本最低。
因此能够持续获得苹果公司的偏爱，成为苹果手机的主要代工合作
伙伴。

差异策略。如果企业不能在价格上全面碾压对手，无法成为业界
老大，可以考虑另外一种策略，就是产品或服务在某些功能上做到与
对手不同，而这个不同功能的重要性使得买方愿意买单。这种策略在
个人电脑上被极大地应用，例如个人电脑品牌有联想、戴尔、华硕
等，但是也同时存在一些游戏专用的笔记本电脑或台式电脑，因为游
戏极为讲究帧数，必须能让游戏当中的主角人物快速做出反应，同时
还要保持较好的视觉效果。游戏专用的电脑往往配置最高端的中央处
理器，但是这些高端处理器在使用时会产生大量的热能，高温将使得
整个电脑烧毁，所以这些超级游戏电脑，就直接采用水冷设计，来保
证对中央处理器在执行高速运算时的降温。游戏专用电脑不是所有人
都需要的，但总有一些有顶级配置需求的客户，这些差异化的功能正
好满足了这个群体，让游戏专用电脑在行业大咖云集的个人电脑市场
中，仍然能够有存活的机会。

聚焦策略。在做法上与差异策略有些相近，差异策略强调的是产
品服务的不同，以获得生存的机会。聚焦策略并没有把关注放在产品
是否具有差异化上，它强调的是局部市场的优势，即企业只专注在某
个领域或市场，通过专注，将资源完全集中，这时聚焦企业或许会比
行业老大在某些市场区隔里做得更好。例如中国的汽车制造产业，可
能在全球市场范围还无法超越日系、德系那些百年老店，但是中国汽
车厂商选择了中国本土、拉丁美洲、非洲作为争霸的市场，相对于日
德车企需要将资源分配到全球市场，它们在这些地区就很难像中国车
企一样把渠道和售后服务做得那么深入到位。台湾地区的宏碁电脑可

能在全球市场的销售无法和联想、戴尔竞争，但是在拉美市场，则有显著的优势，这就是聚焦策略。

3.2.3.3　价值链理论

基于前面两个理论，波特继续他的研究，五力分析模型是企业进入行业的选择，竞争优势理论是如何在某个行业或市场产生竞争优势的基本策略，接下来波特进一步研究的是，进入企业内部发掘如何产生竞争优势。每家企业所处的行业不同，部门组织可能就不同，为了方便将理论进行一般化的推演，波特提出了价值链理论。波特指出，任何企业必然有它独特的价值链，价值链是企业从取得原材料、生产、营销、销售、售后服务的全流程的总称。参见图 3-6。

图 3-6　价值链理论

每一个行业的价值链不完全相同，波特强调的是一个结构或流程的框架概念，他指出任何企业的价值链都是由两种类型活动组成，深入探索自身的价值链，企业就能找到或建立竞争优势：

- 主要活动：企业供应链、生产、市场与销售、物流配送、售后服务等核心活动。
- 支持活动：人事、财务、计划、研究、开发、采购等。

基于价值链结构以及价值工作的拆解分析，企业需要找出哪个环节能够产生与对手不同的做法，例如生产方式的改善、营销方式的创新，或哪些环节能够更有效率，使得企业的成本更低，这样就能够为前面讲的成本、差异、聚焦三种策略，进一步找出落地实施的路径。

3.2.3.4 波特三大竞争策略理论的不足

波特的五力分析模型着眼于宏观、长期的产业经济模型，重点在于产业的进出决策，例如竞争对手、与供应商议价能力。而在新经济快速发展条件下，产业结构变化迅速，企业的边界也经常是动态的。今天的对手，明天可能成为合作伙伴，今天的供应商，明天也有可能变成对手，所以在当今这个变化多端的市场，五力分析模型出现明显不足。

波特的竞争优势理论，提出了形成优势竞争的三种路径，但是似乎仍是着重在资源配置的观点，企业家最关注的怎么"赢"的战略还是没有解决。

价值链理论是一种通用模型，但波特没有指出如何形成某个价值链环节优势的具体做法。

3.2.4 近期战略管理理论与思想

战略管理的理论与方法，与企业所处的大环境变化有着密切的关系。时间进入 20 世纪的 90 年代，企业发现不断扩张、投资，这些做法经由众多实践案例显示，对绩效的影响往往并非绝对正面。于是企业与学界开始反思，这样到处扩张真的对吗？于是按照时间次序又产生了三种主要的战略管理理论。

3.2.4.1 资源基础理论

通过大量的实际数据调研发现，企业的成功不在于盲目多元化，而在于积累优势资源。企业必须不断审视、巩固自己在行业当中的优势资源领域，进行深化，因此，这个理论又称为"核心能力理论"或"归核理论"。

沃纳菲尔特（Wernerfelt）（1984）提出的观点颇具有代表性，他指出资源论的假设是，企业具有不同的有形和无形的资源，这些资源可转变成独特的能力，资源在企业间是不可流动且难以复制的，这些独特的资源与能力是企业持久竞争优势的源泉。然而，资源并不是可以随意认定的，它必须符合 VRIN 的条件，VRIN 代表了四个不同的界定标准：

- V：valuable，有价值的资源，它是公司构想和执行企业战略、提高效率和效能的基础。
- R：rare，稀缺的资源，资源即便再有价值，一旦为大部分公司所拥有，它也不能带来可持续的竞争优势。
- I：inimitable，无法仿制的资源，一般需同时具备三个特征：历史条件独特、起因模糊以及具有社会复杂性。
- N：non-substitutable，难以替代的资源，不存在一种既可复制又不稀缺的替代品。

所以资源基础理论对企业提出的建议是，企业必须清楚界定自己合乎上述条件的资源，然后积累出良好资源基础并擅用，才能取得竞争优势。

资源基础理论的不足有两点：首先，过分强调企业内部而对企业外部重视不够，由此产生的企业战略不能适应市场环境的变化。其次，实践证明在新时代的企业创新，往往不是原来基础雄厚的企业，反而是那些资源匮乏的新生企业更容易成功，例如滴滴打车，自身并没有一辆汽车，可是它现在却是提供大众市内出行的主要平台之一。

3.2.4.2　核心能力理论

核心能力理论是资源基础理论的延伸，80 年代后期，多角化战略作为企业寻求快速扩张的一种战略被广泛使用，许多企业通过兼并涉足众多行业，但效果不佳。随后，企业界又兴起"回归主义"的潮流，也称为"归核理论"。具有代表性的学者是普拉哈拉德与哈默尔（Prahalad and Hamel, 1990），他们提出核心能力是企业长期竞争优势之根基，认为企业的多角化战略应围绕核心能力来进行，不应该过度或轻率地跨业扩张。两位学者进一步提出，判断公司的核心能力的四项标准：

- 用户价值：核心能力必须特别有助于实现用户看重的价值。
- 延展性：核心能力是通往未来市场的大门，有的能力在某一业务部门看来可能算得上是核心能力，但仍需要经得起用户价值和特殊竞争力的考验。如果无法从该项能力衍生出一系列的新产品或服务，那么从整个企业的角度来看，该能力就够不上核心能力。
- 独特性：可合格地被定义为"核心"的能力，必须具有竞争上的"独一无二"性，同竞争对手的产品 / 服务相比，具有"独特的"风格或效用，而不是在产业范围内普遍存在的。
- 难以模仿和替代性：企业的核心能力是积累起来的，是许多不同单位和个人相互作用产生的，具有特殊性和不可交易性，因而竞争对手很难模仿。

随着核心能力理论的快速发展，核心能力的一些局限性也浮现了出来。它不能解释动态市场上，为什么原本在行业中很成功的企业，无法获取"新的"竞争优势，这些企业具有不错的既有核心能力，是原来行业里的成功典范，却无法适应新环境。例如美国的通用汽车公司、日本的半导体与汽车企业，都曾经是执业界牛耳的企业，具有强大的核心能力，但是面对新能源、新技术的市场，却无法有效因应，反而是新兴企业更能抓住市场先机，进而成为新一代的领导者。

3.2.4.3　动态能力理论

过度强调核心能力的问题，比如传统车企，强调发动机、传动系统的能力，忽略了市场的变化，新能源车的趋势来到，这些传统车企很快被"换道超车"。互联网冲击，全球竞争环境趋于动态、混乱，使得企业的未来不是可以从"资源维稳的计划"中发展出来的，企业求生存的重点在于不断创新与动态调整适应的能力，而不是按固定套路制订计划。

在此背景下，加州伯克利大学教授蒂斯等人，提出了"改变能力的能力"，即动态能力的概念。蒂斯指出，使产品快速地上市、有效地掌握变化万千的商机，关键在于能否具有一种能持续地建立、调适、重组其内外部的各项资源与能力，来达到竞争优势的弹性能力。动态能力理论源于资源基础理论，且吸收了核心能力理论的许多观点，因而在特征上与核心能力有相似之处。但动态能力是改变企业能力的能力，并在创新上具有开拓性动力。

动态能力理论，确实点出了多变世界的生存关键。但是企业应该如何打造、持续、动态调整这些能力？主张动态能力的学者们，并没有提出更明确的指导。这个问题也留待商业模式创新理论来回答。

3.3　本章小结

战略管理，从早期的 SWOP、BCG 二维矩阵、五力分析模型到后期的资源基础、核心能力、动态能力理论，趋于哲学化或宏观，未能深入提出或解决企业成长困境。互联网首先带动了新的技术应用的诞生，随后又带动了社会群体的行为改变。互联网的开放性解决了消费者信息不对称的困境，使得消费者对企业的产品与服务的要求更为严苛。互联网公司的成功直接碾压了过去基于传统理论成功发家的企业。但是这些过去的理论未能对未来世界给出较好的指导与解决方案，商业模式创新的概念，期望能够解决企业在这新时代当中所面临的问题。

第 4 章
商业模式的动态创新和多元化思考

    各种传统的战略管理理论模型在被提出的时候，确实都是针对当时的市场环境，也为企业解决了当时所面临的问题。但是从 2000 年开始，社会与经济环境再一次受到新科技排山倒海般的影响，生产方式和技术不断推陈出新，出现了以互联网为基础的第四次产业革命。企业所面临的商业竞争则进入战国时代，各种基于互联网的新业态兴起，并且快速地摧毁了许多拥有百年光荣基业的知名企业，例如，时代华纳被雅虎收购；亚马逊在 1—2 年内击败了老牌书店巴诺书店（Barnes & Noble）；西尔斯（Sears）、梅西百货（Macy's）等大型超市、百货集团，都已奄奄一息。全球所有知名大型企业都在期盼着新的理论模式、新的商业思维能够带它们走出困境，中小企业特别是传统零售、快消品行业也受到了极大冲击。而新的创业者在争取风险资金投资的关键时刻，也期盼着有更好的理论框架能够帮他们更清楚地与投资者沟通，这就是各种商业模式与理论发展的驱动力。

4.1　进入互联网时代后，商业模式开始被广泛讨论

    20 世纪 90 年代以后，以互联网为基础，陆续地出现了以下三种典型的商业模式：

4.1.1　内容提供者（contents providers）

门户网站时代。20 世纪 90 年代后期，雅虎、新浪等门户网站兴起，这些基于互联网的内容提供者，迅速地摧毁了众多拥有百年历史的报纸、杂志，甚至电视等强势电子媒体。在中国，家家户户数十年来的晚上收看新闻联播的生活方式也被逐渐改变，家人们开始各自回到房间守着自己的电脑浏览新闻。

为什么这些新的内容提供者能够快速地获得消费者的青睐，使他们放弃了过去主要的信息来源？最简单的原因是这些新平台的新闻的内容更加充实广泛、新闻发布的速度更加快速、新闻的评论有更多的视角。新兴媒体能够产生这些优势的根本原因，就是互联网的开放性，通过这个开放平台，所有人都可以在事件发生的瞬间，拍张照片、写一段文字，上传信息、转载信息、评论信息。互联网媒体具有内容生成速度快以及多元化视角的优势，这是传统"社论"型的媒体所无法比拟的，因此很快地得到受众们的青睐。从内容产出的成本视角来看，这种新媒体也具有低成本的优势，它们不再需要大量的采访、编辑团队，因为这些内容大都来自民间。这种零成本的生产系统，也为这种平台模式带来了极强的竞争优势。

这些新媒体带着风险投资人的期望，把用户数、浏览量的增长作为初期目标，投资者们并不关注其获利能力，甚至许多风险投资者要求这些新兴企业在一定时间内不要赚钱，因为他们认为产生巨大流量就有机会垄断市场，他们乐观地认为，等到垄断了市场，再来收割消费者也不迟。

但是，这些新兴媒体为什么在风光几年后大多都消亡了呢？关键是它们让消费者养成了"免费"的习惯，因此，即使消费者开始对这些新闻内容提供平台产生了依赖，但当面对"内容付费"时，也觉得是不可思议的。不幸的是，一旦开始收费，就会有新的内容平台提供免费的内容来接收市场。基于拥有庞大但又不能收费的受众群，内容平台开始将收费对象转为企业，在其平台上放置广告。很不幸的实证结果告诉我们，这些广告的效果极差。我之前在 eBay 负责媒体广告，发现这些大型门户网的广告位是最贵的（它们的广告以小时计算，在首页放一天就接近百万元成本），但是点击广告链接的人的比例极低，对商业交易的贡献更是微乎其微，所以在我们一年花了上亿美元的广告费以后，就断然拒绝再使用这些媒体。

这种内容提供者的新商业模式，虽然在引爆流量上具有超强的能力，但是在收费方式上却始终找不到可行的模式，于是至今只有少数剩余的"大咖"存活者，但也早已风光不再，更多的厂商利用这些受众群体转型去游戏行业了。

搜索引擎时代。谷歌（Google）、百度等搜索引擎算是内容提供者的 2.0 版本，它们基本上也是内容提供者的角色，内容也是来自广大群众，比门户网站做得更好的是，谷歌、百度利用搜索引擎到网络世界主动去扒资料（门户网仍需要内容提供者自己上传），所以搜索平台的内容更多、更快，视角更多元化。

接着搜索平台利用两种核心技术创新，让它们有了 5—10 年的荣景。第一项技术是信息排列的优先次序（page rank），这是谷歌引领一代互联网的核心技术，它们通过算法，判定对什么样的读者，如何排序搜索产生的内容，能够让搜索用户的体验最好，让客户留滞页面时间最长、浏览的页数最多。第二个技术创新是关键字竞价排名（AdWords）。前一项技术改善了用户体验，而关键字竞价排名，可以说建立了谷歌强大的变现能力，与门户网采取的用户被网站平台推送内容的方式不同，搜索是用户的主动行为，关键字代表了用户对什么事情有兴趣，因此，谷歌将这个信息提供给需要打广告的厂商，让它们选择投放这些关键字，精准地让有兴趣的搜索者看到。

但是问题来了，例如你要卖水果，但所有卖水果的都在谷歌的"建议"下选择"水果"这个关键字进行付费投放，大家都出了钱，那么谁应该被放在搜索结果页面的最前面，谁应该在后面？这时谷歌定了一个游戏规则，"花钱最多的老大"就放第一个，之后照这个原则依次排序。这样"粥少僧多"，热门关键字的价格立刻水涨船高，最初，一个关键字的广告链接被点击一次，收费几分钱人民币，后来很快地涨到了几角、几元，甚至到了几十元。这些模式让谷歌、百度引领了一个时代，直到移动互联网兴起，社交媒体再度改变用户的信息来源，搜索的媒体独占流量的势头才减缓下来。

4.1.2　去中间化（direct to customers）

时间进入 21 世纪以后，继内容提供者互联网模式之后，互联网模式创新的第二阶段是以"去中间化"模式为代表的。第一阶段的影响层面主要是媒体、出版以及广告行业，第二阶段的影响层面则更广泛，也更深远，因为它开始触及商业主体。

传统电子商务阶段。这个阶段是以 eBay、亚马逊为首在美国率先开始，后续由淘宝、京东等在中国发扬并大行其道。去中间化模式的特征是将传统实体商业的中间商去除，通过互联网直接接触终端客户。显然，传统商业模式里面的中间商扮演着重要的角色，它们的主要功能在于扩大销售网络，特别是在像中国这样幅员辽阔的地方，厂家通过代理商、分销商、经销商、门店网点才能接触到终端客户。在这种模式下，商品从出厂逐层移转到最终消费者的成本，很轻易地就翻了一倍，所以对厂家来说，渠道确实帮它们把货卖掉了，但是当中的成本增加，也会使得消费者对商品的购买意愿下降。

去中间化的电子商务平台，无论是企业自建或是加入平台，都能够显著地降低这些层层剥削。尤其通过电子商务带动的大量订单，催生了物流行业的极大需求，让它们敢于投资先进物流设备，降低物流成本，使得去中间化当中商品流通的最后一公里问题也获得解决。时至今日，对绝大多数行业的企业而言，电子商务已经不再是"做不做"，而是"怎么做"，甚至很多企业开始彻底转型，原来拥有上千、上万家门店的企业，也纷纷开始构思"无店铺"的商业模式。一时间，实体门店因为需要巨大的投资，维系成本也高，又缺乏弹性，仿佛成了企业的包袱。大型商场，例如家乐福、麦德龙等外企，纷纷退出中国市场，对实体商业造成了重创。

O2O 阶段。传统电子商务高速发展了十年（从 2000 年到 2010 年），商业环境又开始产生变化，整个电商行业的发展出现了瓶颈，这时一位新的创业者亚历克斯·兰普尔（Alex Rample），2010 年在美国的电子商务年会上提出了 O2O 的商业模式概念。

他敏锐地发现传统电商平台上销售的都是"实体产品"，一直没能进到服务行业，例如餐饮、美发、美容、保洁服务等。实际上从整个行业规模来说（在当时的美国），服务业占了 GDP 的 70% 以上，在中国也将近 50%，这么巨大的市场，却一直没有电子商务的模式介入。于是电子商务 2.0 版——O2O 诞生了，它的商业模式为"线上引流，线下体验"。通过 O2O 的模式，将线上用户引导到门店消费。电商 1.0 版把客户从门店掠夺走，关在家里，电商 2.0 版现在又将消费者从网上吸引到门店消费，解决了传统服务业的获客问题。例如大众点评网，2000 年初期大众点评网就已经出现，其从最早的内容平台发展成了团购平台，用户可以从大众点评上团购各种便宜的东西，比如牛奶、巧克力、居家用品以及各种服务的优惠券。到了 2008 年，各种团购平台及返利网出现，2010—2011 年出现了千团大战，随着拉手、窝窝团等团购网站的疯狂进入及移动互联网的发展，团购的业务受到极大的威胁，于是大众点评网干脆做起了各色美食的攻略及餐饮商家的评分体系，为消费者甄选好店，同时采用优惠券的形式把顾客引流到店进行消费。后来又增加了必逛榜、必住榜、必玩榜，覆盖吃逛玩住四大领域，成为当时最出名的 O2O 服务平台。

多渠道整合模式。线上引流、线下体验的 O2O 商业模式刚刚成形，第二种 O2O 概念的商业模式又开始萌芽。原因是互联网的流量聚集在少数平台，企业发现，在互联网的获客上再次出现了僧多粥少的现象，也就是说，企业的获客成本不断提高。这时原来的实体企业又发现，门店虽然来客锐减，但是门店一旦开在那里，它的获客成本已经远低于电商平台，例如我在一家大型连锁便利店工作时，我们将门店租金、水电费加上店员工资，作为基础成本计算，如果每天有 1 000 多名来客，这样平均获客成本大概只需要一元。我们如果能通过大数据，激活从门店引进的客户，再提供送货上门服务，那么客户的黏性会比无店铺的纯电商更高（学者研究这是因为客户接触过门店，信任感提升了）。于是具有门店的传统实体企业，又发现了门店的价值，发展出另外一种 O2O 的商业模式。再经过一段时间，企业发现不管是线上到线下，还是线下到线上，都是对的模式，因为关键是客户更方便了，信任感更高了。至今，这种将线上线下底层数据打通，"大数据赋能的多渠道整合"的新商业模式，不断地在各种行业中实验，扩大它的影响力。

4.1.3　价值网整合者（value-net integrator）

生活化平台模式。在电商 2.0 版 O2O 开始加速发展的同时，因为苹果手机带动的智能手机普及化，移动互联网大行其道，通过 LBS（location based service，位置服务）的精准定位，使得线上引流可以直接按照客户所在地导引，于是 O2O 再度迭代产生了本地生活商业模式。

- 优步（成立于 2009 年）2013 年开始在美国纽约第五大道试点。
- 在中国，快滴与滴滴打车虽然成立得比优步晚，但是发展速度毫不逊色，也在 2012 年开始投入市场，经过三年烧钱火拼，到了 2015 年又合并为一家，垄断了市场。
- 2013 年美团外卖正式上线，开启了中国本地生活的大浪潮。
- 2018 年叮咚买菜正式上线，将本地生活带入了更生活化的刚需场景，接下来美团也加入战局，还延伸到买药、休闲、买电影票等更多场景，使得美团成为中国一个新的行业巨无霸。

这些商业模式除了前端的流量渗透到消费者日常生活，还有一个极为重要的助力，就是物流体系的再精进。过去，京东次日达已经是业界标杆，而本地生活卖的是快餐、正餐等食品，现在京东的次日达也无法满足客户的要求，这时又有骑手这个资源整合模式出现，将企业的服务进一步延伸，做到客户下单后 28 分钟送货上门的服务水平。现在我们几乎已经想不到本地生活还有哪个行业没有被渗透了。

社交与短视频、直播等新媒体模式。由于 5G 的推出，网速更加快速，多媒体的传播效果也更佳，这种技术基础又助力了短视频的流行。抖音生长于中国，在它拥有超过八亿用户以后，以 TikTok 的品牌快速地进入北美市场。根据美国《企业家》杂志的报道，在过去五年中，TikTok 用户数量增长了 1 800%，2023 年底，它在美国市场月活用户超过了 1.5 亿（注意，大概是美国一半的人口），全球用户总数超过 19.2 亿，比上一年增加了 16%。

抖音在初期看起来只是一个人们无聊时拍视频自娱自乐的软件，随着用户数的扩大、使用时长的增加，以及它可以更精准地定位消费者的特点，抖音很快变成企业向目标客户发出信息以及产生交易的新平台。据中金公司的数据，抖音平台电商 2023 年的交易总额达到了约 2.2 万亿元，与 2022 年相比，增长了 256%。抖音俨然成为另一个高速增长的新电商模式。许多企业好不容易花了几年时间才慢慢打磨出电子商务模式，现在看到抖音的巨大流量和交易额，势必又要考虑怎样在这个新模式下取得业绩增长的机会。

4.2 观察最近十年商业模式发展，我们学到什么

我们从最近十年的商业发展来看，不同的模式不断迭代更新，我

们可以得到一些初步结论。

企业动态能力至关重要。2010 年开启了互联网商业模式，前面十年互联网商业模式的渗透其实比较有限，多半聚焦在信息内容、广告、引流。但是从 2010 年后，各种互联网演化出来的商业模式不断快速迭代，受影响的行业范围也不断扩大。很多企业可能在电子商务的前脚还没站稳，本地生活、社交、短视频、直播等模式又一个接着一个出现。稍微迟疑一下，企业可能就错失了下一波增长的机会。这就回到传统战略管理的动态能力理论的重要性，企业需要不断地搜索、决定、配置、启动新的商业运营方式。

完整商业模式不是单一维度。这些商业模式都不能只看单一视角，否则很容易失败。例如最初的内容商业模式，门户网确实达到了聚集流量的目的，但是它们始终没能建立起盈利模式，最终谷歌拿着 page rank+AdWords 两种机制，完成了营收的闭环，让谷歌以搜索为基础的商业模式能够持续到今天。

同样，快滴以及滴滴打车靠补贴创造了最初的流量，但是这种补贴并没有完成客户偏好行为的锁定，一旦补贴停止，客户就流失了。即使到今天滴滴打车也并没有建立起坚固、抗入侵的盈利壁垒，所以美团靠它的庞大客户基础，一下子就夺走了滴滴的大片江山。叮咚买菜、盒马鲜生虽然在送货服务方面达到了 28 分钟送达的新高点，但是沉重的配送成本使得它们始终难以盈利。所以一个企业的商业模式绝对不是简单地说，自己是什么行业的 B2C 或去中间化，而是必须将商业运营的每个环节都放到商业模式中来考虑。尤其是在价值主张上，一定要能解释客户为什么选择你，而不是选择别人。在盈利模式上，你要能说明客户为什么愿意付钱给你，而且你还能够盈利。

整合是关键工作。商业模式虽然不断地迭代更新，但是原来的模式并不一定就完全被淘汰了。例如传统门店，在新时代以互联网为基础的模式中，仍然扮演着重要的角色。即使是业务互联网化，当中也有很多的渠道能力需要一并考虑，例如除了门店，商家可能还有天猫店铺，在搜索引擎上投放广告，以及通过社交媒体、论坛、短视频等新的工具接触不同媒体偏好的客户，所以企业需要一个前端营销体系的整合；而在后端，企业还要考虑到物流、服务，怎么维系最好的客户体验，所以打造新商业模式经常是一种整合性的工作。

数据能力是重要的引擎。这些新时代的商业模式，无论是传统门店，还是网上获客，或是库存、物流体系衔接，以及数据能力，无疑扮演着最重要的发动机的角色，否则商业运营将会产生中间的断裂，使得原先某一部分的伟大创新，失去了承接的能力，最终仍然无法获利。我在麦德龙推动电商业务时就有这样的经验，我们构建的电商平台很快地通过门店流量的整合，提高了客户的购买频次，流量也因此快速放大，但是传统门店的管理系统却因为库存数据不精准、SKU（最小存货单位）颗粒度太粗，而无法支持电商。例如这些门店管理系统只能说明店里面有几双袜子，而没法区分款式、颜色、尺码，这对电商来说是致命的。这个缺失严重地拖累电商发货的处理能力，使得电商业务无法持续快速增长。

智能化是关键。2016 年人工智能 Alpha Go 与世界冠军棋手李世石的赛局，让人工智能再次成为人们关注的焦点。这次 Alpha Go 的出现与 IBM Deep Blue（深蓝计算机）的棋赛有着本质上的差异，因为过去的人工智能是解析专家的逻辑演算得来的智能，而新一代人工智能却是靠机器（计算机）的自主学习。人们常说新一代人工智能的横空出世，是基于 ABC 三种新技术的成熟，A 是算法（algorithm），B 是大数据（big data），C 是算力（computing power），也就是计算机的运算能力以及云端储存能力。其实还有几个技术同时作为支撑，如物联网、移动技术等。这些技术的发展，使我们得以获取大量数据，建立与实体世界相呼应的虚拟数字世界。科学家用这些数据，通过深度学习方法，让计算机构建出更智能的虚拟世界蓝图，告诉我们世界正在发生什么改变，以及我们能够采取什么对策。

未来的企业将深度受到智能世界网络的影响，是否能在企业里面应用这些能力，就成为未来企业制胜的关键。从整个价值链来看，在前端有数字孪生技术，加快企业的产品研发；在供应链上，有与供应商无缝对接的智能采购；在生产环节，有基于工业 4.0 技术的虚实融合生产体系（CPS）；在仓储上，有更高效货找人的智能仓储；在物流体系上，有智能路径规划（TMS，Transportation Management System），使得企业的物流达到最高效与最低成本的平衡，还有物联网与卫星定位的全流程监控物流、销售终端和智能化的终端客户管理设备。

在 2023 年第二季度，ChatGPT 在创作与研究类型的工作方面又有了重大的智能化突破。例如人工智能生成的内容（AIGC, AI Generated Contents）已经对广告设计、装修设计、短视频内容文案、直播等领域产生了重大影响，使得人工智能越来越有取代人类大部分工作的趋势。

所以，我们学习、重新思索企业的商业模式，必须要将人工智能放在一个最重要的位置。正如互联网技术改变了内容出版与新闻报纸行业，电子商务去中间化模式改变了商业贸易结构，新一代人工智能将会更全面地改变企业运营的模式，这种改变，最终也将反映在商业模式的创新上。

这些学习经验告诉我们，构建商业模式需要考虑得更深、更长远、更全面，商业模式绝对不是简单的一两句话，而是一个整套、系统化的工程，这些学习经验也将在后面章节中逐步体现出价值。有了这个认识，对接下来我们开始讨论基础的商业模式概念与理论模型将有重大的帮助。

4.3   本章小结

20 世纪 90 年代以后开始以基于互联网为基础，陆续地出现了三种典型的商业模式：① 内容提供者；② 去中间化；③ 价值网整合者。

观察最近十年商业模式发展，我们学会了：① 企业动态能力至关重要；② 完整商业模式不是单一维度；③ 整合是关键工作；④ 数据能力是重要的引擎；⑤ 智能化是关键。

第 5 章
商业模式的变迁及四大价值理论模型

在我们提出本书的商业模式理论框架之前，首先回顾一下，关于商业模式的理论研究以及学者们曾经提出了哪些模型。我们更需要解释这些模式，对于我们所处的后互联网或数字化智能时代有哪些不足，并且证明提出新的商业模式理论框架的必要性。

当前，学术上关于商业模式的理论大致由五种视角出发：历史发展论、创造核心价值观点、价值传递模型、战略金三角模型、商业画布模型。

5.1　历史发展论

历史发展论比较具有代表性的人物应当是日本的三谷宏志，他所著的《商业模式全史》，从全球的视角，细数从源于 14 世纪的美第奇家族，到 17 世纪的三井越后屋、20 世纪的沃尔玛、丰田汽车，以及 21 世纪的阿里巴巴、谷歌等数十家企业的发展历史以及适合当时环境下的商业模式。

他认为商业模式是每个历史发展阶段的产物，而且一定是长江后浪推前浪。旧模式在当时的时代用适合的模式建立了良好的模型，但是随着时代的演进和社会环境的变化，这些旧的模式不再能适应新的环境，这时必有新的模式出来，取代旧的模式，所以这些商业模式的关系必然是后者取代前者。

图 5-1 是我根据三谷宏志的历史发展阶段，将他在书中提出的案例汇整成四个阶段的商业模式发展脉络。

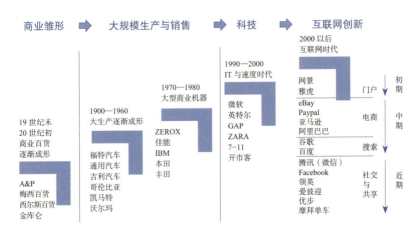

图 5-1　三谷宏志的商业发展宏观历史与商业模式创新

第一阶段是商业雏形阶段，始自 19 世纪末 20 世纪初。这时社会上的人口开始快速地增长，在美国出现了具有规模的企业，例如大西洋和太平洋食品公司（A&P）、梅西百货、西尔斯百货、金库仑联合商店等企业。这些企业有的支撑了上百年，不过在 21 世纪初的互联网大潮中还是没能挺过去。A&P 可以说是便利店最早的雏形，其本质是一种廉价的夫妻店连锁企业，它们卖的产品就是老百姓日常生活的食品。梅西百货初期是卖钟表的小公司，后来，创办人发现，都市生活方式逐渐盛行，A&P 无法满足"消费升级"的需求，于是梅西百货开始销售比较高端的商品，后来发展为百货公司。

第二个阶段是 1900 年到 1960 年，这是一个大生产的时代。在生产上有福特汽车、通用汽车等公司，在销售上有凯马特（K-Mart）、沃尔玛等公司出现。这个时代的背景是美国市场带领下的经济繁荣起飞，许多国家通过经济发展，民众有了一定的财富积累与消费能力，但是商品的品牌与种类则相对较少。

例如 20 世纪二三十年代美国工薪阶级开始有了较好的收入，追求居住品质，开始向郊区迁移，因此对汽车产生了大量需求。福特汽车看到了这个趋势，提出"工薪阶层买得起的汽车"的价值主张。为了降低生产成本，将产量提升到极致，福特汽车构建了极端集中式的胭脂河工厂，将生产汽车所需要的原材料全部集中在这个工厂里面，甚至连炼钢所需要的焦煤场都放在汽车制造工厂里面，整个工厂只生产一款汽车——福特 T 型车，这款车的价格是当时美国工薪阶级两个月的薪水，这使得福特汽车成为当时汽车的代名词。福特汽车称霸了十余年，消费者需求开始变化，后来的通用汽车则强调让客户在车款、价位上有更多的选择，取代了福特汽车，成为新一代的行业霸主。

在零售行业，凯马特与沃尔玛也都是强调大规模地开店，压低供应链成本，使得终端商品市场的价格具有强大的竞争力。

第三阶段是 1970 年到 1980 年，属于大型商业机器兴起的时代。出现了 ZEROX、佳能等以大量打印为主要业务的公司，后来的 IBM 在初期也属于这种商用事务机器设备的大型服务企业，所不同的是技术创新使得它们逐渐转型为大型电脑设备厂家，提供更高效的资料处理能力、输出打印能力，进而击败了早期的打印设备厂家。

第四阶段是 1990 年到 2000 年，这时代可以称为 IT 与速度的革命时代。在 IT 方面，小型的个人电脑取代了 IBM 大型主机，出现了微软、英特尔等公司，电脑成了家家户户必备的生活用品，这个现象也为未来的互联网时代做了铺垫。计算机的高效处理能力，以及美国硅谷带动的速度文化，带来了更多的技术创新。另外，在极为传统的服饰行业中，出现了 GAP、ZARA 等讲究速度的快时尚公司，它们一跃成为国际品牌。

第五阶段是 2000 年以后的互联网创新时代。这个时代进化的速度更快，又可以分为初期的门户时代，出现了网易、雅虎，中期的电商企业时代，例如亚马逊、阿里巴巴等，以及搜索型企业谷歌、百度等公司，还有社交与分享的互联网模式时代，例如腾讯、Facebook以及其他一些社交媒体平台等。

历史发展论的优点与不足

- 优点：让学习者通过对商业发展历史的回顾，学习不同时间段的商业模式和这些商业模式发展的原因以及为什么它们会被后面的模式所取代。

- 不足：三谷宏志其实不是在讲商业模式，而是在讲商业历史，甚至应该说他讲的是"业态"而不是商业模式。他说这些企业是因时代而生，也是因时代而灭亡，这的确是事实。但是难道这些做法就不再有效了吗？这些模式其实可以解释为适合某个时代，但是也可以解释为适合某个阶段或某种环境的企业，例如集中式生产，在今天或许不再像福特汽车红火的那个时代这么管用，但是对于还没有能力进行外部资源整合的初创企业，集中生产，提高效率，在初期阶段或许是一条可行的路。还有某些行业的品项少、数量大，要求极致的生产效率，例如生产汽车锂电池的宁德时代，也仍然采用福特汽车这种集中生产模式。

5.2 构建商业模式的四大顶层理论

我们从这些商业历史中学到了过去一百多年来的业态发展轨迹，我们不要只是把它当作历史，这些模式还是具有参考价值的。基于这个原因，我们在讨论本书建议的商业模式时，也引入了这些过去在特定环境下的模式思考，因为即使是现在的互联网时代，从价值生成的视角来看，总不能说只剩下平台这一种模式的做法，其他模式都不管用，那么就显得有些狭隘了。

5.2.1　创造价值模型

采取核心要素观点的学者是最多的，因为这种提纲挈领的要素提炼法更适合现代学术理论研究的实证型方法论，每个研究者都可以找到不同要素，进行数据化的实证研究，然后说出一番道理。例如，阿密特和佐特（Raphael Amit and Christoph Zott, 2001）首先提出，商业模式的意义在于它能为企业创造核心价值，那么到底有哪些核心价值呢？他们从电商模式成功的经验中，总结出电商的商业模式是从新颖性（novelty）、效率（efficiency）、锁定能力（lock-in）、互补性（complementarities）这四种特性中产生了对企业的价值，参见图 5-2。

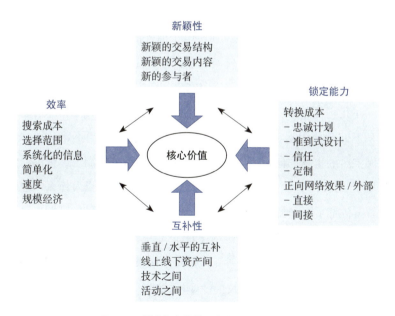

图 5-2　创造核心价值观点的商业模式理论

新颖性。他们从结构、内容与参与者三个维度来说明电子商务商业模式的新颖特性：结构是指电子商务在销售层级上的创新，其实就是前面一章讲的去中间化的结构；内容则是指销售的产品与服务可能发生的变化，因为其构建的可能是一个平台，所以企业销售的内容也会不同；参与者则是在这个新的模式下的参与者，可能是与过去行业完全不同背景的群体。

效率。佐特和阿密特也指出，电子商务商业模式能够显著地提高企业的效率，包含投入的人力资源与其他硬件资源，因为去中间化或无店铺，使得这些资源的花费减少，取得交易所需要的成本下降。对于用户来说，效率更是电子商务模式能够吸引他们的重要原因，因为在传统门店比对类似商品的价格要花费大量时间，但是在电子商务平台上，比较相近产品的价格只是瞬间的事，这种搜索的功能大幅地改善了交易效率。

锁定能力。一旦买卖双方通过电子商务商业模式完成交易以后，再想更换交易对象就会产生转换成本，客户就不容易再受到其他竞争对手的吸引，于是企业达到了锁定客户、锁定卖方的价值。

在我担任 eBay 中国的高层管理者时，在一次与卖家的座谈会，我私下问几个大卖家："你们在 eBay 的生意做得相当不错，那你们在淘宝店的生意如何？"得到的答案很让我惊讶，他们说，他们既然选择了 eBay，基本上就不会去淘宝了。我很惊讶地问为什么，他们的答案佐证了阿密特和佐特的发现，提出了实践上最佳的证明。这些卖家说，"我们选择一个平台开店的投入是巨大的，例如内容的编写、库存配置、售后管理的串接等，关键是不同平台的操作模式和技巧是不一样的，我们既然要做好，就只能选择一个平台，深度学习经验，不可能跳来跳去"。

此外阿密特和佐特还提出了外部效果，企业在平台选择以后会产生锁定的特性，因为企业的客户积累都在这个平台，企业很难迁移这些人。

互补性。互补性强调的是线上线下之间客户消费体验的互补，线下门店的优势是面对面的接触体验，能给客户更亲近的感觉。线上则是效率的提升，让客户更容易找到他想要的产品并且完成交易，特别是在客户比较忙，无法亲自到店，或是门店数量有限，无法进行有效的覆盖时。门店也是电子商务售后服务的最佳接触点，试想你买了一部手机，如果它突然不亮了，你觉得客户是把它寄回公司的售后服务部门比较放心，还是拿到门店给驻点内的维修工程师更放心？这些都是电子商务与传统门店模式的互补所创造的价值。

创造价值观点商业模式研究方法的优点与不足

- 优点：这几个因素确实可能是电子商务这种新模式造成企业绩效差异的原因，这些因素背后都是通过电子商务的商业运营模式而产生的，所以这些因素是企业评估自身竞争能力时需要特别关注的。

- 不足：第一，此模式以学术上的相关模型进行研究，但是这些因素彼此独立，似乎看不出能够对于实践工作提出系统化的指导与建议。第二，此模式仅仅提出一些因素，并未指出怎么做。例如，模型当中指出"效率"是重要的，但是如何提升效率才是企业的问题，此模式对此并没有提出解答。所以很明显这种思维框架或模式更适合用来作为实施以后的检验，而且商业模式也不局限于电子商务（虽然很多商业模式创新思维来自互联网环境），学者们还需要根据更多的行业场景进行研究，才能对实践工作产生更多的价值。

5.2.2　价值传递模型

戴维·蒂斯，战略管理"动态能力理论"的率先提出者。蒂斯

（Teece, 2010）提出，企业如何传递价值，并且让客户愿意为此支付，再将这些收入转为利润的逻辑。参见图 5-3。

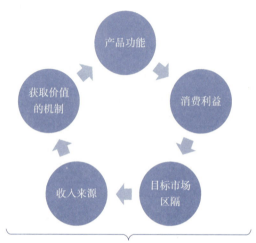

为客户创造价值，取得支付并将其转为利润

图 5-3　价值传递模型

蒂斯提出的模型是以企业产品与服务所具有的技术与功能特点（technology & features）作为基础，决定客户通过产品的消费能获得的利益，接着根据这个利益诉求，找出目标市场区隔，再接着确认可行的收入来源，并且设计获取收入的机制。这五个步骤构成了一个企业构建商业模式的闭环。

简言之，这个模式的核心概念是"找出企业为客户创造的利益，并基于这个利益设计出获取收入的机制"，这也是构建商业模式的基本方法。

在这个模型中蒂斯还进一步强调区隔化，并且在每个区隔市场构建阻绝对手模仿的机制，使得获利模式具有可持续性。这个观点是其他商业模式理论架构中没有提到的，也特别重要。它的操作过程参见图 5-4。

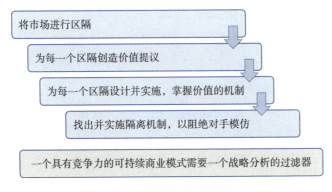

图 5-4　蒂斯的层层过滤模式

蒂斯认为一个有竞争力且可持续的商业模式，需要对策略进行分层过滤，第一层是将市场进行区隔，然后为每个市场制定价值主张（或价值提议），再为每一个区隔设置获取价值的机制，最后找出隔离机制阻绝对手模仿。

5.2.2.1　三种阻绝模仿的途径

多重匹配。实施商业模式需要系统、流程、资产等资源的匹配，单一条件容易被模仿，当这些特殊的流程、系统中含有较多元素时，对手复制就更加困难。例如：沃尔玛选择小城市，而当地需求规模无法容纳第二家大型超市；戴尔实施直销，需要销售团队与供应链的搭配，可以阻绝模仿。

模仿的不确定性（uncertain imitability）。当竞争对手对于模式的具体内容不确定时，只能按照所见的来模仿。查看许多企业的商业模式会发现，外部人士只能看到表象，但无法窥视它们的内部机制或核心能力。例如抖音的智能推荐机制，这个机制使得用户的黏性大幅提高，海外版 TikTok 甚至使美国逼着 TikTok 把数据和部分股权交出来。

资源的限制。对手想要模仿的新模式可能需要对其企业的现有客户、渠道产生挑战；企业需要考虑建立这些资源的独特性。例如培训机构的独家授权或特殊师资。

5.2.2.2 价值传递模型的优点与不足

- 优点：蒂斯的模式是一个很精简清晰的思考范式，直指问题的核心，与其他不同的商业模式思考框架比较，这个模式更强调如何打造竞争优势。

- 不足：第一，蒂斯的模式似乎比较局限在前端营销的问题，未能覆盖考虑企业可能的多个面向。例如该模式将重点放在产品与服务价值的功能特性，以及打造收费机制。第二，这个框架偏向理论性，对于实践上的指导价值需要更进一步延伸，例如加入一些观点，讨论在价值链的不同环节，可以参考哪一些具体做法，可能对企业的助益会更大。

5.2.3 战略金三角模型

贾斯曼·奥利佛（Gassmann Oliver）等人提出了战略金三角，来解释一个完善的商业模式。这个战略金三角包含了四个维度——目标客户（who）、价值提议（what）、价值链（how）、为什么能产生收益（why）。其中决定目标客户居中，价值提议、价值链、利润机制分别居于三角形的三个顶点。如图 5-5。

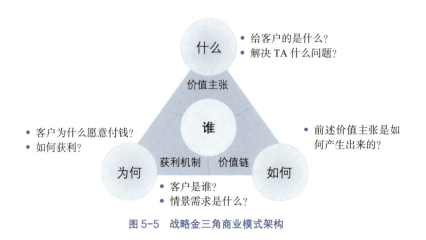

图 5-5　战略金三角商业模式架构

谁是我们的目标客户（who）：清楚定义目标客户极为关键，这样可以让团队在思考方案时能够清楚地聚焦是在为谁提供服务，避免团队提出天马行空的想法，造成混乱。在定义客户是谁的同时，还需要讲清楚，他们的痛点是什么，他们需要什么。

价值提议是什么（what）：清楚定义客户以后，我们对于应该给客户什么（产品与服务），其实就已经呼之欲出，这个 what，也将是下一个内容 how 的范围界定。

价值链（how）：我们如何通过行动连接资源，创造出产品与服务的过程。在这里，贾斯曼·奥利佛等人采用的名词是价值链，但是他们的解释其实更偏重在生产端的价值链，对于营销以及商品与服务传递的维度，则没有太多讨论。这个缺失也造成了金三角理论在方向指导上有些偏颇，它更倾向引导学习者倾向生产行业思维，而对于客户端的价值链功能则有比较严重的忽略。

利润的机制（why）：利润是怎么产生出来的，包含成本结构以及收入产生的机制，回答为什么这个商业模式具有商业可行价值。

贾斯曼·奥利佛等人除了提出神奇的战略金三角概念，更令人折服的是他们总结出 55 个商业模型让学习者参考，参见图 5-6 所列的 55 种商业模式。

这么多所谓的商业模式，但如果你仔细阅读，会发现一部分他们所指称的商业模式，严格来讲只能算是企业做某件事情时的做法（我们称之为"套路"或"具体做法的工具箱"），并不能说是企业整体的商业模式。举例来说，编号 2 的"Affiliation"——联盟，指的是为互联网企业引流的企业模式，它结合了许多小流量平台，以提供整合后较大流量的服务，这不能算是一个商业模式。再例如编号 10 的"Customer Loyalty"——客户忠诚，这是一个客户关系管理工作上的一项活动方案，也不能称之为某家企业的商业模式。

1. 外加（Add-on）	29. 多做些（Make more of it）
2. 联盟（Affiliation）	30. 大量定制（Mass Customization）
3. 合气道（Aikido）	31. 去除非必要服务（No Frills）
4. 竞标（Auction）	32. 开放型企业（Open Business）
5. 以物易物（Barter）	33. 开源（Open Source）
6. 提款机（Cash Machine）	34. 交响乐团（Orchestrator）
7. 交叉销售（Cross Selling）	35. 按次计费（Pay Per Use）
8. 众筹（Crowdfunding）	36. 按需付费（Pay What You Want）
9. 众包（Crowdsourcing）	37. 对等（Peer To Peer）
10. 客户忠诚（Customer Loyalty）	38. 按效果计费（Performance-based Contracting）
11. 数字化（Digitisation）	39. 刀片与刀架（Razor and Blade）
12. 直接销售（Direct Selling）	40. 以租代买（Rent Instead of Buy）
13. 电子商务（E-commerce）	41. 销售分成（Revenue Sharing）
14. 经验销售（Experience selling）	42. 逆向工程（Reverse Engineering）
15. 最低费率（Flate Rate）	43. 逆向创新（Reverse Innovation）
16. 部分拥有（Fractional Ownership）	44. 劫富济贫（Robin Hood）
17. 授权（Franchising）	45. 自助服务（Self-service）
18. 免费再收费（Freemium）	46. 店中店（Shop in Shop）
19. 从推动转为拉动（From Push to Pull）	47. 解决方案提供者（Solution Provider）
20. 保证可获得性（Guaranteed Availability）	48. 订阅（Subscription）
21. 隐藏收入（Hidden Revenue）	49. 超市（Supermarket）
22. 原件品牌（Ingredient Branding）	50. 低端客户（Target to Poor）
23. 整合者（Integrator）	51. 垃圾变现金（Trash to Cash）
24. 层级参与（Layer Player）	52. 双边市场（Two-side market）
25. 客户大数据（Leverage Customer Data）	53. 极致奢华（Ultimate Luxury）
26. 版本授权（Licensing）	54. 用户设计（User Design）
27. 锁定（Luck-in）	55. 白标品牌（White Label）
28. 长尾（Long-Tail）	

图 5-6 贾斯曼·奥利佛等人所列举的 55 种商业模式

更遗憾的是，他们并没有把这 55 个模式分类。如果他们能够将所列举的 55 个商业模式放在战略金三角模型的不同维度里面，它的综合价值就非常巨大了，因为有了清楚的框架，又有每个环节的参考线索，学习者可以知道在设计哪个维度时，可以选择哪几种典型的模式。可惜他们没那么做，使得他们所提出的要素模型无法为企业运营提供完整的逻辑框架。

不过，贾斯曼等人也提出了列举的 55 个商业模式如何与战略金三角模型合并使用，让企业更容易打造出适合自己的商业模式。参见图 5-7。

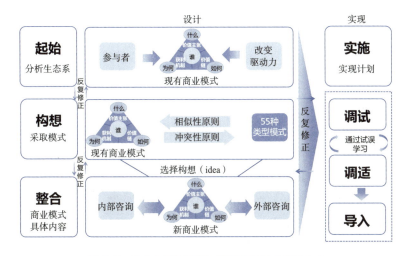

图 5-7　战略金三角模型与 55 种案例结合使用方式

他们提供了使用这套理论模型的方法，分成起始、构想、整合、实施四个步骤。

- 起始：这个阶段企业的主要工作是分析生态系，采用金三角模型，描绘出企业的现况，并列出有哪些改变的驱动力。
- 构想：企业在这个阶段需要评估金三角当中的四个维度，55 个商业模式当中适合引进哪一种模式，例如在 who 的策略，学习印度的 TaTa 汽车，选择进入低端市场（Target the poor, 编号 50），在 what 当中选取（Supermarket, 编号 49）在 how 当中选取整合者（Integrator, 编号 23），在 why 当中选择收费模式（Pay per Use, 编号 35）。
- 整合：这时企业需要将前面在不同环节选择的模式整合到一起，从各个维度描绘出整个企业的模式。

- 实施：在实施过程中，他们强调需要反复调适，最终构建出企业的最佳商业模式。

金三角模式的优点与不足

- 优点：金三角模式，通过 who—what—how—why 引导企业思考自己的商业模式，应该算是一个简单、有用的分析架构。55个多种视角下的商业设计也给了学习者很多的启发和参考。

- 不足：第一，结构上，有一些头重脚轻。金三角模式把客户是谁、提供什么价值这两个要素列为重点，但是剩下的很重要的议题，例如，这些价值提议到底是如何生成，如何传递给客户，金三角模式只是笼统地用"价值链"一语带过，这就比较缺乏实践上的指导作用了，因为后面需要进一步展开的内容，才是学习者更关心、不知道该怎么做的问题。第二，55个商业模式过于分散，缺乏整理、分类。贾斯曼等人列举出的商业模式，确实是一个很珍贵的研究资产，但是他们没有将这些不同的模式进行分类，再与价值链当中的某些环节结合，例如哪些属于价值链当中的生产模式、哪些属于供应链模式、哪些属于营销模式。如果他们能够建立一个基于价值链的分类标准，再将这55种模式分类，学习者将更容易理解，同时未来如果还有新的模式，也可以将它们放到这个金三角架构里面。第三，很多模式（或套路）过于老旧。这55种商业模式总结了商业环境数十年以来被使用过的模式，并没有与"后互联网"发展出的环境与技术环境相匹配。

5.2.4 商业画布

从企业流程来讨论商业模式，是描绘商业模式的一种重要视角，因为流程比较具象化，一看就明白。在这些流程观点的理论当中，奥斯特瓦尔德（Alexander Osterwalder）（2010）提出的"商业画布理论框架"（以下简称商业画布），应该是最经常被拿来引用的理论框架之一。

　　商业画布理论框架认为，我们需要讲述九件事，才能将一个企业的商业模式讲清楚，而且这九件事本身是有先后次序、紧密关联的，如图 5-8 所示。

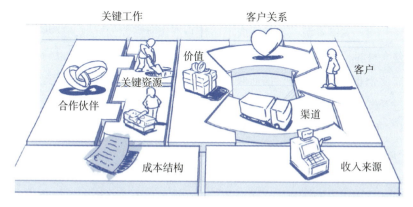

图 5-8　商业画布结构图

　　（1）客户，就是企业的目标市场是什么，在这个目标市场当中的哪一个细分市场是主要针对的市场，他们是什么类型的客户。一个企业可能有多重细分市场，例如银行，从最大的范围就可以分为对公与对私两大类。细分市场越明确越好，因为越明确就越容易挖掘这个细分当中的客户痛点与需求，例如银行的对公市场，可能用企业客户的规模作为标准，可能用行业类别作为标准，也可能合并这两种标准建立细分市场。可以想一想，一家企业说自己的市场是对公，和自己的市场是钢铁企业上下游供应链交易，后者是不是更容易找出痛点？

　　（2）价值，就是说明这家企业是做什么的，带给客户的价值是什么。这里讲的价值主张包含了对客户的定义：他们是谁，以及企业提供什么价值给这些客户。这当中的价值主张可以是很实际的产品或服务，也可以是感官、心理上的满足；可以是正向的视角，让客户得到方便、满意的提升，也可以是从解决痛点这种逆向的角度来提出。例如滴滴打车带给消费者的价值，可以说是随时随地最有效率地找到出行的工具，也可以说让消费者免除打车难的痛点。

（3）关键工作，就是说明企业如果要完成上述价值主张，需要配合哪些工作流程。这些工作可能不止一项，企业必须把这些工作都做好，才能实现价值主张。

（4）关键资源，就是完成上述核心工作所需要的资源，这些资源包含材料、人员专长能力等。商业模式定义出这些资源需求以后，就需要企业进一步思考，如何取得这些资源，可能是内部本身已有或通过开发自身能力获得，也可能是从外部合作取得。

（5）合作伙伴，就是完成这些关键工作，除了企业自身以外，还有哪些外部资源可以提供协助，共同完成。

（6）客户关系，是指用什么方式来维系企业与客户之间的关系。当然，这里所谓的客户关系，不仅仅是售后的客户关系维护，更包含了客户的获取、发展、交易以及后续服务。

（7）渠道，就是企业的产品或服务，通过哪些渠道交付给客户。

（8）收入来源，就是在企业的商业模式与价值主张之下，企业可以通过哪些方式向客户收取费用。不过值得特别注意的是，在商业画布的原始文章里仅仅讨论了传统的收入来源，并没有讨论最近几年因互联网所产生的特殊定价与收费方式，例如免费模式、会员模式等，所以它是从传统企业的销售商品与服务的视角来解释收入来源的。

（9）成本结构，主要的讨论重点还是传统生产企业，生产工厂当中的材料、人工、费用等方面，所以商业画布在最后两项基本上就是反映企业的财务报表，如何达成最后的盈利，并不涉及互联网时代下所发展出来的定价与收费模式。

商业画布理论框架自从在2008年被提出后，深受企业实践者的欢迎，被广泛地使用。它的优点非常直观，完全符合企业在传统观念上的定义，它清楚地描述了企业要提供什么产品或服务给客户，这些产品与服务是如何生成的，企业应该专注于哪些核心流程或关键资源，又有哪些是重要的合作伙伴需要发展，以及如何做产品与服务的营销和售后的服务，最终再回到销售这些产品与服务有哪些收入，以及发生哪些成本，最后收入扣除成本，达到企业盈利的目标。

如果用这个商业画布理论框架来描述福特汽车、通用汽车这样的企业，你可能会发现这个工具真是太棒了。例如以福特 T 型车来看。福特汽车提出的价值主张，就是一辆所有美国工薪阶级都能够支付得起的汽车。它的关键业务就是高效的生产工厂的流水装配线。它的核心资源则是汽车钢板所需要的铁矿石冶炼、玻璃、橡胶材质等原材料以及人工。它的合作伙伴则是提供这些关键材料资源的厂家。在前端的客户细分，因为在那个年代，民众生活并不富裕，福特汽车也没有什么竞争对手，也就是说只要它生产出来汽车，就可以保证卖得掉，所以福特 T 型车只有一种款式、一种颜色，因为从价格上能够让所有客户承担得起，所以它没有什么客户细分，也无须太多地考虑客户关系，最多只是提供维修服务，至于渠道则是它们的汽车经销商。收入来源与成本结构就更清楚了，收入就是卖车子的收入，成本就是生产过程里面的材料、人工、制造费用等。

然而，根据多年以来我担任千亿元级企业 CEO 以及为许多 500 强企业提供咨询服务的实际经验，我发现，奥斯特瓦尔德提出的商业画布理论框架有着明显的不足，主要问题是：

（1）它虽然看似完整地列举出企业价值链上的核心步骤，但是拆分过于琐碎，很容易让使用者陷入线性、流程化思维模式，因此，我们看到很多人拿着这个模式将现有运营流程变得可视化进行陈述，却无助于企业决策者进行战略思考的模式创新。

（2）商业画布构图清楚，所以很容易记忆，但是并没有提供每个步骤如何创新的指导概念。

（3）因为商业画布过于琐碎，使得它无法解释更新的互联网商业环境，例如互联网的平台战略模式，可以很清楚地解释企业的产品或服务是如何生成的，但是商业画布仍要求作图者按照旧时代的工业化生产模式进行思考、描述，使得商业画布与现实状况显得格格不入、画蛇添足。

（4）商业画布模式缺乏对后互联网的数字与智能化时代的竞争性战略思考的指导。大量的企业主管用商业画布告诉我，什么是他们的商业模式。我认为他们都只是在描述现况，并没有告诉我为什么他们的企业比对手更能吸引客户，为什么消费者选择它们。特别是他们无法解释，为什么这家企业采取了这个模式就能够赢得竞争，取得盈利。例如商业画布的底端有收入来源与成本结构两项，这样的描述，无法激发战略人员去思考，如何通过定价模式获得竞争优势，也没有引导战略制定者去思考，应该采取什么生产结构或模式，使得成本能够最低，生产最有效率。商业画布的成本观点，更像是对财务报表中收入与成本项目的说明。

如果你是商业画布的信仰者，我这样挑战它，你可能会不服气。那么，我们再拿另外一个实际案例来看看。例如，滴滴打车的核心价值主张应该是让消费者的出行更加便利，减少养车、停车的困扰。那么它的核心业务是什么？它的关键资源是什么？它的合作伙伴又是什么？其实滴滴打车能够提供的核心服务是叫车服务，最关键的是三个方面：① 有车主愿意提供服务；② 有客户需要用车；③ 将供给与需求双方进行匹配。但这三个问题要怎么在商业画布中描述？建议你这时候停下阅读本书，用你所知道的商业画布概念，看看是否能帮助你画出滴滴打车的商业模式。

现在我假设你已经画完了滴滴打车的商业画布，你认为你画的东西，换一个企业主体，把它用在优步上，是不是也一样说得通？如果你觉得用在优步也说得通啊，这时你应该就能够理解，为什么我会指出商业画布模式不具有引导人们进行战略思考的特质。那么我再问你一个问题，你的商业画布能够告诉你，为什么滴滴打车的司机只愿意服务滴滴打车？为什么滴滴打车的客户只愿意坐滴滴打车的车？这就是我说的竞争优势的问题，商业画布并没有竞争优势的概念，所以你用商业画布时根本不会去想竞争优势的问题。从新一代的平台模式的视角来看，滴滴打车提供的是买卖双方的对接，严格来讲客户也是价值生成的关键，这时你关于客户和关键事项所需的资源是不是有些错乱？

商业画布的另一个问题，由于它的模块拆分得太细（九个模块），所以你在使用这个工具时，你的思维会被这些琐碎的工作所占据，它引导你思考的是一个拆得太细的流程，所以你无法在这个过程里去做战略思考，无法去想如何产生竞争优势等问题。

这个模型的可取之处，在于它能够把价值管理的整个过程，从中间的价值主张，到后端的价值创造活动、关键资源、合作伙伴，再到前端的客户关系，以及最终的收入来源、成本结构等这些模块，衔接得很清楚，使得商业模式的描述更为直观。但它的不足之处则是商业画布模型没法解释互联网环境下产生出来许多新商业模式之间的差异，例如刚才举例的滴滴打车、优步两个平台之间的竞争差异。

所以，商业画布模式是一个对现况描述的好工具，可是并没法激发使用者去思考企业如何创造竞争优势。

基于上述的问题，我认为商业画布更适用于解释传统的生产型企业的"现况"，对于互联网时代，更多的商业实践行为或理论概念，都无法融入商业画布的框架。虽然我经常听到企业用商业画布模式来陈述它们的商业模式，但是我认为它存在着缺陷，因此，我们需要一个更合乎现代商业形态以及包含了能够激发使用者思考竞争优势的模式。

最后，我们总结一下商业画布模型的优点与不足：

- 优点：构图结构清晰，模式的名字醒目、容易记忆。
- 不足：第一，商业画布只是对现有工作的填充，容易引导成为线性思维，缺乏创新思考的驱动。第二，商业画布未重视元素之间的交互关联与影响机制，导致模式产出缺乏迭代成长性。

5.3　本章小结

五种当前比较经常被引述的商业模式的理论模型分别有其优点，但也有明显的不足。

历史发展论的模型的优点在于总结了近百年来在每个经济发展阶段"掌大旗"企业的商业模式，例如 19 世纪末兴起的 A&P，它可以被称为现代连锁零售行业的始祖，模式当中也包含了近年来兴起的亚马逊、阿里巴巴、谷歌等企业的模式，这些企业能创造几十年的荣景，当然有大环境使然，但是它们的模式确实有可参考之处。但是因为属于讲历史形式，所以并未提出体系化的思考，使得这种观点对实践的指导价值受到限制。

创造核心价值观点的模式，是基于对电子商务企业商业模式为什么能够创造优势的几个原因进行探索，这种经过数据验证的模型，当然存在合理性，但是它只能作为原因的总结，并没有告诉学习者究竟该怎么做。

价值传递模型提供了非常系统化的思考方法，建议学习者应该循着产品功能特色的挖掘，找出适合的目标客户作为市场区隔，审视产品对客户的价值是什么，再决定如何收费。这个逻辑是很清楚的，但是仅限于用在营销领域，造成了这个模式在实践应用上的局限。

战略金三角模型，这种以客户为中心（who），循序找出提供什么（what）、如何提供（how），客户为何购买（why）的模型，可以说是极为简练又直观，再加上 55 个商业模式，可谓内容充沛。但是从模型来看，how 维度的讨论范围不够，因为它应该包含产品与服务是怎么创造出来的、如何进行推广、如何送到客户手上等，这些事情都是考虑商业模式必须思考的重点，所以战略金三角模型作为抽象框架是没问题的，可是对于实践工作，指导的价值似乎不够。另外这55 个模式确实很值得参考，但是和它的思考框架似乎缺乏连接，如果能将这 55 个模式做一些分类，标明哪一个模式属于金三角的哪一个维度，那么这个模型框架的参考价值与对企业实践的指导意义将会更大。

商业画布模型展开了九件事，在前端，它考虑从客户开始，给客户什么，如何经营客户关系，如何把产品交付给客户；在后端，则考虑关键工作、关键资源以及关键伙伴，可以说是资源基础理论的恰当展开；然后再考虑成本、收入，最后产生企业的利润。这九件事确实是许多企业需要深入思考的。画布的体现方式确实让人有更清楚的"流动"感觉，而且容易记忆。但是这种优点恰好也成了它的不足，因为这种过于细分的线性思考将限制适用行业的范围，例如用在规模较小的企业，就属于用牛刀来杀鸡了。不过它最大的问题还在于这种细致的线性思考，将限制学习者的创意以及这些因素的交互影响。

我们总结了目前为止商业模式的主要模型与思考方法，除了上面对个别模式的评价，另外一个共性问题就是这些模式都没有将企业置于新时代环境——后互联网时代以及数字化、智能化的场景。在这个新时代，因为技术创新与新的平台观念，使得供需两端的分界越来越混沌不清，所以这些关键商业模式设计要素之间是高度相关的。这种原先理论上的不足，以及商业环境的改变，都在显示，企业需要一个更新、更完整、更具启发性的商业模式理论模型。

打破商业模式边界的
五大思维模型

PART III

第 6 章
1-3-1 模型的价值创新及战略解构

前面几章讲述了什么是商业模式，在后互联网时代，企业面临更多样、多变的环境，重新思考商业模式已经成为企业的必修科目。上一章回顾了五个经常被引述的商业模式方法论，我们针对每个模式进行说明，并且讨论了它们的优点以及不足，结论是在新的后互联网以及数字化智能时代，这些现有模型，未能考虑新的科技环境带来的影响，无法在新时代有效指导企业的商业模式创新，所以我们需要一个新的商业模式创新的理论框架与实施方法论。本章将提出一个的商业模式创新理论框架——1-3-1 价值创新模型。

6.1 理论发展的背景故事

首先分享这个新的商业模式思考框架是怎么发展出来的。这是一个亲身体验的故事，这个案例企业是一家在山东成立的千亿元级别大型家电企业，算是该行业的标杆企业之一。这家企业的主力产品是冰箱、电视、空调等大型家电产品，在国内一直是龙头企业之一，它早期是村办的冰箱厂企业，随着改革开放，最高领导者带领这家企业从濒临破产的乡镇级别的冰箱工厂，成功发展并改为股份制，并且在十余年后成功上市。它的产品不止在国内销售，在国外也是相当知名，年营业额达到数千亿元。这家企业是成功改制的典范。为了公司员工能够分享他们努力的成果，同时也为了保证国有资产的价值能不断提升，该城市的国资委仍然是该公司的最大股东。由于公司在组织治理、产品、技术以及商业模式上的持续创新，这家企业的最高领导者在国内商界备受推崇。

6.1.1　小米如果进入大型家电领域，我们怎么办

我曾经担任该集团的虚网 CEO，所谓的虚网 CEO 就是为集团的产品或业务模式、业务流程，提出数字化转型的解决方案，以增强企业产品或服务的竞争优势，同时我也承担了集团的市场营销、渠道销售、线上销售、物流配送以及售后服务的业务。虽然我没有直接负责生产，但是也需要对产品的创新提出市场反馈与建议。

在一次集团会议，作为虚网 CEO，我提出了一个看似很傻的问题，想要给集团各个产品事业部门一些提醒。我说道，小米无疑是颠覆了国内的手机市场，它的超级性价比，给国内手机业者带来颠覆性的挑战。接着我问冰箱厂和电视厂的总经理："如果小米开始做电视或者冰箱，你们打算怎么与之对抗？"我得到的答案是："电视、冰箱是具有极高核心技术门槛的行业，它不像没有技术含量的手机，找个代工厂去生产就可以了，所以我们并不担心小米会入侵这个领域。"这些主管还回顾了过去几次集团收购欧美大型家电企业以及它们的技术，加快了集团研发的实力的经历。这个答案听起来很坚定，例如，他们说他们的电视采取了什么技术，所以塔恩电视的影像是多么清晰；他们的冰箱采取了什么压缩机技术，所以能效较高。但是这些答案所产生的结果从竞争优势的视角来看，却是很虚的东西，因为他们并无法说出来，究竟这些所谓的核心科技，到底能做出什么其他对手做不到的功能。例如这些主管说，公司的节能技术来自美国哪个厂家，可是我反问："你们说的这个技术很好，所以我们的冰箱能够达到绿色节能标志的要求，可是请问，现在能够进入家电卖场销售的冰

箱，哪一个品牌的冰箱不是绿色节能的?"这些主管都沉默了。各位要记住，如果你的技术所带来的结果是竞争对手也能做到的，那么从企业竞争视角上来说，你的技术就没有太大价值了。

6.1.2　价格杀手小米真的来了

几个月以后，小米真的推出了小米电视，这时候电视厂总经理说，他们计算过小米卖的电视一定赔钱，小米这个价格是不可持续的，"我们要有战略定力，以不变应万变，等到小米承受不住这种赔钱的买卖，它还是要回到正常的将本求利的价格，所以不用担心"。结果，小米并没有在产品蜜月期后提高售价，反而一如既往，用惊人的价格冲击市场。这个时候大家才恍然大悟，小米卖的不是电视，小米卖的是"内容"（就是在电视上收看网络电影、电视剧，进入网上商城购物），电视只是小米面向消费者时的入口，小米将"把电视放进消费者家"视为一种绑定消费者的策略，小米甚至可以把电视送给消费者，再大赚后面可持续性极高的内容费用。

看到电视厂的惨痛经验，冰箱厂的总经理开始着急了，他跑来找我，希望我给他一些建议以应对小米的入侵。你可能会问，总不能在冰箱上放个屏幕，让用户在厨房一边烧菜，一边看冰箱屏幕上的视频吧，至少看屏幕的角度可能就不对了啊。所以卖冰箱总不能又是卖内容吧。你错了，当然可以。我就是通过后面一连串对话的五个问题，提出了商业模式创新的发展路径，后来我将这些问题做理论上的整理与提高，就发展出了本书的核心理论框架——1-3-1 价值创新模型。

6.2　五个问题发展出冰箱厂的创新商业模式

以下我们从五个连续而且相关的问题，探索这个大型家电集团企业的冰箱厂是如何一步步发展出他们创新的商业模式。

6.2.1 核心价值主张

首先，我问冰箱厂总经理："我们品牌的冰箱和对手相比较有什么差异，我们有什么竞争优势，能带给客户什么价值？"冰箱厂总经理说道："我们的冰箱拥有高效率节能的核心技术和新颖的外观设计。"各位看看，这是竞争优势吗？

我跟他说，我同意"高效节能"是一种很重要的技术，但我更关心的是对客户来说他有什么独特的好处。这位厂长立刻回答道，他们的技术就是打造全产品线的绿色节能，所以只要是他们厂里面生产的冰箱，一定能够达到"绿色"等级的节能标识。基于这位厂长提出的技术带来的价值，我进一步问他，在比较大型的卖场，现在还有哪家比较有知名度的品牌冰箱的节能标签不是绿色的。既然大家都是绿色，就算你有核心科技，它所产生的结果，对消费者而言，与其他品牌并没什么不同。是不是竞争优势，应该从消费者的视角来看，而不是企业自己说了算，否则就是自嗨。

看来在冰箱这个行业，绿色节能标签只能算是产品上市的基本要求，几乎所有知名品牌都符合这个条件，所以并不能算做公司产品带给客户的独特价值。于是，我们进一步做了几次访谈调研，想要了解客户使用冰箱时的痛点是什么。结论是冰箱有异味。有异味只是表象，问题是冰箱为什么有异味。主要原因是冰箱里储藏的食物过期了，食物过期只是结果，那么食物经常过期的主要原因是什么呢？我们必须找出问题的根源，提出解决方案。东西放进冰箱，尤其是放在底层的食材，消费者会忘了这东西还在冰箱里面，直到有了异味，消费者才会赶紧清理冰箱，把这些东西拿出来。调研到这里，我们的结论呼之欲出，目前市场上几乎所有主要品牌冰箱都没有解决这个食物过期的问题，我们的第一个价值主张创新出来了——我们是消费者"居家生活、食物保鲜的守护者"。

我们再进一步讨论，看看能不能把这个价值延伸、放大。我们提醒消费者，冰箱里面有蔬菜或肉类将要到期，我们是不是还能够推荐他们，冰箱里面还有哪些其他食材能够和这个即将过期的食材搭配起来，做成什么美味的佳肴？另外，我们是不是能够建议消费者，如果再补充哪些食材，搭配冰箱里的这些临期食品，还可以再烹调出哪些更多样的佳肴，消费者如果有兴趣购买这些食材，可以一键下单，送货到家，这样对消费者的价值是不是就更大了？

除此之外，我们是否能够更进一步提供给消费者更多的专业膳食咨询？消费者可以通过我们这个品牌冰箱搭配的 App 或小程序，提供他的家庭成员信息，我们就可以提供一般成人每天、每周的营养食谱建议，特别是针对成长阶段的儿童、罹患三高的病患、老人们的膳食搭配。

原来我们企业生产冰箱的价值主张是"绿色节能"，这种价值主张其实是所有主要知名品牌冰箱都具有的，完全无法创造出竞争优势。基于上面讨论的膳食搭配管理，这个新价值主张就非常独特了，它是"家庭健康膳食的生活助手"，能够带给消费者保鲜、营养、多样且符合个人身体需求的"个性化"的膳食。它还带给消费者买菜不出门的绝佳生活便利。试想，经过这样调整，这个冰箱的价值主张是不是就有机会超过所有竞争对手？

6.2.2　价值生成模式

确定了核心价值主张，接着需要思考的是，根据上面所述的价值主张，如何最有效率地搭建生产体系，或构建所需投入资源的组合模式（我们称之为价值生成模式）。就冰箱的这个价值提升案例来说，原有基于节能、压缩机新技术的价值主张，已经不再是我们能够与对手形成差异化的价值主张，新的价值主张是关注消费者家庭生活的膳食健康管理。我们需要以下四种能力或资源，这四种能力或资源并不是一般生产冰箱的企业所具备的，我们需要考虑的是如何更有效地进行资源组合。

（1）智能识别：如何能够辨识消费者放进冰箱的是什么，它的保质期是什么时候。智能识别并不是冰箱厂过去的优势技术，如果投入发展这项技术，需要很长的时间。但这对于做智能辨识的专业公司来说，却不是很高深的技术，所以最好的方法应该是寻求智能科技公司的协助，直接将它们稳定的技术植入我们的冰箱产品当中，然后以分润的方式给这些企业回报，这样这些智能科技公司就会愿意源源不断地提供迭代更新的技术。

（2）食材搭配：消费者还需要很多的菜谱，帮助搭配冰箱里的食材来烹煮菜肴。要完成这项工作需要两种技术资源，首先是食谱，而且这个食谱要将制作某个菜肴所需要的食材进行拆分，并且按照客户的家庭人口数以及他们过去的食量记录，精细计算这家人需要的食材分量。其次，为了让食谱不断地更新充实，除了用食谱作为基础的数据输入，还可以通过社群，吸引那些精于烹饪的高手，在社群里面上传、更新、分享他们推荐的食谱。所以需要建立一个善于社群运营的团队，持续推动这件工作。

（3）食材供应链：还需要与地方超市或其他线上超市合作，例如叮咚买菜、华联超市等，建立食材供应链，并提供送货上门服务。这时的工作是将订单平台与这些外部供应商的订单与库存数据进行对接。

（4）营养专家：提供营养膳食的咨询建议以及智能化的匹配推荐。这不意味着要去招募一批营养专家，而是应该建立一个论坛，让专家在当中分享他们的智慧经验，并以此建成知识库为消费者提供咨询以及个性化的定制。

这些等待建立的能力或资源，有一个共性——它们都不是一家传统冰箱厂所具备的能力，而且开发这些能力需要很多的时间。如果想要持续迭代、发展、扩大这些资源基础，企业不应当只想着如何培养自己的员工学习这些能力，这里的价值生成模式，应该有别于传统的集中式生产，采取生态圈的模式。在生态圈模式之下，这个家电企业首先需要在概念上构建这个生态圈的范围以及生态圈应当包含的组成元素，这些元素就是能够提供上述四种能力的个人或企业。

生态圈主需要考虑每个元素如何接入，如何在平台上创建需要的能力或资源来服务共同的客户。同时生态圈主还需要设定游戏规则，例如提供菜肴的个人或企业的分润模式，这个分润模式需要与价值获取的收费模式一并考虑，价值获取是如何面向消费者收费，分润模式则是对提供资源服务者的报酬。生态圈主还需要制定治理规则，避免成员在生态圈中的不当行为。

正如同苹果的 IOS 平台，需要制定上传音频、视频的企业或个人在苹果用户付费下载音频和视频后从这些收益当中分润的规则，以及检查这些上传的视频或音频是否有出版者的授权，同时也要检查、举报，避免同样内容被不同的参与企业重复上传等种种生态圈治理规则。

6.2.3　价值交付模式

这些必要的资源都已经部署完成，代表着这家企业已经能够提供"膳食健康管理"的服务。进一步，企业需要考虑的是，如何将这些产品以及服务，交付到客户手里（我们称之为价值交付模式）。就冰箱这个案例来说，有两种需要考虑的交付模式，第一种是虚拟的交付，例如读取临期产品可以烹饪的菜品建议、个人健康的膳食搭配等。第二种是实体产品的交付，例如线上购买的食材交付。做法可能如下：

（1）虚拟服务的交付：需要自行开发一个 App（或小程序），通过这个 App 收集与客户交互的数据，进而对数据进行分析洞察后，定向生成个性化的服务信息。例如通过 App 显示目前冰箱里面的食材储存状况，并且提示哪些产品接近临期，显示可以烹饪菜品的建议以及一键下单补货，同时通过这个 App 提供消费者膳食建议与线上咨询。这样通过一个流程体验良好的 App 就能够将上面四项资源对接起来，完成企业要实现新价值主张所需要的价值传递服务。

（2）实体产品的交付：除了上述的虚拟服务，还有一项非常重要的实体服务，那就是线上订购的食材物流配送服务，当然以一个家电企业的基础能力，绝对不要尝试去做超市的运营，特别是冰箱用户分散在全国各地，这种规模绝对不是一家企业自营能覆盖的。

冰箱企业需要做的是信息对接，让全国各地的线上、线下超市能够提供这些服务才是可行方案。所以冰箱企业需要做好平台对接的界面程序，让各地有兴趣的超市能够较快地接入它们的服务，冰箱企业还需要做的是监控这些订单的交付效率，保证客户满意。

6.2.4 价值获取创新

价值获取创新是操作整个模型最关键的一个步骤，因为企业设计了整套逻辑，但最后是否能让客户买单才是最重要的事。这个环节要思考的问题是：① 跟谁收钱；② 怎么收钱。我们经常讲，互联网的思维就是羊毛出在牛身上，猪买单，记住"你做什么生意，就不要赚什么钱"，那么你就能够轻易地击败竞争对手。

以冰箱的案例来说，生产与销售冰箱的企业不靠卖冰箱赚钱，例如对手同级冰箱是 3 500 元，那么你卖 2 000 元，甚至是免费送，那么是不是就没有对手？我想各位一定会说，免费送，那不是赔本生意吗？其实是否赔本要看怎么设计收费模式。试想一下，卖一个单价 3 500 元的冰箱，扣除生产成本和渠道成本，可能最多只能赚 700 元（约 20%）。但假设，一个冰箱的平均使用寿命是七年，那么我们就可以思考，在用户使用过程中能不能从其他服务去赚钱，而不是紧盯着冰箱销售的单次利润。比如说可以用智能化和数据，洞察冰箱里食物的使用周期，分析用户的习惯进而联合电商平台精准推荐各种食材和对应的烹饪用具，假设每年可以从每位用户身上获得 200 元的利润，那么你以低于竞争对手的价格销售这台冰箱，是不是也就不赔钱了。而且还能长期与用户产生互动，品牌价值更是会水涨船高。

如果整个冰箱采取"免费送"的模式，如果企业能够每年在其他服务上赚回 500 元，是不是一样不赔钱？假设企业的价值主张被消费者接受，他日常买菜都通过冰箱的 App 买，一个中上生活水平的四口之家，一个月的买菜钱一般不少于 3 000 元，向参与生态圈服务的超市收取订单总价的 10% 作为服务费，每月利润是 300 元，一年就能够赚回 3 600 元，七年就是 25 200 元。通过这样一个"免费政策"，把冰箱送给客户，将冰箱看成企业与客户的接触入口，因为免费，冰箱在销售时必然是无敌的，这么说"免费送冰箱"才是能够获取最大利益的商业模式。

当然，免费的前提条件是，客户必须启动冰箱作为食品保鲜与膳食健康搭配的服务，而且每个月在 App 上买菜 3 000 元。如果能达成，赚的钱就远超过单纯卖冰箱的利润。还可以考虑另外一种选择性的附加服务作为另外的收费模式，那就是膳食健康管理的会员。针对三高患者、老人、儿童，企业可以让客户加入一个需要付年费的健康膳食咨询的会员俱乐部，针对这些客户提供更深度、个性化的膳食健康咨询服务。

6.2.5　价值推广创新

前面四个问题已经完成了商业模式创新的基础轮廓，企业有了新的产品与服务，清楚如何把这些产品服务传递给客户，知道怎么通过收费模式的创新，让产品与服务成为整个冰箱市场的杀手。最后需要考虑的就是这些信息怎么传递给消费者，让他们产生购买的动机和决策，这就是价值推广模式的创新。

传统上，家电厂商用电视、报纸、电梯广告等大众媒体将信息传递给潜在消费者，后互联网时代，消费大众的信息接受渠道已经完全不同，对待客户的关系也不是买方和卖方的博弈，而是互利共赢的长期关系，所以在推广模式上也需要创新。比如说企业要给用户突出传递的是冰箱的保鲜和营养功能，这时候就可以实拍记录食材的放置时间，然后邀请一些专业的厨师、营养师及部分精准用户，让厨师和专家们用冰箱里放置了一段时间的食材，现场做一顿盛宴跟大家一起品尝食物的新鲜度。当然事先需要请一些与目标群体相关的网红、意见领袖做活动前的宣传。活动过程中开启全程直播，这样不仅有了线下对产品和美味的直观体验，同时线上又能通过场景感的分享和传播，让消费者身临其境地感受看不见的技术和功能，感受品牌的力量和温馨。当然也可以与各大媒体或电商平台进行跨界联合，扩大传播的力度和范围。活动后，除了现场用户和意见领袖的传播外，再加上 IP 的持续强和输出，这个价值传递的效果要远比传统的传播方式更有温情，效益更大。

6.3　以"价值创新"为基础的战略思考框架

前面我们讲了一个新商业模式被推演出来的故事，现在我们需要将这个故事收敛为一个理论框架，形成一套更有系统的方法论，让各位读者更有效率地学习。

在冰箱案例中，我们依序问了五个彼此相关联的问题：① 企业的价值主张是什么（what），也就是提供什么独特的产品或服务；② 这些价值是如何生成的（how），从传统企业来说就是供应链结构以及生产模式；③ 这些价值是如何传递给客户的（how），在传统企业，这种价值传递过程，包含了仓储物流体系以及渠道模式；④ 企业是怎么收费的，客户为什么愿意接受（why），是否能够通过互联网的羊毛出在牛身上、猪买单的创新思维，让产品或服务无须陷入价格红海，甚至直接成为颠覆行业的价格杀手，而企业仍然能够赚取更高的利润；⑤ 有了这些价值内容后，如何最有效地将这些信息传递给目标客户（how），让他们产生购买行为。

我们可以看到，整个创新思考过程，就是回答一个 what、三个 how 以及一个 why，而这五个问题都是围绕着企业价值的创新来思考，所以我称之为"以'价值创新'为基础的 1-3-1 商业模式创新战略思考框架"，参见图 6-1。

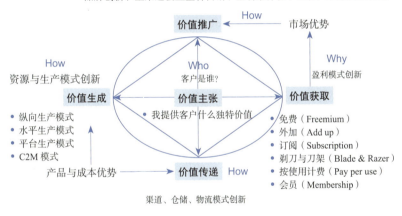

图 6-1　1-3-1 商业模式思考框架

通过 1-3-1 模型，我已经帮助过营业额从数亿元到数千亿元的数十家不同规模的企业，完成了它们的商业模式创新。只要仔细阅读、反复思索，我相信这套思考框架也能帮助你的企业找到商业模式创新之路。

作为后面章节的开启，现在我们先将这五个维度所涉及的内容加以说明，接下来本书的所有章节，也将基于 1-3-1 模型所提出的五个维度，用案例深入说明。

6.3.1 价值主张的创新

首先，要回答的问题是"what"，就是我们是什么、我们的客户是谁、我们提供什么独特的价值给客户。这三个问题就是经常讲的客户价值主张（customer value proposition）。如果问企业高管这三个问题，绝大部分人能够讲出前面两项，但很少有人能够讲得清楚第三个问题。

我曾经帮一家国内五大行之一的银行做企业培训，我问来参加课程的分行、支行的行长们："你们是干什么的？"他们大多会说，他们是银行。如果再问："那么你们的商业模式是什么？"这时行长们会有很高大上地描述："我们聚集闲散无用的资金，将它借贷给需要用钱的人，然后赚取利息差。"我接着尝试挑战这些行长，说："这不就是钱庄吗？那么请问一下，我家楼下左边是工商银行，右边是你们银行，你能否给我一个理由，作为消费者或企业客户，为什么我应该选择你们银行，而不是走进工商银行？"这些行长沉默了一分钟，最后，一位行长大声说："因为我们的官股比例高于工商银行！"所有人都笑了，显然在场的行长都不认为这是个合理的理由。我接着再问："那么你们认为客户不去工行的原因，是因为工行的官股占比没有你们那么高，客户会觉得钱放在工行不安全吗？"这时所有的行长又露出了诡谲的笑容。

价值主张创新，不是那种自我感觉良好的"自嗨"，而是应该很理性、很诚实地从消费者的视角来看，公司带来的价值是不是能够解决客户的需求或痛点。特别是，需要审视提供的价值是否具有独特性。老实说，这是最难的，因为大家都习惯了"赛道思维"，就是只考虑自己是做银行的、做烘焙的、做零售的、做快消的，不太会进一步去想，自己和对手有什么不同？

根据我的经验，一家企业要想出它与对手的差异性是很难的，因为这需要具有"破界"的创新思维能力。那么，怎样才能产生这种破界的创新想法呢？举个例子。

当时我在某大型便利连锁集团推动数字化，我首先提出来一个方法，就是"忘了我是谁"的思考方法，因为置身于传统连锁便利店赛道的思维，脑子一下子就会浮现出瓶装水、方便面、饮料、蜜饯等产品的销售场景和影像，思维就被屏蔽了，就不太可能有创新思维。通过"忘了我是谁"，才能打破脑子里的旧有印象。后来我们通过这种创新的思考方法，为这家便利连锁集团提出了品类与场景创新方案，使得它的销售和利润率都翻了一番，因为它创造了新的业态，使得它旗下的便利店不再是客户心目中的那种"杂货店"。

除了产品概念的创新，另外一种创新是直接与数字化相关的，就是如何对产品本身进行局部或全部的数字化，以达到商业模式的创新。局部数字化是为产品添加一些数字化的功能，例如小米家电，通过数字化电视，将小米给客户的价值从硬邦邦的电视壳转换为视频内容。而完全数字化就不再需要硬件载体，直接用软件实现功能，例如 Keep App 就是直接将健身房搬到用户的手机上，帮助用户完成健身的目的，它提供的定制课程，更取代了个人健身教练。

6.3.2　价值生成的创新

有了上面的价值主张创新，我们就很清楚知道，企业需要提供的是什么不同的产品或服务，接下来就需要考虑，这些产品或服务应该如何被创造出来，我们称之为"价值生成的创新"，也就是 1-3-1 模型当中的第一个"how"。

首先要问的是，为什么要自己做，为什么不让别人做；或是应该区分，哪些工作仍然由自己来做，哪些工作交给别人，怎么样更有效率，企业也能够更"轻"。进一步要思考的是，交给别人做，那么双方的关系是什么，如何绑定，使得双方能够更紧密地结合。接着第三个问题是，各方需要什么信息对接或数据支持，使得大家协作起来更有效率。

以汽车行业的发展为例，其最早的生产模式是福特汽车的胭脂工厂生产模式，它是一个极端集中的模式，福特汽车为了高效生产效率，只推出一款车，叫作 T 型车。福特汽车把生产汽车所需要的所有工作，都放在一个工厂之内，当中甚至包含生产汽车外壳钢板所需要的炼钢、煤炭工厂。这种模式确实让福特汽车做到了高效，但是当消费者口味改变，要求更多样化款式的选择时，福特汽车的高效流水线就卡住了，因为流水线需要停下来，才能更换生产另外一款汽车。

这时通用汽车的零组件外包模式就孕育而生，为了追求最低的供货价格，通用汽车的外包采取公开招标模式，每一批次采购都选择该次报价最低的厂家作为供货商。虽然每次外包的价格确实降低了，但是供应商和通用汽车的关系是每一次招标的短期利益结合，当国际材料价格波动时，供应商可能就会拒绝供货，使得通用汽车与供货商之间产生了一种博弈的关系。为了解决这个问题，丰田汽车提出了中心卫星工厂的概念，要求供应商配合精准时间到货（just in time, JIT），这时丰田汽车与供应商形成了长期的战略合作伙伴关系，双方荣辱与共。生意好的地区，丰田汽车让供货商能够赚得盆满钵满，但是也要求供应商跟着丰田汽车开拓全球市场的版图。因为一个初期开发的市场，需求量不足，所以无论是丰田汽车或供应商的利润都较差，这时战略合作伙伴关系让丰田汽车的供货商愿意承担风险，陪着丰田汽车走向世界。这使得丰田汽车跨足海外更为成功、高效。

接下来汽车行业又有什么新的模式呢？那就是柔性生产模式。最经典的案例应该是上汽大通。它被达沃斯世界经济论坛评选为全世界的灯塔工厂，成了智能化、无人化工厂的典范。为了满足客户的个性化需求，上汽大通让消费者直接通过蜘蛛智选 App 向上汽大通工厂下订单，而且消费者可以非常弹性地选择不同配置，例如外壳和内饰的颜色、座椅的款式和材质、车内光带颜色、轮胎宽度等。但这样的需求拿到后端，问题就大了，因为生产线上的每一辆车和紧接在后面生产的第二台车的配置是完全不同的，这时工厂需要具备柔性生产能力。为了满足每一辆车配置都不相同的需求，例如安装座椅的工位，前一张订单是黑色真皮座椅，下一张订单可能是白色合成皮座椅，那么生产线供料部门，就必须按照每一张订单的不同内容，逐个调整。与此同时，工厂与供应商的关系也必须更加紧密，上汽大通需要将市场需求以及趋势很精准地告诉这些供货商，供货商也需要机动地调整它们供应零件的规格与数量，这时双方信息对接的能力就变得非常关键了。

所以，从数据的观点来看，从过去的福特汽车到通用汽车、丰田汽车，再到现在的上汽大通，它们所需要的价值创造机制、自动化能力以及信息对接模式完全不同，这时就是需要提升数字化能力的时候了。本书的第 8 章会详细说明，百年来典型生产企业的价值生成模式，以及生产型企业在互联网时代、数字化智能时代可以有哪些价值生成模式的创新。

6.3.3   价值传递的创新

下面讲的是全流程的体验设计，就是 1-3-1 模型当中的第二个"how"。在生产行业涉及的是产品生产出来以后，通过什么样的物流体系，最终将商品送到客户手里。如果是商贸行业、零售行业，则应该考虑如何构建客户从售前到售后的整个流程体验。

售前，顾名思义，就是客户还没有下单之前，如何在这时让用户感知到企业希望传达的价值，例如现在很多的国潮餐厅，需要考虑到场景设计。华东地区非常有名的桂满陇，它的主要诉求是让客户在江南水乡的场景中用餐，这时需要凉亭、渔船等场景道具来传达江南水乡的场景价值。如果是销售保养品的企业，售前重点是让客户体验到产品的亲肤性，让客户愿意购买产品。

售中则是客户在使用你的产品时的感知。还是用桂满陇来举例，给客户上菜时，店员会准备些仪式感，例如桂满陇的叫花鸡是装在一个特殊的容器，服务员上菜时需要敲打那个容器，口中还要说上几句祝福语，这样消费者的心理感受就更好了。如果销售的是实体产品，需要考虑的是如何利用自己的物流或社会化的物流资源，最有效率地把产品传递到客户手中。

售后，在客户购买或使用过产品之后，企业还需要激励客户分享这次的愉快经验。如果是生产、销售耐久产品，例如笔记本电脑、家电，还需要让他们能方便地取得维修服务。这时就需要智能的服务机器人，帮助降低 24 小时的客服压力。

本书的第 9 章会讲述制造型企业、商贸型企业可以如何构建仓库、物流以及分销体系，以及讨论在互联网、数字化智能化环境下的价值传递模式创新。

6.3.4 价值推广的创新

价值推广就是营销的机制，这个部分就是 1-3-1 模型中的第三个 "how"，需要考虑的是怎么通过 "全渠道覆盖" 进行场景化的客户接触，让客户接收到企业所提供的价值提议（就是企业打算卖什么给客户）。这种 "全渠道覆盖" 的价值推广，需要线上与线下的组合。而且，设计推广机制时，需要考虑 "客户漏斗"，就是从客户接触到的客户产生需求，再到客户认知深化，最后是客户采取购买行动，一层层筛选客户。

例如在化妆品行业，"全渠道覆盖" 包含让客户接触到商品信息、实际体验护肤效果。商家需要通过社群、短视频，对品牌进行 "种草" 活动，要懂得如何发动群众去积极推荐。也需要在门店进行商品陈列以及体验设计，例如配置一个智能化的肌肤特质检测装置，让消费者清楚自己的肤质特点，以及适合哪一种产品。在服饰行业，商家可能需要放一个试衣魔镜，让客户轻松体验虚拟实境的服饰搭配，决定到底什么款式、颜色的衣服最符合自己的造型与肤色。

"客户漏斗"需要对每一个接触的客户进行数据化的记录并形成客户数据标签，从一开始发现某位客户有兴趣，到接下来建立持续沟通渠道，例如建社群或是关注公众号，然后提供更多的内容种草，最后发动探店活动进行引流，并且促成交易。接下来商家还需要考虑如何设计客户复购的诱因和机制，让客户逐渐加深对品牌的依赖，例如建立会员体系，最后再发动用户集体参与种草或推荐裂变等。

从数字化应用的角度，商家还需要掌握客户的偏好，例如，客户对什么类型的产品更有兴趣，其购物行为、对价格的敏感度、对线上线下渠道的偏好等。还需要对客户的购买行为是否产生变化进行监控，对于那些购买频次下降的客户进行唤醒。

前面提出这个阶段的两个原则：① 全渠道覆盖，需要审视当前的客户接触渠道，包含线下、线上。线下是否充分地把价值主张在门店进行陈列、演示。在线上则需要动用社交媒体、短视频进行种草，例如强调保鲜、推荐精美菜肴以及膳食营养规划等独特的价值主张。② 客户全生命周期管理，例如传统的冰箱品类属于耐久财，客户每 7—8 年才会买一次，所以厂家几乎不谈客户的复购，更不用说全生命周期，因为在这七八年的时间里，除非冰箱故障，商家基本上和客户的连接是断裂的。但是现在价值主张改了，商家需要关注客户使用 App 的频次与深度，只要客户不断地使用 App，就能带来客户价值，商家也将不断地获得收益。一旦发现客户松动，商家就需要尽可能地唤起客户对价值主张的重视，并且重新使用 App。通过上述两项工作，商家就能清楚自己需要什么数字化营销与数字化的客户管理机制。本书第 10 章会深入介绍互联网模式、数字化智能化模式下的价值推广模式。

6.3.5　价值获取的创新

价值获取，就是怎么收费，说得更清楚一点，应该是客户为什么愿意付钱，这是 1-3-1 模型中的"why"。在商业模式数字化转型后，这部分的创新尤为重要，因为产品一旦局部或全部数字化以后，它的边际成本为零，这时企业将有极大的弹性，通过回答什么时候收费、对谁收费、如何收费等一系列问题，为企业带来极大的竞争优势。

例如爱奇艺、优酷等视频网站，它们将电影院搬到用户的家里。用户可以免费收看五集《甄嬛传》，等到第六集，用户已经上瘾了，这时它告诉用户，必须成为付费会员才能知道结局，这个模式叫作先免费后付费。另外企业也可以在电器产品上加一些数字化功能，无数字化功能的电器叫作基础版，而加了数字化功能的叫作尊享版，可以先卖给客户基础版的产品，客户觉得不足再升级，这种模式，我们称为外加商业模式。当然还有很多的收费模式，例如 Costco（开市客）的付费会员模式，Costco 在卖商品时采取低价策略，但是只有付了会员费的客户才能购买，Costco 不赚卖货钱，赚会员费，反而成了全世界净利润最高的超市企业。还有吉利刮胡刀的刀片 + 刀架模式等，本书第 11 章会深入介绍七种新的收费商业模式，就不在此赘述。

6.4　本书讲述商业模式的基本逻辑

前面讲述的 1-3-1 商业模式，是我们在做商业模式创新思考的多维度视角，当中包含了企业的五种创新来源，这五个维度包含了最基本也是最核心的价值主张创新，其余还有四个维度——价值生成、价值传递、价值推广、价值获取。接下来的五个章节，我们将逐一讨论每个维度的模式创新，在讲述每一个维度时，我们都会回顾百年以来，商业模式在这些领域的迭代。

为什么要先从百年前讲起呢？很简单，这些商业模式的发展其实都与企业当时所处时代背景、行业需求高度相关。所以我们从时代背景开始追溯，就能够了解这些企业为什么在那个时代会采取这种模式，也会了解到，当时代改变，为什么旧的模式不适用而产生新的商业模式。这样你就能更清楚了解每个模式适用环境的条件假设。

我们参考三谷宏志的历史观，把这些商业发展区分为三个时代：① 传统商业（或工业）时代；② 互联网革命时代；③ 数字与智能化革命时代，参见图 6-2。

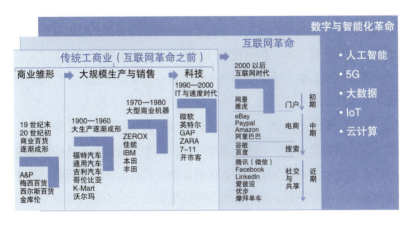

图 6-2　基于三谷宏志历史发展观，将商业模式创新拆分为三个时代

为什么我们并没有采取三谷宏志那么细分的切割，主要是因为从商业模式的观点来说，互联网出现之前，并没有商业模式这个名词或概念，企业强调的都是自己的资源或能力。互联网具有直接对接互联的特性，所以互联网诞生以后，商业模式的思维起了重大的变化，企业不再只强调自身的资源与能力，它可能是借重外部的能力的平台模式，例如，淘宝并没有生产任何产品，但是它的产品丰富度却是无人能及的。我们把数字与智能化革命作为独立的第三个阶段，是因为数字与智能化又一次改变企业模式的基本思维，正如百年前的工业革

命，机器取代工人的劳动，近几年快速发展的人工智能正逐步取代大量白领以及脑力工作者的工作，所以企业的商业模式也必须用完全不同的逻辑来思考。

6.5 本章小结

本章提出了一个基于"价值创新"的商业模式思考范式，这个商业模式思考范式与目前最常被引用的商业画布方法相比较，具有更强的启发与创新的特性。基于这个范式，企业经营者可以很清楚地定义一个更能够吸引客户价值主张，以及实现这个价值主张的配套环节的创新，例如价值生成、价值传递、价值沟通、价值获取。清楚定义这四个环节该怎么做，不但能够强力支持核心的价值主张，更可以明确数字技术应该投入的方向。

除了理论上的铺垫，我们也分析了一个大型家电企业是如何应用这个价值创新思考框架，清楚做出它的价值主张的创新，从传统的保鲜制冷家电生产者改为向消费者提供饮食生活理念，成为新鲜、美味与营养健康的守护者。我们也提出在价值生成上，不能只看着生产流程的自动化，还需要考虑如何实现上述价值主张的数字化能力，例如影像辨识、智能匹配、烹饪指引、健康营养膳食的指引。我们也看到这些价值在传递上应该考虑全流程体验，从售前、售中、售后改进客户体验。我们还看到对于价值推广，应该从全渠道覆盖以及客户全生命周期的视角，将这个价值推荐给客户。最后我们提出了一个极具互联网思维的试探性收费思路，"你做什么生意，就不要赚什么钱"，这样可以让企业轻松地绕过与对手在价格上的竞争，而且可能获得更高的收益。

最后，要强调的是，一个完好的理论框架，应该具有极强的普遍应用性，也就是说，这个思考框架应该不仅仅适用于案例中的家电行业，应该也适用于其他各种行业，我曾经将这个模式应用在制造行业、供应链行业、零售行业、快消品行业、汽车行业，都能产生巨大的战略创新效果，读者们不妨用这个模式重新思考一下自己企业的商业模式如何创新，数字化技术应该如何为企业战略的实现创造巨大的价值。

本章之后的五个章节，将深入探索这五种创新来源，从原始模型、后续迭代，到在互联网、数字化智能化时代商业模式的再创新。

第7章
价值主张创新：洞悉隐藏需求及价值重构

从这章开始，我们进入 1-3-1 价值创新商业模式的第一个环节——价值主张（value proposition）创新，"value proposition"也有些学者翻译为价值提议。价值主张这个议题是我在给 EMBA 学生上课时经常问的第一个问题，你的企业是干什么的？

在讲述如何思考价值主张之前，我先讲几个案例，你会有更深一层的领悟。

7.1 两个关于价值主张的故事

7.1.1 汽车维修厂的核心价值主张

在给连锁行业的 EMBA 班上课时，我问一位拥有几十家汽车维修厂的 A 老板："你是做汽车维修连锁店的，在场的同学们其实都是你的潜在客户，你能不能给出一个理由，说服在场的其他同学都愿意选择你的服务？" A 老板很兴奋地说："当然没问题，我拥有二十几年的汽车维修经验，对技术的要求特别高，所以我店里面的维修师傅也个个都是技术本位，客户把车子交给我，无论大小毛病，一定能够帮客户有效解决。"

　　我补充说道："所以你的核心价值主张就是你是技术本位，能帮客户把车子的任何问题都修理好？"这位老板很得意地说："当然当然！"A 老板旁边坐着的 B 老板也是搞汽车维修连锁的，也有数十家维修连锁店，于是我又问 B 老板他的核心价值主张是什么？ B 老板说："我是主机厂出来的，我通过主机厂的技师认证考试，所以我的技术当然是没问题的。同时因为我跟主机厂保持良好的关系，我的材料都是直接由主机厂授权的代理商供应，所以我的门店保证对客户提供的是原厂零配件，我的零件价格与人工费用，也是完全按照主机厂对 4S 店公告的价格来执行，保证童叟无欺，客户找我绝对放心。"

　　听到这里，读者们，假设你是客户，请问你会选择哪一家维修厂？我直接问 A 老板："你说技术本位是你的核心价值主张，难道你认为其他修理厂，例如 B 老板的公司，它们的技术都不行吗？"这时A 老板急忙说："不不，我并没有说 B 同学的修理技术不行的意思。"然后我又问 B 老板："你说你使用的材料保证是正品行货，你的意思是其他修理厂，例如 A 老板的修理厂，它们用的材料都不是正品行货吗？"这时 B 老板也急着说："不不，A 同学的修理厂我是知道的，它绝对不会卖假货的！"我又问道："看起来两位都认为自己所强调的卖点，无论是技术，还是材料质量，其实对方并不一定比自己差，那么，现场的其他同学的车子需要维修或保养，你们认为应该找谁比较好呢？"这时两位老板都不说话了，反而是一些班上的同学开始鼓噪地说："看谁便宜啊！"也有的人说："看谁质保更久啊！"还有的人说看谁的服务更周到，能定时提醒自己，帮自己把车开到修理厂修理好，然后再开回来。

　　修理厂的故事讲到这里，读者对这两位老板提出的核心价值主张，有没有什么更深的感受？为什么他们不敢说别人在这些主张上，一定比不上自己？他们的价值主张究竟有什么问题？

　　接下来再讲另外一个案例，然后我再把这两个行业的案例做一个综合性的评论。

7.1.2　餐饮行业的价值主张

在给连锁餐饮的 EMBA 班上课时，我问一位开餐饮连锁的 C 老板："你能不能讲一下，如果班上同学要和家人或朋友聚餐，为什么应该到你的店里面？"这位老板很爽快地说："我本身是五星级酒店大厨出身，所以我对烹饪有独到的见解，特别是杭帮菜系，是我的特殊专长，所以我的价值主张是，我给客人煮的菜，绝对是最地道、口味最好的杭帮菜。"

接着我又问坐在 C 老板旁边，也是开餐厅的 D 老板，D 老板说："我是做粤菜的，所以我的餐厅可以提供最地道、口味最好的粤菜。"看起来 C、D 两位老板这次学聪明了，他们用菜系做出了区隔，而不是用我专业、对手都不专业的这种说法对客户进行宣传。

看了两个行业、四位老板的价值主张，作为消费者，你认为这些说法可以有效地吸引你到他们的店里面去吗？如果不能，那么他们的价值主张到底出了什么问题？

这四位老板所提出的价值主张，其实都是从自己认为的客户对行业的基本要求出发。修车的老板主张的就是自己的技术好，能帮客户解决问题，或是自己用的材料好，童叟无欺。这些陈述其实都是客户对行业的基本要求，也就是说，如果不会修车，无法为客户修理好车子，或用的材料有问题，那么一定马上会被投诉。同样的道理，如果杭帮菜或粤菜餐厅所烹饪出来的菜，吃起来不像杭帮菜或粤菜，那算什么杭帮菜或粤菜餐厅。这些其实都是基本要求，而不是独特的价值主张，也就是说，在消费者看来，这些价值主张跟别人没什么不一样。

正如同航空公司告诉客户，自己的飞机最安全，能够保证安全地把客户送到目的地；银行说自己的银行最安全可靠，能够保证客户的资金不会有任何闪失；做空调的说自己掌握核心科技，所以产品的压缩机效能特别好，能够给客户省电。那么就要问，有哪家航空公司的飞机会经常出事故，消费者认为它是不安全的？又有哪一家做冰箱、空调的，节能效率值无法达到绿色节能标准？所以，上面所说的这些价值主张，在现在这个时代，都只是客户对这个行业的基本要求，而不是竞争优势。

7.2　什么是价值主张

什么是价值主张？很简单，就是让客户"一定会选择你"的理由。既然是一定选择你，那么当中一定会涉及给目标客户的独特价值，对客户来说，这个价值必然是重要的，而且是其他对手都无法提供的，所以客户才"一定选择你"。

这里面强调了四件事：① 这是对特定客户群体说的；② 这件事对客户来说是重要的；③ 给出的东西是独特的，别人都没有；④ 这价值是可以感受到、体验到的。

接下来我们就从这四个维度展开，说明企业应该如何发展自己的价值主张。

7.3　目标客户是谁

企业要说清楚自己的客户是谁，这并不是要指名道姓地讲出客户的姓名，这是营销学上的客户细分问题。从行业大类上通常我们首先要区分客户是 B 端的还是 C 端的，也就是说，客户是个人还是企业。

相对来说，定义 B 端的客户比较容易：客户是什么行业，什么样的规模，为什么需要这个产品或服务，更关注哪些问题。例如三一重工，它的客户基本上就是基础建设的企业、矿产能源企业，或盖房子的企业。它们需要三一重工的重型设备去挖掘、运输工地废土或建筑用的沙石，它们都属于中大型的企业，它们在乎的是设备可使用率以及三一重工的服务效率以及成本。

对于 C 端客户的定义方法则与 B 端客户有所不同，在营销学上，通常有三种方式进行客户细分：

（1）人口统计变量（demographic）：人口统计变量就是进行国家或地区人口统计描述时用的变量。一般是性别、年龄、学历、工作身份、收入、居住城市等，这些变量相对来说比较客观，容易取得。例如网红麦片王饱饱，它的客户按照人口统计变量细分可能有两种：第一种是年龄在 20—35 岁，具有大专以上学历，居住在城市，收入水平中上的年轻白领女性；第二种是符合其他上述条件但不工作的宝妈。

（2）生活风格（life style）：生活风格的细分一般就没有那么标准化，它可以是客户个人的价值观、消费理念。还是以王饱饱为例，如果用生活风格来进行细分应该是，对于价格不是很敏感，只要质量好，就可以接受较高的价格的顾客，或是经常去进口超市的宝妈。经常去进口超市的消费者和经常去传统市场的消费者，显然属于不同的客户细分市场，前者对价格不敏感，对质量、品牌、产地更挑剔，后者则对价格更为关注。

（3）使用场景（scene）：场景细分是互联网盛行以后，特别是最近几年，经常被使用的细分方法。例如逛街累了进店休息时的服务、加班晚归的家庭餐饮等。这时候强调的是客户在什么场景下，会产生何种需求，而自己的产品或服务正好满足了这个条件。例如我的一名学生很聪明地创造了一个清楚、易懂的场景定义，他说他的企业是做"女性经期护理"的，我觉得这个名词似乎过去没人用过，但是许多女性每个月都会有几天不舒服，需要特殊的呵护与关注，所以他的定位很容易就能够圈定女性群体，她们在经期不舒服的时候，就会想到这个服务。

虽然我们区分了这三个维度，但是一般我们在做客户细分时可以采取多个维度，这样可以更精准地描绘出企业的客户到底是谁。

7.4 什么是价值主张的 MVS 原则

在上面的陈述中，有一个关键的概念需要进一步厘清，叫作"市场区隔"的选择。市场区隔不能太空泛地说"我的客户是白领"或者"我的客户是 80 后"，因为这种定义缺乏客户场景化的思考，太过于宽泛，会导致执行团队无法有效整合以及缺乏共同的聚焦。我们需要找出一个"最小可存活的区隔"（minimum viable segment, MVS）来定义产品的市场区隔。例如图 7-1，左边的小圈是定义出的一个产品，右边的大圈是整个市场，在这个大圈子里面散开的四条线，分别代表了不同区隔的客户。定义产品的市场区隔，不能采用这种"啥都是"的散弹枪打法，我们要用一条贯穿的思维来定义客户区隔，而不是发散型的目标客户群体"越多越好"，因为目标群体越多，越不利于未来运营场景的打造。

图 7-1 一线贯穿的思维来定义你的 MVS

知名品牌商用卡车 MVS 的案例

我曾经为一家排名前列的商用车企业提供咨询服务，这家企业在中型卡车领域排名前三。什么是商用中型卡车呢？一般在工地里运送土石的那种载重几十吨的属于重型卡车，载重 6—14 吨的则属于中型卡车，一般是用作中短距离运输的，送货车或学生校车都属于这一类。在很多行业，排名第三算是不错的，但是在商用中型卡车市场就有点尴尬了，因为这种中型卡车的市场内卷比较严重，市场份额也集中在排名第一的品牌。

这家企业邀请我帮它做个诊断，我先在网上搜集了这个市场的声量，确实也集中在排名第一的品牌，但是我也发现了很多行业型的客户会在网上提出问题，例如 ×× 行业，应该选择哪一种品牌商用车更适合。这个行业内卷得厉害，主要原因是这些品牌商用车基本上并没有明显的差异，而网上的评价也是各有好坏。

为了帮这家商用车企业更清楚地定义它的市场与客户区隔，我找了几十家它的经销商，做了一次头脑风暴，我的问题是经销商的车子都卖给了谁，销售时遇上过什么困难。有一位经销商特别指出，它在生鲜领域有很多客户需求，这些需求的共性是需要冷链运输能力，也就是卡车上需要设置冷冻设备，可是因为公司出厂的标准卡车并没有这些设备，所以它只能在当地寻找冷冻设备厂商合作。听到这里，其他城市的经销商表示当地客户也有类似需求。于是我说道，这是一个它们行业的 MVS。因为我在麦德龙工作过，所以我深知，对于超市来说，这不是一个冷冻柜的问题，其实它们要的是全程数字化监控。客户需要知道每个时间冷链车的位置所在，还需要确定车内温度是否全程控制在标准以内，这不只是装个冰柜的问题，它是一套整体的系统。我建议这家公司可以投入这个市场，这样它的卡车与其他品牌在这个市场区隔竞争时，就有绝对竞争优势了。公司管理层听了我的建议，后来在这个领域确实无人能敌，这就是 MVS 的重要性。

7.5　给客户的价值是什么

讲清楚给客户的价值，包含了四个重点：简明的价值陈述、客户能体验到的价值、价值的独特性、价值的可持续性。

简明的价值陈述。讲清楚给客户的价值是什么，通常需要满足基本需求，更需要提出的是自己的独特价值是什么。我们需要把基本需求和独特价值融合在一起，作为一个精准的价值陈述，而不是说"我们是做餐饮的，我们提供什么或什么独特的价值"。例如一家餐厅提供中式正餐，而且厨师长是来自五星级酒店。我们可以将这些内容聚合在一起："我们以中等价格，提供五星级酒店厨师长都会称赞的粤菜精品和消费享受。"这样消费者就知道这是粤式餐厅，菜品是高端的五星级酒店等级，消费环境是很高雅的。虽然五星级酒店菜品不是独家，中等价位也不是独家，但是两者结合在一起的性价比——"五星级酒店享受 + 中等价位"，就成了独家的。

客户能体验到的价值。有了一个简明的价值陈述，接下来企业必须客观地评估一下，这个价值是否真的如自己想象的那么独特，客户是否能够感受或体验到所说的这个价值。为什么我强调输出的价值必须是客户可以感受、体验到的，因为只有这样才不是企业在自嗨，或者说得更严重一些，企业不是在欺骗。我再举两个案例来说明"能体验到的价值"有多么重要。

相信很多人都记得一个叫作脑白金的产品，因为它首次推出时有一个很好的广告语"送礼就送脑白金"以及后来改为的"收礼还收脑白金"。厂家推出的这两个口号，可以说是直指人心，现代年轻人离开家乡到大城市打工，过年过节回老家当然不能空着手，礼品是必须要带的。在这个时间厂家推出了这个广告，而且在三四线城市的社区门口的夫妻店就放着这个产品，写着这个口号。这时作为返乡过年的年轻人，如果不送父母这个礼物，还得跟家里的长辈解释一下。

那么为什么现在就不流行了，没有人再送脑白金了呢？很简单，就是它的产品功能无法被验证，吃了这些"补品"的老人家也没有变得比较聪明，所以一阵热闹过后，这个产品也就不再被人关注了。

农夫山泉在瓶装水行业是比较晚出来的，那时瓶装水是纯净水（就是人工过滤水）的天下。农夫山泉另辟蹊径推出山泉水，为了打造山泉水具有特殊矿物质，能够产生更好的口感的形象，农夫山泉提出的价值主张是"农夫山泉有点甜"。这个主张一下就打动了过去只能喝到纯净水的消费者，认为天然的矿泉水对人的身体更好。

结果农夫山泉却被人起诉，要求证明其水确实含有甜味，不然就是欺骗消费者，之后农夫山泉败诉。后来又改了一个口号"大自然的搬运工"，其实这种说法的内在含义还是强调自己的产品源自天然的水，不过"大自然的搬运工"这个口号确实是可视化的，具体怎么可视化呢？很简单，在水源地附近建厂，张贴大型看板，然后找记者去参观，记者帮农夫山泉证明了它的水确实是来自天然的湖泊水源地，这就是可以体验的价值主张。

价值的独特性。企业需要问自己这样几个问题：企业给出的是什么价值？有什么独特之处？构成客户必须找你且只能找你的原因是什么？

什么是独特性，就是人无我有，这个要求看似简单，但是绝大多数企业都会陷入自己所在行业当中的刻板印象。正如前面所说的汽车维修与餐厅的例子，做汽修的，很自然想到的就是能帮客户把车子修理好，做餐厅的就是能提供美味的佳肴。可是这些价值输出其实都只被视为行业标准或基础要求，其他同行都能做得到，对消费者来说，根本没有什么差异化，根本没有非你不可的理由。

独特性在底层还有一个假设条件，就是价值主张是难以模仿的，难以模仿将很自然地形成企业对外竞争时的护城河。但是在目前这个技术与信息高度发达的世界，除非是科研机构，否则要创造出一个别人做不出来的产品或服务，的确是很难的。

不过我们也要记住一件事，所谓的价值，并不一定是功能性的满足，还有另外一种价值是来自客户的感觉，就是客户认为他感受到了什么价值。这个价值可能是心理的满足、身份认同上的满足，也可能是独特的价值，例如，爱马仕的包好在哪里？为什么花 100—200 元就可以买到设计新颖、材质优良的包或衣服，却有人愿意花 100 倍甚至 1 000 倍的价格去买爱马仕。

7.6　挖掘客户潜在需求的五种方法

这里的需求其实有两种类型，未满足的需求和痛点属于一类，潜在需求则是另外一类。为什么这么区分呢？因为前者是可以从客户那里问出来的，后者则通常是客户自己也没法说出来的，比较难以发觉。这里我介绍五种方法，前两种比较适合用来了解未满足需求与痛点，后两者比较适合用来发现潜在需求。

（1）询问。这是一般营销调研公司常用的方法，询问可以是对客户的直接采访，例如电话访问，直接问客户对产品或服务的认知程度，以及是否有什么不满意之处。或者也可以进行焦点访谈，找 5—6 名客户聚在一间封闭会议室里面，讨论对于行业以及品牌的印象，再询问改善的建议。这个方法也适用在 to B 的行业当中，不过在 to B 客户端采取询问的方式，最好由第三方且以匿名的方式来做，否则客户极可能会为了企业的业务员面子问题，不愿意说实话。

有一次我为一家汽配公司提供咨询服务，我需要了解 VIP 客户对公司的满意程度，于是我先问公司的决策层领导："你觉得客户对公司的感觉如何？"这位领导回答道："应该还是很满意的，你看看他们每个月和我们的交易额，就知道他们是持续、稳定地和我们保持关系。"接着我问这位领导："那么你觉得他们的货都是向你们买吗？"领导说："应该绝大部分都是由我们供货的。"于是我请这位领导帮我约他认为最好的五位客户过来，分别和我谈谈，我带着很强烈的好奇心，开始询问这些客户（他们也都是各自企业的老板）。一开始我就问，和这家公司老板认识多久？成为客户多少年了？这些老板很客气地说，他们是交情非常好的兄弟。于是我又问："那么你所需要的材料都是跟这家公司采购的吗？"这些老板都说是的。于是我打算诈一下他们，说："很奇怪啊，你们不像是在做生意，就我所知这家公司的价格在业界不是最便宜的，为什么你们愿意买比较贵的产品呢？"这时，这些老板才吞吞吐吐地说："其实你说得对，实际上我们也会看价格，如果价格差不多，我们跟这家公司进货没问题，但是如果这家公司的价格比较贵，我们还是会选其他供货商的。"这时我赶紧表明身份说："我是这家公司请来的外部顾问，想要了解 VIP 客户对公司的感觉，并且看看有什么需要改善的，我和你的对话是匿名的，请你放心。"这时这些老板开始滔滔不绝，有的提出"我是大客户，给我的价格应该优惠些啊"，有的说"我们交易十年了，却仍是先付货款再发货"，等等，讲了一大堆问题。最后我问："那么你们跟这家公司进货的比例有没有 50%？"我得到的答案是平均低于 30%，当我把这些结果以匿名的方式告诉公司领导，这位领导惊讶地说："怎么会这样呢？这么多年了，我竟然都完全不知道 VIP 客户对我们有这么多不满！"这就是直接询问方法的有效执行方式。

（2）对标。这个方法很适合行业里有比较强的竞争对手的情况，可以从价值链的各个环节，例如商品、门店接触、物流效率、售后服务等多个维度进行对标。对标就是找出自己比对手差的地方，并设法改善。如果自己有比对手显著做得好的地方，这就是可以拿来作为价值主张的。

例如手机行业，大家采用的都是安卓系统，能够执行的软件功能也是差不多的，很难进行价值的差异化。OPPO 提出"充电五分钟，通话两小时"，就是一个很好的对标方式，而且很清楚地表明，它的手机能够避免消费者外出时，出现手机电力耗尽，需要等待许久才能完成充电的窘境。

（3）观察。观察的范围可以是多维度的，也适用于 to B 或 to C 的企业，我个人认为观察法是发现客户潜在需求的最好办法。正如记者问福特汽车创始人亨利·福特为什么这么聪明，能够想到做出一辆汽车，亨利·福特说："这种创新的想法，当然不是从消费者那里问出来的，因为那时候世界上根本没有一样东西叫作汽车，所以消费者当然不可能告诉你，他要一辆汽车，他们只会告诉你，我要一辆能够跑得更快、走得更远的'马车'。"

亨利·福特通过对于社会大众生活上不便的观察，产生了大众需要一个比马跑得更快、走得更远的交通工具的想法。当然，观察能够发现新的需求，可是实现价值创新则需要其他更有效的方法，这就是下面要讲的跨界应用。

（4）跨界应用（混搭）。亨利·福特通过观察，发现了广大群众有更高的出行方式的需求，可是，发现这个需求与发明汽车还有一段距离，这时就需要依靠技术的跨界应用或技术创新。那个时候已经有蒸汽机被用在轮船以及一些生产设备上，通过蒸汽机带动滚轴，于是亨利·福特将这个技术用在四轮马车上，并且取代了"马"作为动力，因此产生了汽车这个全新有价值的产品。

（5）跳出盒子来思考（Thinking Outside The Box-TOTB）。TOTB 是说，不能用所处行业的标准思维来寻找，而要突破行业规则去寻找。举一个我操作过的事例，它就是将前面讲的"观察"以及"跨界应用"两个方法合并以后，在零售行业产生价值创新的。

我曾经在一家外资大型连锁便利集团服务，便利店要成功，最重要的就是要有能够持续吸引客户的产品，当时国内的连锁便利店用来吸引客人的产品就是香烟，因为香烟是刚需高频的东西。后来国家要支持本土的便利连锁企业，所以推出一个新规定，外资便利店不得销售香烟。这个政策的推出，给国外的连锁便利品牌造成了灭顶之灾，因为它们失去了最简单、最有效的引流钩子产品，买香烟的消费者都跑去别家店了。作为进口品牌，我们整个企业陷入极度困难之中。

这时我们需要构思，我们能够创造什么新的独特的产品或服务来吸引消费者？我提出了一个方法，就是前面讲的跳出盒子来思考，我告诉团队，现在必须先"忘了我们是谁"，也就是说，我们不要站在便利店的视角来考虑能提供消费者什么产品或服务。消费者对便利店商品的一般印象，大概就是瓶装水、蜜饯、饼干、方便面等，我们称之为干食（dry food）。为了强调坪效，门店会尽量多放一些产品让消费者选择，因此设计一般也是比较紧凑的，这种购物环境不能带来令人愉快的体验，至少不是一种享受。这样的场景使得消费者通常不愿意在店里面待太久，除非是紧急需求，否则客户不会到店里来的。

没了香烟这种刚需产品，我们就得找出让客户乐意到店的产品或服务，这就需要产品或服务的创新，那么该怎么做呢？

我要求店长们用"观察"来探索我们还能够提供什么客户更感兴趣的东西。首先我让店长们一天选几个时间，早上八点、早上十点、中午吃饭时间、下午两三点以及晚餐时间，站在店门口观察消费者，看看这些从店门口经过，但是没有进来的消费者，他们手里拿着什么东西。

为什么要看他们手里面拿什么东西，因为这就是在不同时间场景下，消费者需要的东西。但是他们并没有进到我们店里面，那显然是因为我们的门店没有提供这些东西。结果在上午十点多、下午两三点，我们发现一些消费者手里拿着星巴克的咖啡，从店门口经过，好几位店长都有同样的反馈。于是我在会议里提出这个问题："我们的门店为什么不卖咖啡？"这时立即有采购部门的同事说："我们有咖啡啊，我们卖的是三合一冲泡式的咖啡，价格比星巴克的咖啡更便宜。"我接着问道："那么为什么他们需要喝咖啡，却没到我们店里面来买三合一咖啡呢？显然他们的需求不是我们的三合一咖啡，而是用豆子现打、现煮的咖啡。"这时采购团队说："我们是便利店，哪有便利店卖那种需要现场煮的咖啡呢？"我接着又问他们："谁规定便利店不能卖现煮咖啡？"这时现场没人应声了。

于是我们花了一些时间调研，并且引进了适合在便利店使用的咖啡机以及咖啡豆，开始做咖啡的生意了！咖啡的生意让我们找到了取代香烟的钩子产品，咖啡和香烟一样都是会让人上瘾的产品，而且和其他方便面、瓶装水、蜜饯等产品相比，现煮咖啡的利润更高。这个跨业创新为每家门店带来每天上千元的利润，基本上等于其他便利店全店的销售利润。

接着我们又发展出了生菜色拉、盒饭等产品，这些产品也不是传统便利店销售的东西，而是餐厅卖的东西。这些产品的毛利率更是远高于原来我们卖的方便面、矿泉水等产品，而且与传统便利店的那些包装产品相比，咖啡、生菜色拉、盒饭都属于刚需高频的产品。我们在便利店内部也进行了场景化的调整，为了让客户能愉快地喝咖啡、用餐，我们将货架高度降低，货架之间排列的距离加大，让消费者在购物时没有压力，同时也设置了木质餐桌椅。

这个价值主张的创新给这家连锁便利集团带来了商业模式的巨大转变，我们看看这个便利零售与餐饮行业的跨业混搭产生了什么效果：便利店是一种高流量但是低毛利的行业，每天到店的消费人数动辄上千，可是店内的商品毛利却只有20%—30%。餐饮行业则正好相反，它属于低流量、高毛利的业态，餐饮的毛利率虽然高达70%，但是因为桌面翻台率受到消费者用餐时间的限制，所以每天能在店里面消费的人数也就是几十到几百人。上面讲的跨业混搭，正好将便利店的高流量与餐饮业的高毛利相结合，如此消费者更乐意到店里买这些刚需高频的产品，这样就帮助企业创造了高毛利。

这个案例很好地诠释了价值主张，后来我们又推动了基于这些新产品的价值推广商业模式，其中包含了会员制度、大数据以及生态圈，我们会在本书第10章，从价值推广的视角继续讲述这个案例。

7.7　企业实现独特价值的五种方法

（1）产品与服务的技术创新。产品与服务的技术创新通常是企业实现独特价值最直观的途径，其最显著的优势是先发优势，就是别人还没有的时候，企业已经开始提供这个产品或服务了。特别是现代技术快速迭代创新，企业不一定需要完全凭借自己的研发能力，在许多情况下企业可以取得外部资源的协助。产品与服务的技术创新，又可以分为两大类，第一种是技术的原创，第二种是应用功能的创新。

第一种技术原创的来源更多是科研单位，这种创新一般投入较大，但是竞争对手如果想要突破，也需要较长的时间，所以创新企业的优势可以维系得更长久。例如利乐包的发明使液体饮料得以长期保存，发明人得以长期坐享专利的丰厚利润。

第二种是应用功能的创新，如将原有产品进行数字化。产品数字化可以是通过数字化将产品功能增强，例如耐克出了一款叫作 Nike Plus 的运动鞋，它在球鞋底部加上一个芯片，这个芯片可以时时收集用户的运动状况。小米的产品在家电行业里面给人独特的印象也是它的数字化家电功能更为完整。另外一种数字化则是将产品完全虚拟化，例如 Keep 就是将健身房的价值搬迁到手机 App 上，用户不需要到健身房也可以获得系统化的运动培训课程。

我在一家大型家电集团服务时，就利用互联网进行众创，推出了新款空调以及游戏笔记本等产品。我们的做法是首先建立发烧友社群，这些人对空调创新很有想法，或是对打游戏很有兴趣。然后我们在社群里让这些发烧友提出国内外同行值得对标的产品，再在社群里讨论它们有什么功能上的不足，例如散热性能或对于某些类型游戏的调适，怎么做可以让这款笔记本的执行效率更高，使得这些产品在一定时间内，在特定群体中具有领先的优势。这种创新虽然红利时间较短，但是企业所需要的投入也比较少，只要能够保持不同群体应用的持续迭代创新，就能保持竞争优势，这种做法还是很划算的。

（2）场景创新。这种创新不涉及技术的突破，重点在于应用，所以非常适合服务业。例如过去我们买电脑，很多人乐意在京东购买，因为京东的快递最快，可以在 1—2 天之内将电脑送到，但是现在两天到货已经变得不可忍受了，因为盒马鲜生提供了一小时之内送达的服务。盒马鲜生创造了一个要用就可以立即拿到的场景，盒马鲜生在店内提供活的帝王蟹和其他海鲜，消费者可以看着活生生的帝王蟹在十几分钟以后成为绝佳美食，稳妥地放在桌上，这又是另外一种吃海鲜的场景创新。盒马鲜生依靠它强大的供应链以及特殊的卖场场景设计，使得对手一时之间难以复制，形成了独特的优势。

我们再看看另外一种场景创新，也是完全不涉及技术。华东地区知名餐饮连锁桂满陇，它的场景设计是苏式庭院，在它的餐厅里用餐仿佛坐在西湖边，可以欣赏湖景山色。另外，巡湘记以剁椒鱼头作为主打产品，号称鱼都是当天上午从湖南活着空运到上海，所以在店里可以吃到最正宗的湖南剁椒鱼头。还有一家餐厅叫作耶里夏丽，是上海地区的知名新疆菜连锁餐厅，它标榜的是店内都是清真食品，所以消费者可以吃得放心，觉得是正宗新疆菜。这些都是通过场景设计产生的独特价值。当然这种价值并非不可复制的，时间一久还需要其他的策略搭配才能延长这种优势。

（3）领导者优势。第三种独特的价值是通过作为业界领导者达成，最典型的例子是可乐行业的竞争。不管是可口可乐、百事可乐、非常可乐，或是许多国内其他的自创品牌可乐，基本上都是气泡糖水，那么为什么消费者乐意买可口可乐，不愿意买其他品牌的可乐？很简单，就是领导者的优势，领导者能够给消费者带来品牌的价值，让产品更可信赖。

场景创新因为比较容易被复制，所以价值比较难持续，可是一旦成为这种业态的领导品牌，那么就不一样了。正如桂满陇餐厅，其实继桂满陇之后，一些餐厅也采取了这种苏式庭园的场景，但是它们都被认为是模仿而已。

在化妆品行业，最近几年国货品牌发展迅猛，完美日记将欧美时尚风与亚洲人的面部和肌肤特征相结合，融合生物科研技术首创"仿生膜"，打造妆养一体化产品。产品设计上更是大胆地融入时尚元素和色彩，倡导女性不被外界标签束缚，努力突破自我，做不设限的人。同时，完美日记还联合各大时尚品牌及网红 KOL 进行传播，上演了一出华丽的变形记，晋升为国民认可度极高的美妆国货品牌，在用户心里建立了一个不可磨灭的深刻印象。这种价值也属于行业或品类领导者所带来的价值。

（4）细分。另外一种独特的价值源于细分，如果你的品牌不是首创，没有先发优势，你也不是品类里面的领导者，这时你可以将大的品类进行细分，在这细分当中体现你的独特价值。在品类细分价值案例中，七喜汽水应该算是最经典的。七喜汽水的推出时间比可口可乐以及百事可乐要晚了几十年，碳酸饮料市场基本上已经被可口可乐和百事可乐所瓜分，其他品牌想要进入这个市场几乎是不可能的事。但是聪明的七喜公司从碳酸饮料的材质里面发现，可口可乐和百事可乐都含有咖啡因，咖啡因是一种能够提神、让人精神振奋的材料，可是也有很多人认为咖啡因对心脏不好，喝多了容易引发心脏病。七喜掌握了这一点，提出来它是不含咖啡因的碳酸饮料，因此对于那些更关注健康，但口渴时仍然希望喝点气泡水的消费者来说，这种不含咖啡因的碳酸饮料就成为取代可口可乐、百事可乐的最佳选择。它提供了更健康的价值感知，所以七喜能够在两强夹击下生存，成为碳酸饮料的第三名。

近几年在国内国潮风起，在餐饮行业就有许多细分的知名品牌出现，例如海底捞、和府捞面，它们的市值分别高达数百亿或数十亿元人民币。海底捞在火锅细分里强化了服务好的特色，当消费者在店门口大排长龙时，海底捞提供了打扑克牌、免费修指甲等服务。和府捞面则是将书香与养生结合在场景当中，消费者在和府捞面吃面的时候，可以沉浸在书香环境里一面阅读一面喝着养生的面汤。和府捞面可能不是全中国最大的面食连锁店，但是它绝对是最有文化气息的面馆，细分带来的价值吸引了对味的客户。

（5）混搭或复杂性。还有一种创造价值的方法，我们称之为把事情搞复杂，或是混搭。某种商品与其同类商品相比，技术差异不大，或是它的技术差异无法构成显著的价格差异，这时可以考虑这种创造价值的模式。

我有一个学生是做国外品牌检测仪器的，他公司的产品包含了精密磅秤、大型磅秤、农产品含农药成分检测、肉类成分检测等。当时我正任职麦德龙董事，这位学生知道我在麦德龙的身份以后问我："老师，为什么我们的销售员见不到你，他很想告诉老师，本公司的产品质量有多么好、仪器有多么精良。"我说："因为你们提供的价值对我来说太渺小，采购部门、质检部门自然会告诉我，我们卖的商品质量是否合乎要求。"我的课给了他一个启示，他公司的这些仪器所带来的价值对我来说太分散，不构成战略性价值，所以作为董事，我根本不会愿意花时间在这些卖磅秤的供应商身上，除非其具有战略价值。例如它们能够把这些例行检查的数据进行可视化的整合，并且与供应商关联。这时候，我会系统化地知道我们卖给客户的商品质量如何，以及不同供应商之间的差异，这对我来说就具有战略价值了。于是我把它开发的可视化软件放在会议室，开会时可以随时查看，通过这种"把事情搞复杂"的方式，这家厂商得到了我的重视，我不仅同意支付它较高的产品溢价，它更稳稳地掌握了我们在质检称重仪器设备方面的供货权。

把事情搞复杂，在现今数字化时代的例子不胜枚举，例如卡特彼勒，这是一家销售挖土机、卡车、钻洞机的重型工具设备公司，它的产品用色以及品牌标识非常醒目，就是黄色机具上面写着 CAT（卡特彼勒）的品牌缩写。无论是修高铁、建高速，只要是开山洞、挖地基，就少不了重型挖土机。这些设备带给客户的价值是什么？你可能会说是取代人工的设备功能。如果只是这样，那么凭什么 CAT 比其他品牌卖更高的价格？

客户的痛点是什么、还没满足的需求是什么？其实客户的痛点就是这些设备的可使用率，如这些重型设备突然出问题，对于客户来说就是灾难。这里讲的灾难不是山体滑坡，而是工地停工，这会影响到交付的日期，影响到工程公司对客户的承诺，严重时还会被罚款。

那么卡特彼勒怎么解决这个问题？就是通过技术创新，把挖土机的功能复杂化，它在设备上加了传感器，可以随时采集设备使用的时间以及主要零件的耗损状况，对于那些接近损坏的设备提出预警性的保养提醒。卡特彼勒还可以为客户提供设备使用小时的保证，就是当设备送厂维修时，卡特彼勒立刻会调派另外一台设备给客户，保证客户的施工进度不受设备维修的影响，同时也将维修间隔时间拉长，降低了维修成本。这就是通过新技术提升原有产品功能的复杂度。有了这层保护，工程客户都更愿意采用卡特彼勒的机具设备。

7.8 如何更新企业的价值主张

最后一个步骤就是要将前面探索出来的新产品或服务，进行文字提炼，形成一个简明的价值主张。这个步骤还是极为重要的，因为这个新的价值主张，对外是向客户进行喊话，得到客户的注意与认同，对内则是让团队有个清楚的认识，使得每个团队成员的力量能够往一处使，产生更大的效果。

以前面便利店的案例来说，它原先的价值主张只是提供客户"临时性购买生活用品"的需求。经过产品与服务的创新，这家便利店的价值主张就完全改变了，它成为"满足都市人轻简生活饮食"的场所。

7.9　本章小结

因为社会环境在变，客户的环境与需求也会随着改变，价值主张创新是所有企业都需要定期审视的工作，只有定期审视，企业才能与时俱进。价值主张是 1-3-1 商业模式创新模型所定义的五种创新来源的第一种，也是最重要的一种。

本章中讨论了以最小可存活区隔（MVS）来定义企业的价值主张，这种思维要求一贯到底，而不是打霰弹枪式的什么都做。价值主张之所以重要是因为它决定了企业的 what，就是定义是什么样的企业、对客户的独特价值是什么，这个定义将会决定其他四种创新来源的思考模式与范围。

第 8 章
价值生成创新：
商业进化的四大创新模型

无论是做什么产品，软件、操作系统、社交网络、摩托车还是厨具，一旦决定了要给客户什么（价值主张），接下来的问题，就是如何将产品或服务生产出来。企业考虑价值生成模式，其实就是设计企业边界的商业模式。这时企业需要决定全部自己做，还是部分交给别人做，以及交给谁做，互相之间的关系是怎样？

价值生成商业模式就是产品和服务如何被生产出来的，这里讲的生产出来，不一定是真正的"生产"，也包含了企业将资源"组合"起来，产生价值。随着全球的经济体系不断地发展，技术手段不断地创新，特别是当网络进入我们的视野，资源组合方法的创新让企业可以"不事生产"也能创造出有价值的产品与服务。

传统农业时代，社会的生产是家庭手工的模式，从 20 世纪 30 年代初期，开始有了大量生产的概念。大量生产的结果是高效的产出，也就是企业的价值创造能力一下变得巨大，后来随着经济环境的改变，生产模式也不断地迭代。21 世纪初，互联网的诞生又再次改变了资源组合的有效方法，所以生产模式又再进一步创新。最近十数年，逐渐被企业重点关注的数字化与人工智能革命，再次创新了资源组合的方式。可以发现，生产与资源组合的商业模式是基于时代社会经济与技术创新，而不断迭代的。

　　接下来我们就从产生大生产概念的源头的 20 世纪 20 年代开始，梳理近百年的生产与资源组合模式。值得特别注意的是，新的价值生成模式不一定就是最好的模式，还需要依据企业所处的行业特性以及企业自身的资源积累来决定，例如，垂直整合模式是最早的大规模生产模式，后来被水平生产模式所取代，但是今天全球汽车锂电池生产的霸主——宁德时代，基于行业特性，仍然采取集中生产模式。所以，并不存在最好的模式，只有最适合的模式，企业必须按照自己的行业特色以及自己的资源基础，找出最适合的生产模式。

　　为了更系统地讲述价值生成商业模式的迭代发展，我们把从百年前的大生产时代到今天，因为社会与技术环境的变化而形成的主要背景环境分为三个阶段——传统时代、互联网时代、数字智能时代，它们分别又产生了多个不同的价值生成商业模式。

8.1　传统价值生成商业模式

　　传统的价值生成模式，其实更贴切地讲，应该就是传统的生产模式。从大生产年代发展到数字智能化时代之前，因为社会环境与技术的不同，陆续发展出垂直一体化、水平整合、精益生产这三种生产模式，以下分别用具有代表性的时代企业做案例说明。

8.1.1　垂直一体化模式（集中生产模式）

　　所谓的"垂直"就是指生产过程，从原材料到加工处理，最后产出产品的整个过程，"一体化"则是指这些工作全部都由一家企业自行完成。所以垂直一体化，就是整个生产过程，从原材料的生成、加工、组合成最终产品的整个过程，都是由单一企业自行完成。这种模式是企业将绝大多数生产产品所需要的资源安排在企业内产出，然后再由企业自身的生产线进行整合。福特汽车的胭脂河工厂是打造了生产纵向一体化的最具代表性的企业。

　　这种模式在福特汽车提出 T 型车销售模式的时代非常有效，而且有其必要性，1908 年，福特汽车开发了 T 型车，并公开发售。这款车的价格在当时仅为 950 美元，而且车身牢固，受到市场的追捧。当时的大环境是，美国经济才刚起飞，各地产生了大量的工厂，大量的劳动力也从农村、牧场走进了工厂，这时工人的工资比较有限，手头上能用来买车的钱也比较不足。而亨利·福特提出的价值主张是工薪阶级的每一个人都能负担得起的汽车，于是福特汽车将 T 型车的价格年年下调，到了 1925 年已经降至了 260 美元，车价仅为家庭年收入（2 000 美元）的八分之一，T 型车真正走入了寻常百姓家，成为人们的代步工具。

　　对于福特汽车来说，不管购买者是什么社会阶层，福特汽车就只有这一款 T 型车，所有 T 型车都只有单一款式发动机、单一车身外表颜色、单一款式内饰，没有任何选项或差异化的选择。为什么要做这些限制呢？很简单，因为 T 型车的售价低，必须采取大量生产模式，只有这种大量生产模式的成本才低，才能够符合低售价的要求。福特汽车胭脂河工厂就是在这种大环境下的产物，它面临的是一个市场需求产品规格单一、需求数量庞大的市场，所以它要追求的就是稳定高效的生产体系。

　　由于"工薪阶层都买得起"这个价值主张，有效地吸引了大量的工人购买者，福特汽车 T 型车的销售形势大好，可是持续的增产却导致了原材料和零部件的供不应求，于是亨利·福特心生一念："干脆全部都自己生产，问题不就解决了吗？"正是基于这种理念，庞大的胭脂河工厂诞生了。厂区内不仅有汽车生产线，还有煤矿堆积场、冶金工厂、玻璃工厂、橡胶工厂等，这些工厂提供了福特制造汽车时所需要的钢板、玻璃板等原材料。胭脂河工厂的生产效率极高，从铁矿石入厂到整车完成只需要 28 个小时，因为所有的零配件都是自行生产，避免了材料供应可能产生缺口或规格对接产生的问题，福特汽车彻底实现了同步化的生产和流水线作业。

垂直一体化生产模式的优点有：

（1）效率极高：汽车工厂，从铁矿石入厂到生产出一辆汽车，总共只需要 28 小时，注意，这是流水线，所以每隔几分钟就能够产出一辆汽车。为什么能够这么高效，原因在于生产所需要的资源全部由企业自己直接掌握，因为今天、明天，一直到明年、后年，生产的汽车都是同一款，所以生产所需要的资源可以提早购进，各个工厂按照不变的规格生产出零配件，并且按照组装时间送达装配线上，所以不会有缺工短料的问题。

（2）成本极低：由于无论是生产所需的材料还是零配件的规格都是不变的，所以同一种材料的购买数量剧增，使得成本能够被压低。再加上所有材料、零配件都是自家生产，没有跨企业的利润剥削，因此，福特 T 型汽车的生产成本能够被稳定地控制。

垂直一体化生产模式的缺点有：

（1）资源投入较大：需要将所有与生产相关的原材料、设备、人员都集中在单一工厂，因为资源在使用上非常高频，而且有许多技术专业的设备、人才，为了保护技术不外泄以及效率最大化，这种做法是合理的。但是如果有些材料、设备与核心流程相去甚远，而且没有资源稀缺性，也搬到厂区里面，就显得非常浪费。

（2）缺乏弹性：这种极度集中化的生产体系，从单一产品生产的视角来看，确实达到最高效，但是之后美国社会经济环境开始发生变化，老百姓的收入逐渐提高，消费者不满足于开着"制服"般的汽车，通用汽车多样化的策略趁势崛起。市场需求开始发生变化，但是因为集中生产制，福特汽车在遇到生产线上车型转换时就变得非常麻烦，因此就丧失了效率的优势。例如，从 T 型车更换到 A 型车，就足足花费了一年时间，这便给通用汽车和克莱斯勒汽车留下了可乘之机。

垂直整合生产模式有着极大的优势，但是它并不适合所有行业，在以下四种状况下，企业可以考虑采取这种比较集中的垂直整合生产，把所有流程与资源尽量聚拢在自己的工厂。

（1）产品单一、标准化：前面讲的福特 T 型车就是最佳的例子，很多所谓的"隐形冠军"企业，它们的规模不一定很大，但是聚焦于单一产品，就都适合垂直整合生产模式。

（2）连续型生产企业：例如石化产业是最典型的连续型生产，它从原油入港后，直接以油管连接输送到储油槽，再输送到炼油厂，炼油厂内彼此连续的每道工序又能够生产出不同产品，如汽油、柴油、沥青等。这时它们不可能将一部分制程外包出去，所以连续型生产企业绝大多数都是垂直一体化的模式。

（3）生产所需的资源具有稀缺的竞争性：例如生产需要特殊金属材料以及涂层的第四代隐形战斗机。很多资源受到管制，很难在市场上随时取得，为了掌控这些资源，可以将这些资源大量储存在自己企业内，或是自行加工生产这些稀有的材料。

（4）核心能力的保密性：全球知名的芯片代工龙头企业台积电，完全仰赖他们多年积累下来的生产工艺，才能够达到纳米级的精密度和较高的良品率，台积电对它的核心技术当然需要保密，这些企业都比较适合垂直生产模式。

一体化垂直整合商业模式应该算是大生产时代以来持续最久的高效生产商业模式，直到今天这种生产模式也没过时，仍然有大量的企业，例如台积电、宁德时代、军工高端战斗机生产、石化产业等，采用集中式生产模式。在构建生产商业模式的时候，企业仍然需要考虑自身所处的行业特性以及企业自身的资源优势，如果企业符合上面讲的四种特性，垂直一体化仍然可能是能够选择的最佳模式。

8.1.2 水平整合生产模式（或整合外包生产）

前面我们介绍的垂直整合模式是大生产环境下的产物，福特汽车应该是最典型的案例，福特汽车的神话维持了将近 20 年，在那 20 年里面，人们说买汽车，基本上就是买福特 T 型车，因为它的性价比无人能及，广大的工薪阶层所购买的汽车全是这一款。但是，随着时间进入 20 世纪 30 年代末 40 年代初期，美国经济更好了，老百姓的收入日益提高，这时很多的消费者就不想每天像穿着制服那样，开着一模一样的汽车上班、出门购物。这时候新一代的汽车业霸主开始出现，那就是通用汽车，通用汽车所采取的模式与福特汽车完全相反，其生产模式被称为水平分工或是整合外包生产模式。

讲到通用汽车的崛起，就不得不讲一下背后的推手——艾尔弗雷德·斯隆（Alfred Sloan, 1875—1966），斯隆算得上是美国通用汽车公司的传奇式人物。美国知名学府麻省理工学院（MIT）的管理学院也被称为斯隆学院（MIT Sloan School），就是源于通用汽车对 MIT 的捐助，MIT 也乐意将斯隆的名字冠名在它的管理学院，至少从 20 世纪 40 年代到 80 年代，通用汽车可以算得上美国最知名的大型制造企业之一了。

最初斯隆只不过是一个汽车零部件公司的小经理而已，在 1923 年他坐上了通用汽车公司的头把交椅，不过当时通用汽车的产值仅为福特的 1/4。他注意到消费者，特别是富裕阶层的，似乎厌倦了千篇一律的福特 T 型车，汽车对消费者来说已经不仅仅是生活必需品，而是时尚与身份的象征了，于是他大力推行汽车的多品牌化战略和时尚性战略。

通用汽车的高端品牌是凯迪拉克，为了打造凯迪拉克的高端形象，通用汽车特别为历任美国总统提供专属的凯迪拉克防弹车。连美国总统都愿意开凯迪拉克，更不用说那些大企业 CEO 了。中间品牌则是别克汽车，定位是中产阶层，凯迪拉克和别克中间又有庞蒂亚克、奥斯莫比等品牌，提供给中高阶层的人士。低端品牌则推出雪佛兰，这个现在被定为给时尚年轻人的品牌，最早实际上是给美国工薪阶层消费者开的车。后来通用汽车又陆续收购了土星、道朗格、萨博、欧宝、悍马多个品牌。

时尚就是跟上潮流，就像现在上班的男性，如果还是成天穿西装打领带，就会被认为是过时、不会紧跟流行的老古董。斯隆认为汽车外观的不断改变，也可以成为人们追逐时尚的象征，所以针对时尚的方案，就是不断地更新车款，每年一小改，三年一大改。当时通用汽车还通过"你今年换车了吗？"作为广告语，告诉那些追求时尚的人们，开着去年的车款，形同让你的左邻右舍以及你的同事朋友知道，哎呀，我落伍了！

通用汽车采取的是一种"计划性淘汰"的营销策略。在广告宣传上，通用汽车每年推出新车时都会举办活动。甚至到了 20 世纪 50 年代，美国人见面打招呼的内容都已经变成"你的车是哪年产的"，在销售上，通用汽车采用"二手车折旧补贴"和"分期付款"的方法，减轻了消费者购车的负担。通过这种多样化、年年汰旧换新的策略，吸引了大量新富裕的中产阶级，然而，与此同时福特汽车却认为通用汽车的手法过于浮夸，诱人消费，不愿意跟进这种置换策略，使得通用汽车的销售很快超越了福特汽车。

福特汽车因为款式少，机器与零部件都是专车专用，所以福特汽车可以将所有的零配件生产都放在自己的工厂里面。但是通用汽车既然是多样化车型，而且年年换新款，在生产上，通用汽车当然就不能采取福特汽车的集中式大规模生产。因此，通用汽车采用了多车型通用的机器和零部件策略，使得生产不同车款时更有弹性。

既然是公用零件，为了降低材料成本，通用汽车采取大量外包、外购的策略，每当生产部门提出需求时，采购部门就会找供应商进行招标，低价者得标，这些供应商是专门生产某个零部件的企业，所以福特汽车的生产成本自然比通用汽车完全自制要更低，这些零配件商为了抢夺通用汽车的订单也展开了杀价竞争，使得通用汽车的零配件成本大幅下滑。而通用汽车工厂的主要工作变成了组装生产线，工厂将不同品牌的车款搭配相应的零配件组装在一起，这种流水线的生产效率也就大幅提升。这种新的模式让通用汽车的生产成本大幅下降，这种生产体系显然更能支持产品多样化的价值主张。

通用汽车的这种生产方式，是由品牌部门设计产品，定义出需要哪些零配件，由零配件厂家按时提供这些产品，品牌厂家再在自己的工厂内完成整车组装。这种模式犹如管弦乐团，指挥确定要演奏什么歌曲，哪个乐器在什么时间加入，整个进度都是由乐团指挥控制，所以我们也称这种生产模式为管弦乐团模式。

在不同的发展阶段，通用汽车公司采用了多种生产模式，包括加工车间模式（job shop）、批量生产模式（batch build）和混线生产模式（mixed production）。

（1）加工车间模式：实际上就是汽车流水线发明出来之前各汽车公司采用的"远古"模式，它的特点是可生产许多不同的产品，产量不高甚至可以说很低，每种车型一年几十辆、几辆甚至一辆都有可能。加工车间模式有这么几个特点：设备和工具都是通用的；自动化水平不高，基本靠"手工"装配；严重依赖熟练的工人，甚至可以说，工人是这种生产模式的核心资产；它的在制品（work in process）数量很多，交货时间很长；不同工位之间的物流运输基本没有自动传输链，一般依赖手动推车。加工车间更适合在产品成熟度尚未进入量产、需求量小、经常需要对产品设计进行调整的产品阶段。一般大型飞机工厂、新式战斗机的工厂会采用这种生产模式。

（2）批量生产模式：是指在一定时间内，连续或间断地生产同一种产品的生产方式。企业要经济合理地组织批量生产，必须根据社会需求、市场预测、材料成本、机器设备利用状况等多种因素，确定合适的批量生产。批量生产一般适合已经验证被市场接受的款式，它的需求数量比较庞大，而且在相当一段时间，至少几个月之内，不会改款，这时我们就可以建立标准化的生产线，加速产品的生产。

（3）混线生产模式：是指多类型产品在同一条生产线上并行生产，在产品类型上体现为研制型产品与批产型产品的可变比例组成，在生产组织上具有可变批次、可变数量的特点。其表现形式是单件、小批、大批等生产任务混合进行，是多品种变批量生产模式的典型运行形式。混线生产要求流水式与离散式两种模式的混合，流水式生产强调资源集合的逻辑组合以及生产节拍，离散式生产强调资源的柔性配置。

水平分工生产模式的优点有：

（1）具备较大的弹性：这里讲的弹性包含了很多不同的范围。首先是新产品的推出较有弹性，因为很多材料都属于"共享零件"，所以只需换了外衣（车壳），里面的零部件都可以继续使用。其次是零配件的选择，也具有更大的弹性，因为通用汽车的零配件不像福特汽车是自己工厂生产的，所以通用汽车的设计部门可以随时更换厂家，而福特汽车因为是自己生产的，当然就不能随意"换厂商"了。

（2）取得更低的成本。福特汽车是自家工厂作为零配件供应商，基础成本相对比较低。但是集团内部的每个工厂还是有自己的业务目标与利润要求的，这些内部合作的零配件工厂也是要有利润的，这时生产线很难跟负责零配件的部门杀价，从而导致集团内部的厂商之间的利润和成本的不平衡。而通用汽车集中采用公开招标的方式来选择供应商，因为都是外部厂商，当然更容易压低供货成本。

水平分工生产模式的缺点有：

（1）经济学上的交易成本（transactional cost）大幅提升。经济学上的交易成本是由诺贝尔经济学奖获得者科斯（Ronald Coase）所提出的概念，它指的是需求方为了购买某一个产品，在市场上寻找货源、询价、举办招标采购、商品质检验收等所有环节产生的成本。通用汽车的外包策略当然涉及大量的供应商评选过程，所以拉高了它的交易成本。

（2）供应链管理的复杂度高。同样的零配件就有多个供应商，一辆汽车可能有数千个零配件，多品牌、多款式的汽车的零配件也不一定能够通用，这时可以想象通用汽车需要多少供应商，需要多么庞大的采购经理团队，以及更多人来处理招标事宜，复杂度可想而知。

（3）供应商与主机厂是博弈关系，双方不同心。上述问题，其实都还是可以通过人力的投入克服，但是关键问题在于主机厂与供应商之间的关系是博弈的关系，而不是协作的关系，因为每一次交易都是通过最低价得标，也就是说主机厂每一次采购必然要把价格压到最低，那么供应商的利润将受到严重挤压，他们也会想尽办法节省成本，这时就需要花更多的时间去确保质量。

关键问题是这种不同心的博弈关系，变成了通用汽车走向全球市场时的重大障碍。因为到海外设厂，必须有供应链支持，但是这些供应链厂家与主机厂并未建立相互信任的协作关系，如果它们配合通用汽车到海外设厂，支持通用汽车的海外业务，却不能保证拿到通用海外公司的订单，那么通用汽车到海外设厂就必须重新在当地建立供应链，每个地区的工业基础不同，于是造成重大挑战。

20 世纪 80 年代美国许多大型企业开始走国际化的路线，通用汽车的模式出现了新的问题，通用汽车无法像日系竞争对手——丰田汽车那样快速发展国外的当地市场。主要原因是通用汽车与供应商的关系是基于每次交易利益的博弈关系，每次有需求，哪家供应商的价格低，就由谁供货，通用汽车到国外设立组装厂时，遇上了供应商网络无法跟上的问题，于是汽车业出现了另外一种新生产模式——丰田模式。

从丰田汽车逐渐超越通用汽车的案例来看，水平整合生产模式确实对通用汽车的海外拓展，造成了重大的制约，但是水平生产模式确是这些传统生产模式当中"最符合经济学的标准"的。

很多的西方经济理论都有一个重要的假设，那就是"假设其他情况不变"，然后测试那些没有被控制的变量之间的交互影响。公开招标确实满足了"局部最优"的结果，但是实际的世界却不能"假设某些情况不变"，例如需求方开出规格，要求供给方报价，那么供给方为了符合需求方的要求以及维持它的价格竞争力，供给方给出的方案不一定是它能够提供的最佳方案。这样做就损害了生产可能带来更大的价值。需求方开出需要什么材质钢板的规格，其实可能存在着更高性价比的材料，但是供给方为了符合需求方开出的规格，就只能提供次一等的钢板，而不是用另外一种技术制成的钢板，这就是双方不同心而处于博弈状况的结果。所以如果要实施这种水平整合生产方式，需求方一定要有比较开阔的心胸、更广的信息取得渠道，与行业中的供应商保持更密切的技术连接，这样才能吸纳更前沿的产品或技术。

了解了水平整合生产模式的优缺点之后，对当代的企业实践者来说，更重要的是要清楚水平整合模式适用于什么环境，哪些行业或场景比较适合采用这个模式，以及应当如何克服这些制度带来的缺点，但是又能够获得它的优点。

我们从科技产品生命曲线理论来看，新开发的产品与技术具有独占性，所以价格必定比较高。这种现象特别适用于高精尖产品行业，例如半导体行业，要引进光刻机，绕开 ASML 可能就很难找到合适的供应商，所以它每台机器的价格动辄上亿美元，但是如果是需要传统制造企业用的压模设备，能够提供压模机的厂家很多，它的价格自然就会压低，这时作为需求方，开出规格让大家竞争，自然能够获得较低的价格。

以目前的环境来说，单纯的垂直整合或水平整合，其实都有它的限制，所以更可行的模式应该是混合制，怎么混合呢？对于某些核心技术应该企业自己研发生产，或至少要和少数几家外部企业形成战略合作关系，甚至是有股权的投资关系，这样才能保证最终产品具有独特性，其他大家都能做的零配件，可以采取大量外包。这种混合制度可以有效取长补短。

数字化为水平生产模式带来了重大的机遇，因为供应链数字化能够更快地进行市场信息交流，让供应商更早地投入新技术研发或预做定制的准备。数字化的无缝对接，更能够让这些零配件的进场时机与生产线紧密结合，避免厂内无谓的库存积压。当原来的供应商出现问题，无法准时供货时，其他的供应商就能立即取代上场。例如入选了世界经济论坛"灯塔工厂"名单的上汽大通，就是很好的例子，它因为与供应商的紧密对接，所以大幅提高生产效率。水平分工的优势就是有更多的合作伙伴协助完成生产，不需要什么都做，但是对于那些零配件种类需求较多的产品，零配件的准时供应和规格之间的有效对接极为重要，这时企业本身供应链数字化的能力就越发重要。

8.1.3　精益生产模式

通用汽车在美国市场称霸多年，直到日本汽车业兴起，汽车产业在全世界范围又一次兴起了新的风潮，丰田汽车的生产管理模式成为生产行业竞相学习的对象，我们来看看丰田汽车是如何兴起的。

丰田汽车公司是总部位于日本爱知县丰田市的跨国汽车公司，为全球最大的汽车制造商之一。创办人丰田佐吉于 1926 年成立了"丰田自动织机制作所"，1933 年 9 月开始生产丰田汽车，相关提议由丰田佐吉的儿子丰田喜一郎所提出，首任社长由丰田利三郎出任。丰田汽车通过活用在织机制作上的铸造、机械加工等技术，于 1935 年生产出其第一款乘用量产车"丰田 AA"。在丰田推出丰田 AA 后，二战开始了，丰田在这段期间转做军用卡车的生产。1945 年二战结束后，又恢复了民用汽车的生产。

1957 年，丰田以皇冠车型正式进入美国市场。由于省油、经济的特点，丰田汽车在 20 世纪 60 年代取得了巨大的成功。1961 年，丰田汽车产量为 20 万辆，10 年后，正巧遇上 20 世纪 70 年代全球性的石油危机，丰田汽车的经济、省油特性正好符合市场需求，其产量猛增至 200 万辆，增长了 10 倍，一跃成为世界前三大汽车制造商。2021 年丰田汽车在美国汽销量 230 万辆，正式超过了通用汽车，也成为全世界最大的汽车企业。

丰田汽车公司的管理方法和生产体系非常独特，丰田式生产管理（Toyota Management），也称为丰田生产体系（Toyota Production System, TPS），由丰田汽车公司的副社长大野耐一创建。它是丰田公司的一种现代化生产方式，顺应时代的发展和市场的变化，经历了 20 多年的探索和完善，逐渐发展成为包括经营理念、生产组织、物流控制、质量管理、成本控制、库存管理、现场管理和现场改善等在内的较为完整的生产管理技术与方法体系。

丰田最著名的还是它的精益生产（Lean Production）模式，这是美国麻省理工学院给"丰田式生产管理"起的名称。丰田精益生产管理模式的核心是通过系统结构、人员组织、运营方式和市场供求等方面的变革，使生产系统能快速适应用户需求不断变化，并精简生产过程中一切无用、多余的东西，最终达到包括市场供销、生产等各方面都实现最佳状况的一种生产管理方式。

精益生产有两大特征：准时生产（just in time, JIT）和全员积极参与改善，正是因为这两大特征，才能"以越来越少的投入获取越来越多的产出"。

（1）JIT：一种生产方式，它通过看板管理来成功地制止过量生产，实现了"在必要的时刻生产必要数量的必要产品（或零部件）"，从而彻底消除在制品过量的浪费，以及由之衍生出来的种种间接浪费。这种方式对丰田公司渡过第一次能源危机起到了突出的作用，并逐渐在欧洲和美国的日资企业及当地企业中推行开来。

（2）全员积极参与改善：旨在建立发现问题、解决问题，构建员工认可的平台和环境，激发员工改进和创新的激情，培养员工的学习能力和改进习惯。丰田公司名誉董事长丰田英二曾于 1950 年 6 月参观考察美国福特汽车公司，将该公司的"建议制度"引入丰田公司。丰田公司原副社长石田退三又将其逐步"改善"，形成了目前丰田公司持续广泛开展的富有日本特色的"提案制度"。

丰田精益生产管理模式有 14 项原则，包括建立长期的哲学，创建连续流程以便将问题浮现出来，使用需求拉动式系统以避免过度生产，平衡工作负荷，建立文化，标准化任务等等。

丰田汽车与供应商的关系结构与福特汽车或通用汽车截然不同，丰田汽车考虑到，如果采取福特汽车模式，把所有的供应采购环节都归拢到企业内部，企业就失去了灵活性。福特汽车的胭脂河工厂就是典型的例子。但是如果采取通用汽车模式，让供应商自由竞争，短时间内来看，的确降低了采购成本，但无法与供应商形成稳定的合作关系，最终也会导致库存和品质问题。

丰田汽车与其供应商建立了密切的互信合作关系，丰田汽车按照供应商所生产的部件对整车的重要程度，将供应商划分为三类：核心部件供应商、特征部件供应商、商品部件供应商，并建立起了二级供应商组织——协丰会和荣丰会，对隶属不同组织的供应商，丰田汽车与其建立了不同的股本关系。协丰会成员全部是核心部件供应商（约为 35 家），丰田汽车一般都持有它们超过 30% 的股份。荣丰会成员都是特征部件供应商，丰田汽车一般拥有它们约 10% 的股份。而商品部件供应商，丰田汽车一般不与其建立资产关联关系。这种与供应商关系模式，使得丰田汽车和其供应商都可以获得长期竞争优势，实现了双方的共赢。

丰田汽车的生产管理制度，至今仍是生产行业里的标杆级别的学习对象。

8.2 互联网时代的价值生成创新商业模式——平台模式

互联网对产业带来了极大的冲击，但是同时为企业带来新的发展机遇，这个机遇不仅在市场营销模式上，在价值生成模式上也带来了重大机遇。互联网的基本特性是无限对接，应用在价值生成，已经有相当多的模式，总的来看可以归纳为两种类型：① 平台共创模式；② 资源对接平台模式。

8.2.1 平台共创模式

平台共创模式指的是一个核心企业，通过互联网平台，将资源授予其他外部企业，再与这些外部参与企业共同开发产品，提供给核心企业新的产品或服务，然后核心企业与外部参与企业再分配利益。这个核心企业为什么不自己做，反而要找外面的企业一起做，还要分润，这不是很麻烦吗？这种将价值生成的工作交给外部企业的模式与水平整合的外包模式有什么不同？

其实是截然不同的，外包模式是将价值生成部分过程交给外部企业，当外部企业完成工作后，需要直接支付费用给这个外部企业，例如汽车厂的钢板外包，供应商交货以后，就直接拿钱。外部厂商不管核心厂商是否能卖掉它的最终产品，都要先拿钱。而在平台共创模式下，则是双方协力完成价值生成，并且将产品售出以后，核心企业才对参与企业进行分润，所以这当中有共同协力开发产品、共享成果、共同承担风险这三种特性，共同开发的新产品如果卖不掉，大家都无法获得利益。至于为什么核心企业不自己做，而要找别人一起做，主要原因当然是核心企业缺乏某种能力，需要借重外力的协助。那么外部企业为什么愿意参与呢？很简单，通常是因为核心企业的品牌或是规模较大，或者核心企业拥有很多资源，外部企业可以借重这些资源，轻装上阵，创造出新产品。在大多数状况下，核心企业还会负责这些新产品或是服务的销售。这种模式对于个人或新创的第三方企业来说，如同找到靠山，共同开发产品，共担风险与利益，所以也乐于提供它们的能力。

8.2.1.1 共创平台模式案例 1：宝洁的"Connect+Develop"

一家年销售额已达 510 亿美元的成熟产业公司，如何年年都能实现销售额的增长？宝洁公司做了最佳示范。它在 2000 年推出了一个名为"Connect+Develop"的项目，旨在通过互联网，公开研发课题，向全社会征集技术和创意，如今，宝洁有 50% 的新产品都源自这种外部的技术和创意。

在推出 Connect+Development 这个新模式之前，宝洁公司的封闭式的产品研发模式，导致业界分析师开玩笑说，宝洁发明了"这里没有发明"的经典。

然而在 20 世纪和 21 世纪之交，旧的方式不再奏效，宝洁发现，这家全球最大的消费品牌公司，其研发费用占销售额的百分比远超过了它的竞争对手。研发费用的投入确实为宝洁创造了许多专利，但是产品研发仅利用了公司专利的 10%，这表示大笔投入研发所获得的专利，并没有为企业带来开发新产品的价值。

同时，宝洁也发现自己的产品创新成功率，也就是新产品投放市场后能够成功销售的概率只有 35% 左右。更高的成本、停滞不前的销量，与佳洁士牙膏（对手是高露洁）和帮宝适纸尿裤（对手是金佰利公司的 Huggies）的竞争失利，使得公司失去了向来引以为豪的市场份额第一的位置。

新任宝洁公司董事长兼首席执行官阿兰·乔治·雷夫利（A. G. Lafley）在 2000 年夏天接手了这家陷入困境的百年老店。宝洁股价从当年春天早些时候的 118 美元暴跌至 52 美元，股市敲响了警钟，给了这位新任首席执行官启动重大文化转变所需的理由。

随着传统市场的日趋成熟，如何扩大销售额成了宝洁面临的巨大挑战。雷夫利很快设定了产品创新的战略，目标定在宝洁 50% 的新产品将来自公司外部。

当 IBM 公司宣布它的知识产权为公司创造了 10 亿美元的专利费收入时，宝洁不禁眼睛一亮。突然之间，宝洁警醒到，知识产权不应该只是消耗公司收入的负担，而是可以大幅提高股东价值的收入来源。与此同时，内部调查也显示，宝洁的大多数专利并没有真正用到宝洁的产品中去。既然专利的利用率不足，为什么不设法将这些未被充分利用的资产转化成宝洁的利润呢？于是宝洁想到了资源共享的产品创新平台。

讲到如何创新，对于大多数公司来说，就是招募一群精英、科学家，为企业研发新的产品。由于公司的文化，使得产品创新一直受到内部严格的管控，这时宝洁想到，自己共有 9 000 名研发人员，世界上大约有 180 万人跟宝洁的研发人员一样，具有相同的受教育程度，也使用一流的实验室设备，为什么不能与这些外部专家合作，以更开放、不受公司繁复规矩的方式做产品创新？在这个理念下宝洁推出了"Connect+Develop"这种产品创新的新理念。它将公司的 9 000 名研发人员和世界上同类的 180 万人都看作自己的员工，如此一来，宝洁就拥有了 180.9 万名研发人员。通过这种新模式，宝洁能更有效地利用全世界专家的智慧与人才资源，从而为宝洁的客户带来更大的创新成果，在这个计划下，宝洁开放了它们的专利给这些合作伙伴进行产品创新，并且提供合作伙伴需要的后勤支援，一旦产品成功开发，宝洁再通过它们强大的品牌以及渠道，来推广这些新产品。

"Connect+Develop"为宝洁创造了哪些新产品？ Swiffer 除尘掸子（180 度旋转，方便清洁各个角落，它还配有三张纤维布，能够有效吸附灰尘）、Mr. Clean 魔术橡皮擦百洁布（一种清洁工具，它的材质是三聚氰胺甲醛树脂泡沫，具有高硬度和脆性，通过摩擦从泡沫表面分离并分散成细微颗粒。擦拭污渍时，这些从泡沫表面脱落的细微颗粒与顽固污渍形成有效的摩擦，将污渍擦下并有效地吸附进泡沫孔隙中）、Dryel 干洗产品、佳洁士旋转刷、玉兰油再生化妆水等都是这么创造出来的。

通过这种平台模式的产品创新，这家拥有 170 年历史的美国辛辛那提市企业巨头，在互联网时代因为商业模式创新，成功上市的新品源源不绝，拉动销售持续增长，2022 年销售额已经达到 802 亿美元。

8.2.1.2　平台共创模式案例 2：苹果手机 iOS 系统

资源平台的产品创新模式已经被很多企业广泛地采用，其中，最有名的应该是苹果公司。苹果手机上市之初，手机行业的绝对霸主是诺基亚，诺基亚手机以"connecting people"作为营销上的宣传口号，强调连接人与人，把通话质量作为主要的卖点。

诺基亚公司有着数万名工程师，开发手机的各种功能。苹果手机综合电话、拍照、视频播放等多种功能于一体，苹果公司认为诺基亚的功能是基础功能，手机应该还可以创造出更多的应用场景，可是到底还有哪些使用场景，苹果公司自己也不知道。这些软件是否会受到欢迎，苹果公司也无法预测，而每一种应用，都需要苹果公司投入大量人力来开发，于是苹果公司将自身的操作系统 iOS 开放，提供界面程序给世界各地数百万的技术人员或公司，开发基于 iOS 的应用（App）。通过这种开放式的模式，使得苹果手机的使用场景快速增加，在极短时间内大幅超越了诺基亚。这些软件，就是我们在苹果手机当中的苹果应用市场里面看到的 App。苹果公司将这些 App 全部存放在苹果应用市场，全世界的用户可以在苹果应用市场里寻找他们想要的应用。例如音频与视频内容、日历管理、网络聊天、网络游戏，还有大量的行业专用软件，苹果公司主要的责任是制定规则审核这些上传的软件。这个共创策略，使得苹果在 1—2 年内就击败了原来手机行业的霸主诺基亚。

苹果手机靠着这些 App 吸引了大量的使用者，如用户付费使用，苹果公司就与这些开发者或是内容拥有者分润，时至今日，苹果公司的股价高居不下，成为全球市值最高的公司，苹果公司的 iOS 平台共创策略，绝对是功不可没的。

接下来我们再看看另外一种平台模式——资源对接平台模式，它的特点是，平台拥有者让供需双方的资源对接，产生收益，再与服务提供者进行分润。这个模式与上面的共创平台主要的差异是，平台并不提供参与者任何开发所需的资源，而是单纯地提供买卖对接。

8.2.2 资源对接平台模式

资源对接平台模式是目前互联网商业最常见的平台商业模式之一，我们熟悉的美国的 eBay、中国的淘宝等，只要是自身没有产品，靠着撮合需求与供给双方完成交易，都属于这种价值生成模式。

资源对接平台模式，一般我们也称之为双边平台模式，是当前互联网时代体量最轻、最能够快速增长、最具有弹性的价值生成模式。我们看到大量的垂直行业已经出现了个别领域的超大型平台，做旅馆服务的爱彼迎，它没有一家旅馆，就能够成为全球最大的旅馆服务业者；做出行服务的优步，它没有一辆自有汽车，就成为最大的出行服务企业；卖书的亚马逊，它没有一本藏书，就轻易地击败了传统的大型书店；做商城服务（或称为市场空间，market place）的淘宝，没有一家店铺、一个商品，就成为全世界交易额（GMV）最大的交易市场平台，这些都是资源对接平台企业。

作为平台企业，你需要有自己的商品，只需要设置好平台上的游戏规则，以及考虑跟谁收费、如何收费，甚至针对买方或卖方之一，进行阶段性的扶持补贴就行了。

市场平台最难决定的是跟谁收费、补贴谁。例如优步创始人在与投资人沟通时，在一张餐巾纸上画下了它这个市场平台的供需关系，如图 8-1：

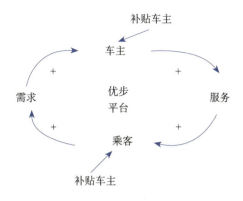

图 8-1　优步补贴政策的逻辑

　　出行服务的买卖双方分别是乘客与车主，服务平台想要把规模做大就必须有很多人愿意提供车辆，有了这种供给，就自然会产生有需求的乘客，乘客多了，自然就更能够吸引新的车主进场提供服务。相反，没有车子或者车子少，叫车难，客户体验不好，那么就没有人愿意通过这个平台叫车，这样这个市场平台就起不来。

　　优步在美国市场选择了先发放乘车优惠券给客户，这样客人的打车成本比较低，自然愿意尝试一下。果然在美国市场，优步进入了一个良性增长的循环。可是在中国，因为有滴滴打车的竞争，而且优步中国的主管把目标消费者定为比较有钱的商旅客人，所以他们采取了补贴车主的模式。他们邀请车主兼职工作，提供市区与浦东机场之间的交通服务，上海市区到浦东机场约 60 千米，于是优步补贴提供这种服务的车主，让他们不要考虑回头放空车的顾虑，结果吸引了一大堆需要到浦东机场上班，或是住在浦东机场附近要到市区上班的车主。这些车主把自己当客人，然后请领平台补贴，他们上班的油费省下来了，基于赶时间的原因，根本没人愿意真的去拉客人。结果，优步补贴车主的钱确实是花了，但是实际提供服务的车子没变多，要用车的人还是叫不到车，自然也就不期望通过优步获得出行服务。

　　关于平台补贴政策，要考虑的第二件事就是如何补贴，以及补贴后，如何持续性地得到客户。还是拿打车软件作为例子。首先，如何补贴，就是在问通过什么渠道，在什么状况下补贴，补贴多少钱。滴滴打车最初采用的是通过互联网补贴，它通过网络广告搜索，给所有看到广告的消费者免费乘车，给出的理由是让客户体验一下。这里建议你暂时停下阅读，想一想，这有什么不对？

当然不对。因为这是没差异的对待，不管这个消费者是打车常客还是从来不打车的人，都可以免费乘坐，这种做法不就是在号召"羊毛党"吗？最关键的是这种补贴是没有可持续性的，事实证明，无论是滴滴还是快滴，这种补贴都是不可持续的，因为这两家基本上没有任何差异。如此，谁发起补贴活动，是可以很快吸引到客户，但是一旦自家补贴停下来，对手开始补贴，乘客立马就转台，这种补贴就是没有任何意义的。试想如果当时这些公司先补贴让客户有第一次接触，接下来搞个付费会员卡，是不是效果会更加持续？

另外，这种价值生成模型，看似适用于所有行业、任何产品，但是在具体套用时，不同行业，基于自身产品特色，可能还需要多花些心思来管理，确保买卖双方交易诚信不受欺骗。特别是一些耗损程度不易察觉，或者从文字图案上无法判断功能与质量的品类，就需要额外的政策加以管理。

例如二手车就是一个比较特殊的行业，因为即使是同一品牌、同一款式、同一年份的汽车，可能有的泡过水、有的出过事故，那么它们的价格就会有显著的差异。二手车平台瓜子虽然号称要消除中间商赚差价，但是卖车的人不会老实地告诉买车的人，他的车子曾经出过什么状况，即使瓜子二手车自己开了二手车店，还是一直无法建立一套让买卖双方都接受的车辆损耗估价标准。结果瓜子虽然请了明星大做广告，引来流量，但是最终还是无法解决二手车的估价合理性问题，最后沦为它最想消灭的二手车代理商的流量入口，帮这些中间商吸引客人。

8.3　数字化智能时代的价值生成创新模式

8.3.1　四次工业革命

要说清楚数字化智能时代，我们还需要从人类文明与四次工业革命说起，两百年前人类还处于手工生产时代，之后先后发生了四次工业革命，将人类的生产力与生产创造的价值，大幅向前推进。

（1）第一次工业革命：蒸汽机革命，也称为产业革命，是指 18世纪 60 年代从英国发起的技术革命，它持续到 19 世纪三四十年代。第一次工业革命最显著的创新是蒸汽机，这是技术发展史上的一次巨大革命，它开创了以机器代替手工劳动的时代。

（2）第二次工业革命：电力革命，也称为电力革命，发生在1870 年，一直持续到 1945 年。其间，西欧（包括英国、德国、法国、丹麦）和美国以及 1870 年后的日本，工业得到飞速发展。第二次工业革命紧跟着 18 世纪末的第一次工业革命，并且从英国向西欧和北美蔓延。第二次工业革命以电力的大规模应用为代表，电灯的发明为标志，用上了石油作为能源。

在第二次工业革命中，由于电力、内燃发动机、新材料与新物质（包括合金和化学品）、电报和无线电等通信技术及炼钢的发明，比如"贝塞麦转炉炼钢法"和"西门子平炉炼钢法"都是在 1871 年之前的十年中出现的。从而使生产钢铁变得更便宜，蒸汽机运输也更加便宜和快捷。这次革命集中围绕着钢铁、铁路、电力和化学品的发展。化学、电器、石油生产和钢铁行业等领域都有巨大的创新。具体的成就包括燃油蒸汽涡轮机和内燃驱动船、飞机的发展、汽车的商业化、消费品的大量生产、机械制冷和其他保鲜技术以及电话的发明。

（3）第三次工业革命：信息与技术革命，也称为科技革命，从20 世纪四五十年代开始。它的特点是科学技术转化为直接生产力的速度加快，科学和技术密切结合相互促进，科学技术各个领域间相互渗透，高度分化又高度综合，当中最重要的，应当是信息技术带来的创新。它极大地推动了社会生产力的发展，促进了社会经济结构和社会生活结构的变化，推动了国际经济格局的调整。

（4）第四次工业革命：智能化革命，始于 21 世纪初，标志着从数字化向智能化的转变。它被描述成各种科技的融合，而融合的过程使得物理、数字和生物等领域科技之间界限难分。

第四次工业革命是以石墨烯、基因工程、虚拟现实、量子信息技术、可控核聚变、清洁能源以及生物技术为技术突破口的工业革命。各种新兴科技的突破为其特征，如机器人、人工智能、纳米科技、量子电脑、生物科技、物联网、工业物联网（IIoT）、分散式处理、5G、增材制造、3D 打印和全自动驾驶汽车。

8.3.2   工业 4.0 的标准

第四次工业革命的发展是多产业、多维度的，其中最重要的是建立了一个被称为工业 4.0 的标准，虽然工业 4.0 的标准最核心的应用是在生产与制造型企业，但是它的框架其实也贯穿了不同行业与不同维度，总的来说，就是打造智能化企业。

工业 4.0 的标准最早是由德国提出，接着中、美等国也提出自己的国家标准，虽然名词稍有不同，但是基本上的概念是相通的。我们大致说明一下德国工业 4.0 的架构与标准。

德国工业 4.0 工作组在 2015 年 3 月，正式提出了工业 4.0 的参考架构模型（RAMI 4.0），包含了三个维度，基本上确认了智能化、信息化、自动化的不同范畴与视界。参见图 8-2 RAMI 4.0 架构图。

第一个维度是企业系统层级架构（垂直）的标准。基于 IEC 62264 企业系统层级架构的标准制定，该标准基于普度大学的 ISA-95 模型，界定了企业控制系统、管理系统等各层级的集成化标准，由个体

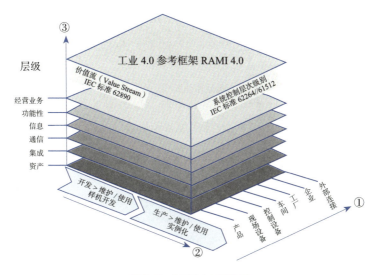

图 8-2　RAMI 4.0 架构图

工厂拓展至"连接世界"，从而体现工业 4.0 针对产品服务和企业协同的要求。

　　第二个维度是对企业价值链（水平）的全部过程的支持。从产品全生命周期视角出发，描述了以零部件、机器和工厂为典型代表的工业要素，从虚拟原型到实物的全过程，以机器设备为例，虚拟阶段就是一个数字模型的建立，包含建模与仿真。

　　在实物阶段主要就是实现最终的末端制造，具体分为三个方面：一是基于 IEC 62890 标准，将其划分为模拟原型和实物制造两个阶段。二是突出零部件、机器和工厂等各类工业要素，生产部分都要有虚拟和现实两个过程，体现了全要素"数字孪生"的特征。三是在价值链构建过程中，工业生产要素之间依托数字系统紧密联系，实现工业生产环节的末端链接。

　　第三个维度是 CPS 架构的核心功能描述。基于 CPS 标准，工业 4.0 的功能层，分类六个层级。参见图 8-3。

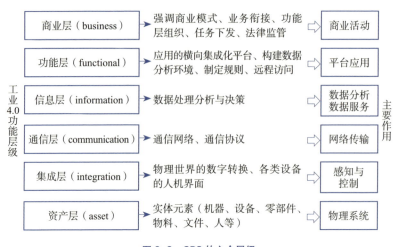

图 8-3　CPS 的六个层级

资产层是机器、设备、零部件及人等生产环节的每个单元；集成层是传感器和控制实体；通信层是专业的网络架构；信息层是对数据的处理与分析过程；功能层是企业运营管理的集成化平台；商业层是各类商业模式、业务流程、任务下发等，体现制造企业各类业务活动。

2015 年 12 月 30 日，工信部和国标委联合发布了《国家智能制造标准体系建设指南》（2015 年版），我国的智能制造系统架构从生命周期、系统层级和智能功能，三个维度构建，基本上与德国工业 4.0 相近，参见图 8-4。

8.3.3　工业 4.0 生产模式：上汽大通 C2M 商业模式

作为国内领先的汽车品牌之一，上汽大通成立于 2011 年，一直致力于为客户创造优质的汽车产品。上汽集团在国内拥有多个汽车品牌，包含了乘用车以及商用车。上汽大通作为一个在集团内相对其他部门更新的品牌，也在技术开发以及市场营销上不断地追求创新与突破。

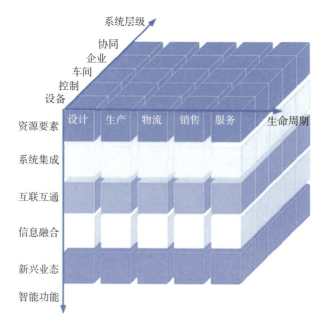

图 8-4　中国《国家智能制造标准体系建设指南》（2015 年版）

通过集团上级单位的指导以及上汽大通全体团队在数字化领域的努力，上汽大通在 2019 年被世界经济论坛评选为"灯塔工厂"企业，在全世界范围只有两家汽车厂获得此项殊荣，另外一家是德国宝马工厂，这个殊荣也是上汽大通过去几年来积极投入数字化的成果。

以下内容是基于我和上汽大通高层合作，发表在《商业评论》上的关于上汽大通数字化的案例。

从国外产业发展经验来看，汽车产业可以说是一国的工业之母，主要因为汽车是一个极其复杂的产业，供应链上的材料与零部件高达数十万种，汽车发动机更是一个国家关乎广大消费者的高价值产品。

上汽大通隶属于国内自主汽车集团之一——上汽集团，最近几年秉承上级单位的指导与要求，不断地思索企业数字化之路。虽然属于汽车制造业，但是上汽大通的数字化涵盖的范围不仅限于工厂，它是从客户端一直到生产、供应链端的全流程数字化，最终让上汽大通具备满足从消费者到生产者（customer to manufacture, C2M）大规模个性化定制的能力。这个 C2M 的动机源头还是上汽大通希望能够更贴近用户个性化的需求，而不仅仅是提供客户标准化的产品。上汽大通在建立从消费者到企业（customer to business, C2B）的能力之前，也是和国内甚至全世界大型汽车厂一样，采取批次生产模式，在这个模式下，每一批次生产出来的汽车基本是完全相同的，这些汽车在生产出来后再分配到各地经销商对终端用户进行销售与服务，所以从销售视角来看，这种模式属于传统的商贸模式。

数字化转型之前，上汽大通面临的挑战是：① 行业内的产品与服务缺少差异化，各个主机厂，除了原有客户心目中的品牌形象以外，在产品的功能上差异是很有限的。可能每一家主机厂采取的发动机技术、底盘技术、传动技术的确有些不同，但是对于客户来说，这些差异并不一定可以非常明显地感觉出来。② 在这种批量生产模式加上商贸的销售模式下，只能将某一款车区分为几种等级，例如都市白领型、精英型、豪华型，然后给予这三种等级的汽车配置标准化的配备，例如都市白领型配置的是绒布座椅，这些座椅又可以分为黑色、灰色、深棕色等。精英型则配置的是一般皮质，也可以分为黑色、棕色，豪华型则配置高端头层牛皮，也有 2—3 种配色。都市白领型的后视镜是手动折叠式，豪华型则是电动折叠后视镜。这时某个客户喜欢电动折叠后视镜，那么他就只能买豪华型，但豪华型上很多成本较高的功能，其实并不是这位客户的需求，但是为了电动后视镜，客户只能被迫选择高端车款，接受其他一些他并不需要的功能。③ 4S 店在客户下单时，无法给出明确的交车时间，主要原因是固定型号批量生产，客户订的车与生产计划的配置经常无法精确匹配。而且一旦新车出厂，也是发货给预订的 4S 店，这时可能某个地方的 4S 店收到他所订的货，一时间还没售出，于是产生了库存，但是需要这款车的 4S 店反而没货，这时可能就需要客户多付些钱，才能从其他 4S 店里面调货。④ 生产效率有待提升，生产成本偏高。

面对这些一连串的问题，上汽大通首先考虑从客户端作为切入点，在任何行业，最能满足客户需求的品牌才是能够在竞争环境下最后获胜的品牌。上汽大通考虑，是否可能通过数字化解决客户端的问题：① 订货时客户可以自由决定车辆的配置，有更多的选择。② 让客户在订车时能够精准地知道，他所定制的车什么时候能够出厂，什么时间能够配送到当地的 4S 店。

为了达到个性定制的要求，上汽大通设计了客户端的一款订车下单的工具——蜘蛛智选，分别开发了蜘蛛智选 App 以及小程序，让用户自行选择他们需要的配置、规格、材质与颜色，粗略估算，这么多的配置选项，会产生十万多种的组合。

通过这些前端页面的开放性选择，客户确实有了更多的选择权。但是交车时间的问题仍然没有解决，因为一辆定制车的交付时间，受到工厂生产计划以及物流配送两个影响因素，而生产计划又会牵动制造过程的数字化管理。

如此，前端的客户是满意了，可是问题就到了后端，工厂如何承接这种多样化的客户订单？从蜘蛛智选上发送过来的每一个订单，如同电子商务的网上购物，都具有独一的订单编号，工厂根据每一个订单号上面的配置信息，在后端生产过程当中给每一辆车不同的搭配。因此，工厂在生产计划上必须采取订单计划式交付（on time delivery, OTD）的形式，材料供应也必须和每一辆车辆的订单进行匹配，做到无缝对接，否则第一线的装配几乎不可能实现。

例如，编号 001 订单的车需要的是黑色皮座椅，搭配 A 品牌的音响；而编号 002 订单的车，可能需要搭配的是灰色绒布材质包裹的座椅，搭配 B 品牌的音响，这时每个生产单元的装配工序步骤是一样的，但是组装的材料则都不相同。例如过去这个工作单元的工序是安装座椅，新的工序也仍然是安装座椅，不同的是，过去这一批次，每一辆车安装的座椅是完全相同的，而新的工序则需要分辨这辆车是哪位客户订购的，他需要什么材质、颜色的座椅，这是上汽大通第一阶段智能化生产的重大突破——市场终端订单信息与生产排程进行对接。通过这种数据对接，客户下单时我们就可以直接排入生产计划，试算出这一辆汽车在哪一天什么时间进行生产，也就知道这辆车什么时候能出厂，这个精准匹配使得客户在下单时就能够知道什么时候可以取车，以及选择不同选项的最终价格是多少。

在上面一个生产阶段，工厂将生产计划与订单匹配，这个结果是很好的，可是这个改变也对供应链数字化造成了严峻的挑战。例如我们前面讲的，正在组装的这个订单的车，需要黑色的真皮座椅，这个信息就需要对接到材料仓库，让仓库管理人员能够精准地完成备料，并且按照需要的订单次序通过输送线送达组装工位，这种备料一旦错误，就直接让组装线上产生错误，所以这种备料过程也必须进行数字化，并且时时采集视频影像判断供料是否正确。如果仓库缺料，这时这个材料需求就需要立即对接到供应商的库存系统，在供应商也缺货时，供应商也需要提供承诺的交货时间，这样才能对每个订单客户做时间上的承诺。

完成了前面的订单处理流程数字化，接下来进一步研究如何提高生产效率、降低生产成本。分析如何提升每个工位或工作单元的效率提升，那就是固定的人做更多的事。这样就会增加每个工位的操作复杂度，在过去，第一线工人在处理比较复杂的工序时经常需要查阅标准操作流程（standard operating procedure, SOP），但是这种查阅 SOP 的操作，造成了大量人工时间的浪费。所以在过去，为了维系生产效率，只能尽量让每个工位的工作单一化，但这样就限制了人员的生产力。在生产线上原材料配件与订单精准匹配，使得每个工位可以承担较多的工作，为了避免操作员对于多样化的工序难以掌握，上汽大通推出了生产工位上的数字化看板，将这个工位的操作程序时时保持可视化，展现给操作员看，这样使得操作员无须查看 SOP 也能够掌握工序操作细节，使得生产力获得进一步改善。

制造业另外一个会产生大量成本以及制约生产力提升的工作是设备的定期维修。在生产线上有许多的铣床、压床、刨床等设备，生产过程中经常用模具将金属面板压出特殊造型、打孔或研磨平滑。这些生产设备在使用中都会有一定的耗损。例如钻孔设备上的钻头，经常因为磨损，使得接下来批次的钻孔规格不符合标准。

过去在工厂当中对这些设备的维护是根据设备厂商在操作手册里面制定的维修与保养标准，例如使用这个钻头多少个小时以后就需要更换。从事专业生产的人都知道，设备厂家的维修小时建议，是按照过去设备的平均使用期限来制定的。但是这些设备经常会因为加工对象的材质、操作环境而有不同的磨损程度，例如同样的钻头，需要考虑打孔的是什么样的钢材，才能决定耗损状况。厂商为了避免过度耗损，造成对设备本身的伤害，因此都会放一个缓冲数据，假设 80% 的钻头使用 500 个小时后的耗损程度会影响精密度，但是如果在硬度较低的材料上，它可能可以使用 600 个小时都还没有磨损。可是设备厂商无法在那么多的场景下进行测试，所以它只能用比较严格的标准，建议提早进行保养维修。这样就使得设备的停机维修间距变短，也就影响了设备的可用时间。

上汽大通采用了人工智能的视觉设备以及传感器，时时取得生产设备上的损耗数据，并且以这些实际的数据来制订生产设备保养计划，这种保养计划打破了传统按使用小时停机保养的规则，不但使得停机的时间段拉长，也减少了不必要的耗损，这种改善达到了降本增效的目的。

这些数字化提升虽然已经获得了达沃斯经济论坛的鼓励，但是上汽大通并不会就这样自满，上汽大通南京厂目前已经初步构建了工业

4.0 标准的 CPS 架构。也就是说生产设备已经更完整地部署了数据采集的功能，例如通过程序控制设备（process control system, PCS）、物联网装置，时时取得生产流程上的数据，并且将这些数据上传到云端，用于操作流程管控以及操作设备之间的协作。又例如某个工序的完成状态，如何影响到材料、零部件的供给速度，或是生产出来的产品直接对接到物流车出厂的计划行程以及路径规划。并且将设备磨具耗损状况直接对接到养护单位的工作时间、养护队伍的人力安排以及设备的替代。这样如同整个工厂有个大脑通过神经网络直接与四肢、五官的神经连接，并且直接下达指令，指挥四肢的运动，总的来讲，就是整个工厂变得更聪明、更高效了。

除了打造生产流水线上的智能化或销售前端的智能化，还可以进一步努力的方向是这些数据应用在操作工作的优化，并进一步将这些积累的数据用在全厂以及上汽大通全公司层面的决策和管理的智能化上。

智能化是一条漫长的路，路途中充满了挑战与荆棘，但是也必然能够让企业脱胎换骨，产生更强的市场竞争力。上汽大通整个企业通过一连串的数字化工作推进，确实在满足客户、提升效率、降低成本上，都产生了一定的效果，预计未来将引进更多人工智能的算法算力，再进一步提升全厂的智能化。

8.4 不同商业模式对比与选择

我们再把最前面提出来的选择价值生成模式的四个标准与本章讲述的几种商业模式做一个交互对比，看看在什么状况下选择哪种模式更为恰当，参见表 8-1。

那么作为一家生产企业，根据所处的行业以及自身现况，在价值生成的模式选择上，面临的路径选择如图 8-5。

表 8-1　各种模式按照四种标准对比

阶段（时代）	细分模式	典型案例企业
传统时代	垂直一体化模式	福特汽车
	水平整合模式	通用汽车
	精益生产模式	丰田汽车
互联网时代	平台共创模式	宝洁、苹果
	资源对接平台模式	优步、爱彼迎、eBay、淘宝
数字化智能时代	工业 4.0	上汽大通

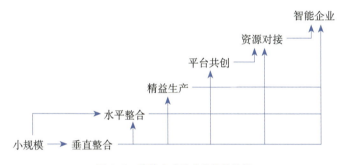

图 8-5　价值生成模式迭代的选择

　　小规模的初创企业如果具有专门技术和建厂资金，可以选择完全自己做生产，这时模式就是垂直整合，当然，如果产品没有技术壁垒，可以采取水平整合的外包模式，这样可以避免初期较大资金的投入。如果在创业初期采取垂直整合，当企业成长到一定规模要扩大产能时，可以选择水平整合，也可以直接引进精益生产模式，或是建立平台共创，甚至建立智能化，当然也可以选择转为资源对接，这样可能就逐渐脱离生产，转为平台。

　　如果初期选择的是水平整合，那么下一步可以从精益生产、共创，甚至也走向智能企业。如果已经做到了精益生产，面临产品创新的问题，可以选择建立平台共创，甚至进一步智能化。如果已经搭建了平台共创，那么下一步大概是智能企业。

不管现在处于哪个模式阶段，可以选择的模式转型都是多样的，怎么走？完全取决于基础资源能力以及需要解决的问题。如果问题是生产效率，应该采取的是精益生产，如果问题在产品创新，那么应该直接走向共创平台。但不管处在哪个阶段，都可以直接走向智能企业的模式。

决定价值生成模式的四项关键要素：成本、效率、弹性、核心能力

大工业生产第一个要素是成本，就是指企业从获得生产材料到最后产出的总成本。这里的总成本，不仅仅是指直接跟生产有关的成本，还需要考虑资源的管理以及协作、统合的成本。一般我们讲与生产有关的成本当然是指材料、人工、制造费用，这些构成制造业成本会计元素的三大成本。还需要包含管理这些成本所需要花费的时间以及人力成本。

第二个要素是效率，就是指从投入到产出所需要的时间，是不是来得及支持市场所需要的产出数量。成本与效率也是绝大多数企业传统上已经考虑的要素。

第三个要素是弹性，则相对来说比较少被人们考虑。弹性主要是企业的价值生成体系是否能够随着市场进行变化，一般来说，追求极致的效率必然需要有稳定的生产线，这时必须牺牲弹性。从小的方面来看，可能是产品尺寸、型号的改变，从大的方面来看，则是生产体系能否为了适应市场变化，生产不同的产品。例如 2020 年比亚迪的工厂，一个标准的汽车制造厂在极短的时间内被改为生产口罩的工厂，至今已经成为全球最大的口罩生产工厂之一。

第四个要素是核心能力，则是属于企业战略层次的问题。核心能力需要从两个维度来思考，首先是考虑在这个模式当中，企业有没有保存核心能力，某些资源能力由自己来做，可能相对来说是不经济的，但是培养核心能力可以预防被竞争对手掐脖子。最近几年中国半导体产业遇上的挑战就是这一层次的问题，过去，半导体是开放型的全球市场，大多数企业认为投入芯片的生产制程，从成本上来看不划算，也做不好，不如交给台积电、三星等专业的代工厂，但是一旦市场遇到出口限制问题，短时间就无法补救，这就是完全从成本、效率的视角做出的错误决策。考虑核心能力的第二个视角是模式是否容易被复制，例如，我们一般说互联网环境下，商业模式一定要轻，这样成本才会轻，也能够保持弹性，但是如果只追求轻，没有保留核心能力，那么模式很容易就被对手抄袭了。我们看谷歌、字节跳动这两家公司都是非常好的例子，这两家公司没有依赖任何硬件投入，它们的核心能力就是算法，这些算法属于独家配方，让对手难以复制，这就是好的商业模式。

8.5 本章小结

本章讲述了从第一次工业革命以来的四次技术迭代所产生不同的价值生成模式，首先是传统生产模式时代，包含了福特汽车的垂直一体化生产模式、通用汽车的水平整合模式、丰田汽车的精益生产模式。互联网时代，强调资源分享与对接能力，产生了平台商业模式，其中又分为平台共创模式（以宝洁的"Connect+Develop"平台为例），以及资源对接平台模式（以优步为例），最后来到了智能化时代，我们介绍了工业 4.0 以及 C2M 的生产模式。

这些价值生成模式的发展有先后的迭代关系，从最早的生产型，到后来网络环境下的资源对接或是平台模式。但我们特别要强调，新的不一定比旧的好，模式的选择仍需要根据企业所处的行业特性，例如是成熟型产业还是创新型产业，技术是否属于专属需要保护，这些条件都会影响企业的模式选择。

第9章
价值传递创新：
价值链重构及八大传递策略

前面两章讨论了企业如何重新审视价值主张，并且架构出支撑新价值主张所需的产品或服务概念的创新路径，以及从生产与资源组合的视角，讨论不同生产模式的发展背景、它们适用的产业以及各种模式的优点与限制。

接下来需要考虑的是，这些生产出来的产品以及服务，如何从厂家的仓库，传递到消费者，也就是价值传递模式。

价值传递，就是"产品或服务被生产出来以后，让客户接触到产品或服务，产生良好体验，完成购买，再将产品交付给客户使用，并提供相关的售前、售中与售后服务的整个过程"。

这不就是企业带给客户的所有价值吗？对的，这就是客户能够感知到企业能够提供的全部价值，可见这一章节的重要性。

对零售企业来说，价值传递商业模式，就是构建企业的渠道、终端门店、商品物流与售前、中、后，所有服务体系内容的全过程。从网络结构来看，工厂与门店是节点（node），物流是网（net），所以价值传递的过程，就是节点与网的组合。

上述这个概念被使用了上百年，有了电子商务以后，又增加了空中的节点：网店。通过互联网，企业可以更直接地贴近消费者，这时企业的价值传递就转变为立体结构。网店虽然从信息传递与商品展现以及完成买卖交易过程的视角来看，可以非常有效率地无限贴近客户，但是在大多数状况下，通过网络销售的实体商品，仍然需要发货以及物流连接，才能到达客户端。网店如何与原来的实体价值传递网络更有效地结合，完成价值传递的无缝对接，创造出客户最佳体验是需要关注的重点。

　　企业不只要求销售过程的效率，还需要关注和追求价值传递的体验最佳、成本最低，这也是后互联网时代企业的巨大挑战。企业需要再往客户端延伸一步，站在客户的立场，思考当客户接触到产品或服务时，无论是否已经购买，如何直接感受到企业所提供的价值（产品或服务），如何获得良好的体验，这个就是价值传递商业模式创新的重点。

　　对于生产行业来说，价值生成可能是重要的，但是价值传递更决定产品是否能在市场上被客户接受。再好的产品，如果缺乏好的服务与客户体验，这个产品也没法为企业创造更大的利润。对于服务行业而言，无论是民生消费性的服务、机具设备的服务、医疗健康的服务，还是物流供应链的服务，价值传递流程的创新，都是至关重要的。

　　价值传递模式紧跟着社会环境的改变做出迭代创新，为了能够更系统化地说明，我们仍然按照前一章讲述价值生成的方式，回顾百年前到今天，价值传递模式的发展与迭代，我们同样将这些模式分为三个阶段：① 传承百年的传统商业时代；② 20 世纪末开始的互联网商业时代；③ 最近几年开始风起云涌的数字化智能时代。本章将按照这个三阶段的逻辑次序，从不同行业（生产、零售与服务业态）的视角，讨论企业价值传递商业模式的迭代与创新。

9.1　传统生产型企业的价值传递模式

　　对于生产型企业，我们经常关注的是他们的生产过程，也就是本书 1-3-1 模型中讲的价值生成模式，它对于厂家产品的功能、质量、成本确实至关重要，但是产品生产出来以后能否销售出去，销售以后如何将商品最有效率地交付到客户手里，也是极为重要的事，因为企业有了产品以后，是否能赚钱，就取决于你的价值传递模式的效率。这就是本章要讲的生产型企业的价值传递商业模式。

生产型企业的价值传递模式一般可以分为三个大类：① 工厂直营店；② 品牌专卖店；③ 开放型的经销门店。

9.1.1 工厂直营模式

在这种模式下，企业生产并销售自己的产品，企业不只拥有工厂以及生产资源，同时也是渠道的拥有者，通常这种模式的渠道的设置成本较高，更适合那些产品比较复杂、价值较高的企业采用。因为产品技术复杂、价值较高或涉及商业保密、专利权等，外部渠道难以介入，所以只能由工厂型企业（原厂）自己直接在各个地区设立分支机构推广产品，并且直接为客户提供服务。例如飞机制造商波音、空中客车、大型电脑设备 IBM、软件公司甲骨文、重型机械工具设备商卡特彼勒等，这些企业的价值传递模式都属于图 9-1 所展示的结构。

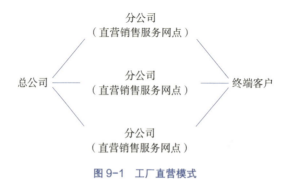

图 9-1 工厂直营模式

工厂直营模式的优点：第一，直接面对终端客户销售产品并且提供服务，比较能够保证服务质量。第二，能够深入地区市场，容易得到终端客户的反馈，有效改善企业产品的功能与服务。

工厂直营模式的缺点：第一，工厂直接开设分公司网点需要编制销售人员、技术服务人员，以及其他辅助功能的团队，人员成本较高。第二，工厂在每个地区市场，直接投入各种技术或支持人员培训困难，使得地区市场扩张速度较慢。例如波音公司属于特有技术，不像做家电的技术通用性高，波音很难在每一个国家或地区市场快速部署合格的飞机机械工程师。第三，地区销售网点的产权属于工厂，没有经销商分担压货成本，门店的库存货损也必须由企业自行吸收，容易造成厂家较大的成本负担。

9.1.2　品牌专卖模式

品牌专卖的价值传递模式与工厂直营很接近，主要的差异在于门店的归属权不属于品牌厂家。在这种模式下销售的产品价值可能没有直销模式那么高，但是厂家提供的产品还是足够支撑经销商存活。这种状况下，这些品牌专卖店如同前面直销模式，也是只卖单一品牌产品，绝大多数状况，这些专卖店也需要负责客户的售后服务。

例如，华为、OPPO、Vivo 等品牌手机，联想、戴尔、华硕、宏碁等笔记型电脑，海尔、美的、TCL 等大型家电的专卖店，以及绝大多数品牌汽车的 4S。这些行业的商品体积大，需要比较大的陈列展示空间，它们的销售产值也比较高，销售单一品牌足够养活一整家门店，既然挂牌是某某品牌专卖店，厂家必然也会要求经销商只销售单一品牌产品。

品牌专卖模式的优点：第一，经销商可以分担厂家在渠道的销售人员、市场推广、售后维修成本，以及库存成本的压力，市场开发速度比直营模式快。第二，因为经销商是专卖单一品牌，所以认同度高，可以视为利益与共的自家人，厂家也比较容易深入地区市场，得到终端客户的反馈，有效改善企业产品的功能与服务。

品牌专卖模式的缺点：第一，专营店代表了品牌形象，可是它们又不属于厂家，所以在工作规范上还是需要花很多精力紧盯着经销商，避免犯错。例如经销商为了利润私下调整价格，甚至在维修时掺杂非原厂材料，这都会对品牌信誉造成损害。第二，厂家仍要花很大的精力培训经销商，但是，经销商不一定愿意配合学习，经常需要厂家想尽各种方法，甚至半胁迫，经销商才愿意花时间学习。

9.1.3　开放型的经销模式

所谓的开放型经销商，这个"开放"是相对于专卖店而言，专卖店只卖单一品牌的产品，开放式经销商则会同时销售多品牌产品。为什么厂家会接受自己的经销商也卖竞争对手的产品，主要原因是只卖自己的产品，不足以养活一家门店。另外，多品牌同时陈列，对经销商来说产品丰富性较高，它们的形象是"专业"而非"专卖"，可以给客户更多选择。

这种模式，通常产品复杂度不高或技术属于通用性，工厂无须提供经销商太多直接支持，经销商与工厂之间多了一层代理商，这些代理商一般也扮演分仓角色，它们需要承担库存责任以及仓库发货到经销商的中转运输，结构如图9-2所示。

图9-2　开放型经销门店模式

这种企业的产品，又可以区分为两大类型产品：① 无须提供服务的标准化包装产品，例如快消食品康师傅、味全、娃哈哈，洗化用品宝洁、联合利华等，通过全国上百万家的零售杂货店作为经销商销售它们的产品；② 产品技术属于非高精尖的通用型技术，例如小家电、一般的数码产品，如硬盘、U 盘等。

开放式经销门店的优点：第一，充分利用外部已经存在的大量渠道资源，能够较快速拓展市场。第二，产品技术属于通用型，厂家对经销商无须过多培训。第三，代理商、经销商承担了库存的任务，可以有效减轻企业产品库存的资金占压。

开放式经销门店模式的缺点：第一，渠道并非自有，控制力比较薄弱，这种模式下，门店不属于工厂，通常门店还会同时陈列销售其他品牌的竞品，甚至有时必须防止经销商违背公司的政策，销售伪劣仿冒商品。第二，工厂无法强制要求门店使用它们的终端销售设备，终端客户的销售数据无法获取。例如家电厂家通过苏宁、国美等渠道销售，快消产品康师傅、宝洁通过华联超市、便利连锁或各地独立的夫妻店销售产品，厂家都很难取得客户的数据，比较难于管理客户的长期关系。

9.1.4　价值传递模式的选择

上述三种模式，都是工厂生产出产品后，通过渠道展示、销售、交付商品给客户的商业模式，其中专卖店与工厂直营模式，两者非常接近，只是门店归属权不同。一般经销商与专卖店的归属权虽然都是属于经销商自己，但是它们的经销模式却有极大差异。

为了能够更清楚地区分适用场景，我们将工厂型生产企业的价值传递模式分为三种类型，并按照产品属性、客户核心价值、典型行业、代表企业，做出对照，参见表 9-1。掌握了这些原则，应该就很容易选择各个企业适合的商业模式。

表 9-1 制造型企业的三种价值传递模式

		工 厂 直 营	工 厂 分 销	
			专卖店	一般经销门店
产品属性	价值	高单价、高产值	中单价、中产值	低单价、低产值
	客户	面向专业企业客户	面向一般消费客户	面向一般消费客户
	技术	专利、复杂技术	通用技术	不需技术
	售后	需要强大售后支持	售后维修	不需售后支持
客户核心价值		为企业创造生产价值	用户使用功能价值	满足消费时的生理、心理价值
典型行业		工程机具、大型电脑民用飞机	大型家电、乘用汽车笔记型电脑、台式电脑	日用品、快消品
代表企业		卡特彼勒、IBM 主机波音、空巴	海尔、美的、联想戴尔、大众汽车	宝洁、联合利华康师傅、娃哈哈

　　相信大多数的读者通过上面分类，很容易知道选择直营、专卖店或一般经销中的哪种模式，这个框架对于初创企业很有指导性，但是更多的成熟企业可能早就选择了当中某一种模式，但是现在的问题是，零售网点客流下降，作为厂商应该如何升级渠道模式，才更能突显公司产品的价值？不用担心，现在这里讲的只是基础模式，本章后面两个部分，将分别讨论基于互联网＋的概念，以及在智能时代背景下，企业可以采用的价值传递商业模式升级办法，这些更新的模式应当能有效解决很多企业当前遇到的问题。

9.2　传统零售与服务型企业的价值传递商业模式

　　零售业态是指零售企业为满足不同的消费需求，从外部采购，然后在自己拥有的门店或具有合作关系的门店进行产品销售的模式。因为各国社会环境与经济发展条件不同，零售行业已经发展出非常多的业态，在不同国家商业相关规定中，可能会看到不同的分类清单。

以《零售业态分类》（GB/T 18106—2021）为例，该标准于 2021 年 3 月 9 日发布，10 月 1 日起实施。根据该标准，零售业态可分为有店铺零售和无店铺零售两大类。有店铺零售包括便利店、超市、折扣店、仓储会员店、百货店、购物中心、专业店、品牌专卖店、集合店和无人值守商店等。无店铺零售包括网络零售、电视/广播零售、邮寄零售、无人售货设备零售、直销、电话零售和流动货摊零售等。

为了本书内容展开方便，我们仅以经济店、综合大卖场、百货业这三种业态，作为主要分析模型，因为其他业态大多是从这三种模型衍生出来的，例如夫妻店、便利店、平价折扣店是源于经济店模式，超市、仓储会员店则是源于综合大卖场模式，百货大楼与大型购物中心则是源于百货公司业态。

另外，在营业模型上，经济店与综合大卖场都属于真正的买进卖出型的零售企业，它们的收入来源是商品的销售，利润来源是售出商品价格与进货价格的差异。百货公司、购物中心，严格来说，它们不是真正的买卖业或零售行业，这些企业的收入来源是租金，而不是商品销售，它们更像是商业地产租赁服务业。零售业态可以说是千奇百怪，可以参考表 9-2，我们将经济店、综合大卖场、百货业作为三种基本模式，它们衍生出了目前比较常见的八种业态。

表 9-2　三种零售模式演化出的八种零售业态

零售买卖业						不动产租赁行业	
经济店				综合大卖场		百货业	
夫妻店	连锁便利店	社区店	专卖店	超市	大型卖场	百货商场	购物中心

美国是现代零售业发展的源头，零售商业模式的源起还是需要从美国几个具有代表性的零售企业创立、成长、壮大的故事说起，通过回顾这些具有代表性的企业发展案例，大家对零售业目前遇到的挑战以及相应的对策，会有更深层次的洞察与理解。

19 世纪末 20 世纪初，美国的商业百货逐渐成形，依照三谷宏志在《商业模式简史》一书中的整理，小型社区店的原型是 1859 年成立的 A&P 经济店，综合大卖场的原型店是成立于 1886 年的综合卖场西尔斯，百货大楼与大型购物中心的原型店，则是成立于 1858 年的梅西百货。

以下我们就用这三种模式的始祖为例，说明各个业态的发展历程，再进一步讲述它们的衍生业态，以及它们未来的发展方向。

9.2.1 经济店模式始祖 A&P

A&P 的全称为 the Great Atlantic and Pacific Tea Company，是乔治·吉尔曼（George Gilman, 1826—1901）于 1859 年开办的一家进口茶叶店，这间茶叶店的面积很小，员工也只有一人。乔治·吉尔曼的这家茶叶店开业几年，就遇上了美国的南北战争（1861—1865），在战争结束后，店内的经营品类开始逐渐增多，经营大权也交给了乔治·哈特福德（George Hartford, 1833—1917），从此，乔治的商店真正踏上了连锁经营之路。

乔治·哈特福德制定了一种新形态的销售模式，实行现金交易，自买自提，不接受赊账，不提供配送，不实行电话应答，并于 1912 年开店试行。这个模式后来成为重要商业模式"现金交易，自买自提"（cash & carry）的基础模型。

这种经济店模式在各种成本上也尽量节约，店铺统一为 600 平方英尺（约 55 平方米）的自选店（店内仅有一名经理和一名辅助店员），商品种类精简至 300 种以内，需经常确认个别单品销售情况，再调整店内商品的结构与陈列。这种模式，由于商品品类少、单品销量大，商品的周转率也有了很大提升，再加上由于店铺经营的简单化、规范化，降低了对熟练工的依赖程度，进而间接地减少了雇工成本，这种简单模式有利于大量开设新店，加快了 A&P 的发展。

总的来说，经济店的盈利模式是：精简品项，使得产品销售聚拢在热卖商品上，使得采购议价能力提升，就是这样"低成本→低价格→大量销售，再加上多店铺→进一步提升采购能力、压低成本"构成了良性循环。今天的 Costco 虽然购物空间很大，其实也是采用这种逻辑，加上会员制度，成为全美获利能力最强的超市之一。

有了基本成功商业模式，A&P 从 1912 年开始创业起，就把全部资本都投入这种新型经济店的开发，10 年后，店铺数量达到了 7 350 家（是创业初期的 15 倍），15 年后，店铺数再度攀升至 15 671 家（约为原来店铺数量的 33 倍）。1930 年 A&P 在全美的店铺数量曾一度高达 16 000 家。在 A&P 公司最黄金的时期，营业额超过了全美食品行业销售总额的 14%，在当时的食品行业中可以说是无人能及的巨无霸，即便把排在第二位到第八位的七家公司的销售额加在一起，也无法与之匹敌。

A&P 孕育出现代连锁经营模式，但是随着社会经济环境发展，60 年代以后，消费者购物习惯改变，到了 20 世纪末又受到电子商务的冲击，A&P 逐渐失去了它的优势，2010 年 12 月，这家拥有 150 年历史，基于城镇发展的经济型连锁商业帝国申请破产。

A&P 创造的经济店模式，可以说完全是因应当时的社会经济环境而起，在那段时间，美国发展成型的大城市不多，人口都分散在各地的城镇里面，民众的经济能力也较为有限，商品的丰富度也有限。

A&P 的店面坐落在人口聚集的小镇上，解决了镇民生活必需品的采买问题，它强调小面积（55 平方米）、少品项［300 个 SKU（最小存货单位，Stock Keeping Unit）］、简单化服务（现购自运），使得单店可以轻装上阵，有助于新店的开设。又因为商品集中、连锁店的数量庞大，有效地压低了进货价，让它得以获得更低的进货成本，这个优势再反映在较低的产品售价上，使得 A&P 经济店完全符合了当时的消费需求。

A&P 的逐渐没落是因为 20 世纪四五十年代，美国大量都市兴起，造成居住人口外移到城市周边新型社区。这些社区彼此通过高速公路连接，当时汽车已经成为主流交通工具，所以民众开车到附近大型卖场，一次购足一星期的新鲜食物，储存在冰箱里面。购买食品的同时，还可以看看店内的其他商品，例如家具、工具、服饰、床品、电子产品等。所以社会环境、生活方式逐渐脱离了 A&P 的模式，最后，互联网新一波的商业革命彻底击败了它。

与 A&P 最接近的业态应该是便利店，它们唯一的不同是，便利店并不诉求"经济"，强调的是"便利"（其实 A&P 也具备便利性），便利店的商品价格一般要高于超市等竞争业态。最早的便利店 7-11 也是出现在美国，但是在美国的发展并不好，后来被引进到日本，便利店商业模式反而获得新生，后来又被引进到中国台湾、香港等地，也颇为成功，其明亮的购物空间吸引了很多周边的消费者。

近几年在亚洲国家和地区，例如日本、中国、韩国、东南亚等地，便利店的品牌更如雨后春笋般不断涌出，究其原因是这些亚洲国家与地区的城市发展结构和美国大不相同。亚洲国家的城市居民较为集中，搬出城区的居民较少，即使后来发展出来的城市新区，社区结构与原来的市中心并无二致。以中国为例，30 年前北上广深等大城市还是依靠夫妻店以及分布密集的传统市场，来满足城市居民日常生活购物需求。而在之后的短短十年内，7-11、全家、罗森等品牌进入北上广深，它们用专业的形象，说服了大量的夫妻店转型成为品牌的加盟店。

但是在其他二三线城市，国际三大品牌由于供应链跟不上，一直没能进入这些城市的市场。反而是当地自创品牌建立了大量的地区品牌连锁便利店，例如南京的苏果、太原的金虎、西安的每一天、哈尔滨的红旗、厦门的见福等，都有上千家甚至数千家连锁门店的规模。预计未来在更多的四五线城市，也应该会陆续复制这种二三线城市本地品牌发展成的连锁品牌的模式。

按照日本、中国台湾等地便利店市场的经验，当个别城市人均GDP 超过一万美元，就具有发展连锁便利店的消费潜力，以中国市场的规模，不同品牌的连锁便利店，总门店数达到 300 万到 500 万家，应该是可期待的。

根据多年在连锁便利企业的工作经验，我发现便利店这个行业越来越卷，所有的连锁品牌都会紧盯着新社区，开发新店。经常看到，一个新开发小区刚开始有居民入住，就立刻引来一家新的便利店，接下来 1—2 年可能就会发展出 3—4 家不同连锁品牌的便利店。如何在这最多几十米范围内的同业竞争红海中，创造出消费者心目中的差异化，成为这些便利店能否生存的关键。连锁品牌应该关注以下几件事，作为商业模式创新的方向。

价值主张创新应该是所有商业模式创新中最核心的环节，因为便利店的分布非常密集，所以，必须在消费者心里建立起你和隔壁那家便利店有所不同的印象，让消费者一定非你不可，而不是随机选择进入哪家店，这就是价值主张的差异化。

我注意到一件事，中国大陆与中国台湾和日本便利店在价值主张创新上，展现了极大的差异。中国台湾和香港，沿袭日本便利店的模式，都聚焦在"生活方便"这个主题上，所以他们在店里面提供手机卡销售、缴纳水电费、购买公交卡、购买彩券甚至购买小型保险等服务，在中国大陆则更明显针对消费者日常刚需的"吃、喝"下手。例如 7-11 早期在北京推出自助午餐，全家便利店则在上海推出湃咖啡，并且主打盒饭、色拉等鲜食。这两种策略是截然不同的，聪明的读者，你觉得诉求生活服务上的便利与满足生活饮食上的刚需，哪一种途径更好？

当时全家的选择是提供满足"刚需、高频的都市轻简饮食生活"，而不是销售针、线、大米、酱油、食用醋等家庭生活的"生活用品"。这个价值主张的创新与选择，奠定了全家在行业当中脱颖而出的基础。我个人曾经服务于国际三大便利店品牌之一，在全世界范围，我们的品牌原先落后于7-11，但是在中国市场，我们强调生活轻餐饮与咖啡、鲜食，结果带动了大量的刚需高频的消费。后来我们把在大陆的成功经验在台湾复制，我们在台湾的业务也逐渐显现出反超对手的迹象。

完成了价值主张的创新，还需要针对消费场景进行调整、创新。传统上，便利店空间狭小，为了陈列较多商品，都会采用较高货架，并且将商品密集陈列，货架间的距离也比较狭小，为了省钱，店内的光线也采取缺乏情感的日光灯照明。我自己的经验是，当价值主张从"便利"改为"生活"后，商品陈列、灯光、货架都需要调整，甚至店内的背景音乐都需要因时间不同而改变，还要增加简单的用餐区，这样才更能吸引消费者到店。

便利店以其独特的定位与价值主张，受到互联网冲击程度远低于超市或大型卖场等其他零售业态，只要掌握好价值主张，选择适当的门店位置，进行消费体验升级（详见"数字化与智能化的商业模式升级"），这个业态是能够长期生存的。

9.2.2　综合大卖场（GMS, General Merchandise Store）

在互联网风潮兴起之前，大型超市或综合大卖场满足了中国城市居民对平价生鲜、服饰、日用快消、工具、办公用品的消费需求。很多人戏称那些年周末开车到沃尔玛、家乐福这些卖场购物，可以顺便去店内的大食堂吃个经济快餐，这种生活简直是都市购物休闲生活半日游。GMS 采取自选销售方式，以销售大众化实用商品为主，并且将超市商品丰富性和平价的定位优势结合为一体，成为满足顾客一次性购齐需求的零售业态。

综合大卖场，在全世界范围，至今仍是都市里较大的零售商业模式，知名品牌，例如最早称霸的西尔斯，以及后来陆续发展成功的 K-Mart、沃尔玛、家乐福等都属于 GMS 商业模式。

西尔斯曾经是美国的零售巨头，它的业务形态包括目录邮购、百货店、购物中心、折扣店、平价大卖场以及电子商务，顶峰时期西尔斯的业绩曾占美国 GDP 的 1%。

西尔斯全名是"西尔斯·罗巴克公司"，前身为理查德·西尔斯（Richard W. Sears, 1863—1914）于 1886 年创立的钟表销售公司。起初，公司通过低价购入库存滞销时钟，再以邮购的方式，低价销售实现盈利。后来钟表商阿尔瓦·罗巴克（Alvah C. Roebuck）也加入其中，因此，公司的名称改为西尔斯·罗巴克。西尔斯初创时期，美国还处于农业大国的阶段，工商业尚在萌芽之中，美国当时地广人稀，农户们散居各地，西尔斯从中发现了商机，他向农户们提供商品目录，进行邮购。500 多页的商品目录，被当时的人们视为"购物宝典"，尤其是那些周边没有大型零售店的乡村居民，对这种不出远门也能买到很多商品的销售模式更是喜爱有加。

到了 20 世纪 20 年代，随着美国城市化的发展，汽车普及，高速公路也逐渐完善，人们去大卖场购物变得很方便，因此，邮购模式的发展遇到了瓶颈。西尔斯的决策层坚信汽车时代已经来到，于是毅然放弃原有邮购销售模式，将店铺转移到郊外，建造配备大型停车场的大型综合卖场。在店内，为了满足消费者到郊区一站式购物的需求，西尔斯销售各种商品，包括各种工具、家用电器、服装、汽车零件和各种服务。

西尔斯的成功在于对于社会环境变化的敏捷反应，不断创新和扩展业务。例如，在 1925 年将业务扩展到目录邮购之外并开设商店；1931 年创建 Allstate 汽车保险公司；二战结束时决定大举增设门店，特别是在城市郊区和美国西部，做大面积覆盖。在获得了稳定数量的客户以后，为了获取更高的利润，西尔斯将压力转嫁给了制造企业，推行代工生产、自有品牌的低价战略，吸引了广大消费者的目光。西尔斯在 1969 年达到鼎盛时期，在那一年，西尔斯的销售额占美国整体经济规模 GDP 的 1%；每个季度都有三分之二的美国人在西尔斯购物；一半的美国家庭拥有西尔斯信用卡。

西尔斯的衰落和最终倒闭是由多种因素造成，但最关键的因素，还是亚马逊等电商的崛起，消费者购物习惯由此发生了改变，实体零售盛况不再。从 2011 年起，该公司便开始持续亏损，当时的分析师曾表示西尔斯必须每年筹集至少 10 亿美元，才能维持公司的正常运转。但西尔斯销售额连年下跌，几乎已跌去了近 60% 的业绩，门店数量也从 3 500 家下滑至 900 家。

此外，西尔斯的管理层也未能有效应对这些挑战，西尔斯总裁爱德华·兰伯特（Edward Lampert）此前的做法是将公司的房地产出售，来美化财务报表，填补运营亏空，但这也让西尔斯没有足够的资金进行店铺改革，更无暇去思考能与亚马逊等电商抗衡的商业模式。这种专注于卖祖产的行为，形成恶性循环，导致该公司在 2019 年破产，并拍卖给对冲基金爱德华兰伯特投资公司（ESL Investments）。

GMS 在美国，除了西尔斯以外，还有几家著名的大型连锁品牌，例如 K-Mart 是继西尔斯之后兴起的另外一家大型连锁卖场，它也曾经盛极一时，成为美国最大的 GMS 之一。另外还有沃尔玛，它的总销售额更是至今仍高居美国零售企业的龙头位置。但是互联网浪潮兴起，亚马逊等线上 GMS，已经严重威胁到沃尔玛的霸主位置。

2022 财年沃尔玛的营收 5 727.54 亿美元，全球门店数 10 593 家，美国本土销售额达到 1 052.8 亿，全球员工总数高达 230 万人，美国本土市场员工人数也高达 160 万人。不过亚马逊这个后来者，夹带其强大的线上流量以及物流能力，2022 年的线上收入也已经达到 5 139.8 亿美元，亚马逊在美国本土销售额高达到 3 560 亿美元，已经是沃尔玛的 3.5 倍。同年，沃尔玛在美国本土市场的门店数是 4 742 家，如此庞大数量的门店，所产生的收入不到亚马逊在美国本土线上销售的三分之一，由此可见线上销售对线下 GMS 的巨大影响。沃尔玛与亚马逊的销售结构对比见表 9-3。

表 9-3　2022 年沃尔玛与亚马逊网站的销售结构对比

	沃　尔　玛			亚　马　逊		
	全球	美国	海外	全球	美国	海外
销售收入（亿美元）	5 727	1 052	4 675	5 139	3 560	1 579
门店数	10 593	4 742	5 851			
每家门店平均收入（亿美元）	0.541	0.222	0.799			

从表 9-3，我们可以发现两个重要信息：

（1）沃尔玛从全球的销售数字来看，虽然比亚马逊多 600 亿美元，但是如果只看美国本土市场，亚马逊已经远超过沃尔玛 3 倍多。所以沃尔玛还能位居美国零售业龙头地位，其实是依靠它多年积攒下来的海外市场。虽然网络没有国界，但是亚马逊在中国遇上了淘宝、京东，再加上海外配送成本高，使得亚马逊在海外市场的发展受到明显的制约（我们会在本章电商模式创新的部分，讨论如何克服这种跨境贸易的问题）。

（2）沃尔玛在美国本土的门店全年平均每家门店收入仅 0.222 亿美元，海外门店平均每家年收入高达 0.799 亿美元，海外门店的店均年收入是美国本土的 3.6 倍。从门店数来看，美国本土门店数是

4 742 家，海外门店数是 5 851 家，显然沃尔玛在海外门店的单店产值远高于美国本土。美国本土 2022 年总收入 1 052 亿美元，分摊到 4 742 家门店，一家门店年均收入不过就是 0.224 亿美元，折合人民币也就是 1.5 亿元上下，均摊到 12 个月，每家店每月收入也就只有人民币 1 250 万。沃尔玛门店上千平方米，雇用上百名员工，每天销售只有 40 万元人民币左右，艰苦程度由此可见。

传统 GMS 商业模式还有机会吗？回答上面问题，我们可以从本书介绍的 1-3-1 商业模式框架的价值主张与价值传递的观点，来审视 GMS 的未来之路。

过去 GMS 强调它具有大卖场、品类丰富以及平价的优势，虽然地处郊区，但是方便停车，所以吸引了大量注重居住质量、生活在郊区的白领客户。但是电子商务模式去中间化，没有陈列空间的限制，品类更丰富，甚至可以提供长尾商品，加上没有门店租金与现场人员成本，使得电商模式的运营成本更低、效率更高，导致 GMS 在与电商竞争时，品类丰富、价格优惠两个优势都不存在。相反，GMS 卖场空间太大反而成了缺点，没有线上搜索商品的便捷性，找商品都困难，这时客户根本就不愿意费时、费力、费事出门购物，那么停车场的优势也就完全没有意义了。

你可能会问，那么 GMS 做电商能够挽救他们吗？大润发曾经是国内 GMS 的龙头之一，后来资本方撤出。在他们撤出前的几年，曾经建立飞牛网试图自救，该公司董事长曾经邀请我为他们的线上业务提出建议。我听完他对电商的观点以后，直接告知非常困难。问题在于业务不相容。举例来说，GMS 采购的商品成本确实较低，但是供应商对他们有最低价限制，这个规定适用于线上与线下，这个限制在门店实施问题不大，可是在 GMS 的电商平台，客户在线上比对价格就输了。这种问题使得 GMS 原来最强大的价格优势，在搬到线上销售时，变成了它最大的短板。

另外，线下运营采用的信息系统颗粒度无法支持电商销售，必须大幅修改。例如门店销售一双袜子，不需要在 ERP 记录它是什么颜色，因为那些袜子放在货架上，客户不会追问为什么没有其他颜色。卖场的客人只会选择那些在货架上的商品，货架上没有齐全的款、色、码并不是大问题，所以卖场的 ERP 关于品项款、色、码是没有区分的。

可是在线上，我们展现这双袜子的时候，需要让客户选择款、色、码，这时 ERP 无法告诉电商平台，你的库存还有哪些颜色。线下使用多年的 ERP 的商品信息颗粒度太粗糙，根本无法支持线上销售。这些传统大卖场要做线上业务，原来线下门店那一套 IT 系统，基本上都需要整个大翻修，才能同时支持线上与线下两种业务。对大型 GMS 来说，电商发展只是根幼苗，业绩太小，他们根本不会愿意为了不到 1% 的销售，把整个 IT 系统推倒重建，这就是传统大型 GMS 无法做电商的困境。

如果 GMS 要在这个互联网时代与电商对手一搏，一定得找出电商的短板。那么，有哪些商品或服务是电商平台相对弱势的呢？很显然，传统大卖场销售的那些家居、家具、电器、服饰等非急需商品，消费者在线上购买以后，3—5 天快递就能送到家，门店继续销售这些商品，已经完全没有吸引力。那么唯一剩下可能还有优势的品类，只有生鲜食品、预制菜。

像盒马那样的生活店，面向社区附近的白领居民，提供生鲜食品，消费者可以在店内买食材回家自己烹煮，也可以要求现场烹饪。现代人工作繁忙，下班后传统市场早已关门，只能到生鲜超市购买食材。白领对于价格敏感度也较低，生鲜食品价格本身也是非标准化，价格稍微高些，消费者也没太大感觉。这种社区型超市，如果能做到严选商品、缩小陈列空间、降低门店租金成本，可能是 GMS 转型一条可行的出路，它的商业模式就是"中小型店面空间 + 复合功能（店取、堂食、外送）的社区生活超市"。

上面我们从市场销售的视角讨论了零售行业的历史发展以及未来可能的模式升级方向，接下来再从供应链的视角讨论零售行业的过去、现在与未来模式升级的方向。

零售或商贸模式与前面讲的工厂直营或分销模式，最大的差异在于，工厂直营或分销模式下，销售的产品是工厂自己生产的产品，而商贸模式销售的通常不是企业自己生产的产品，它们之后再通过自己拥有的直营门店或加盟经销门店，把商品卖给终端客户，如图 9-3 所示。这种模式下的核心企业我们一般称之为零售型企业，例如超市、便利店等。

可以注意到，在图 9-2 中，我们用"工厂"来称呼这个模式下的核心企业，但是在图 9-3 中，我们用"公司"来代表这个模式下的核心企业，用以区别商贸与工厂这两种模式下核心企业的不同角色。

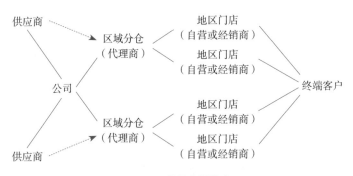

图 9-3   传统商贸模式

这种商贸业态的商业模式，随着时间延续以及规模的增长，传统商贸一般演化为两种不同的供应链结构：

（1）集中仓储式的分销体系：如企业的规模比较小，零售网点只能分布在单一核心城市，最多可能拓展到周边几个城市。以超市、便利店这种业态为例，仓库可以覆盖的距离大概是 200 千米—300 千米的距离，所以只要企业的门店分布在这个区域内，一个集中式的大仓，通过同城＋城际物流，就能够很好地支持这些门店的商品更新、补货。

（2）分仓式的分销体系：当企业的规模逐渐增长，覆盖范围超过了单一仓库能够支持的距离，这时候需要在原先仓库无法覆盖的地区，建立分仓，服务当地的门店。零售行业，特别是便利店，在发展一个新城市或地区时，经常要承受几年的亏损，主要就是因为发展新的城市或地区的初期，当地的门店数量不多，可能只有十余家门店，这时租用一个数千平方米空间的仓库就不划算了。企业可以选择将商品做比较细致的分类，地区仓库主要支持低单价、高周转、储存运输易损耗的商品，中央仓库则支持那些高单价、低周转、储存运输不易损耗的商品。这样就可以减少当地仓库所需要的空间，降低仓库租金与人员成本。以我的经验，超市或便利店都需要精确的计算，哪些类型商品放在哪种仓库，才能兼顾效率与成本。

传统零售商业模式的优点：

（1）这种属于"传统贸易"的企业，只需要在市场上找到客户需要而且性价比较高的产品，谁家的产品好卖，就卖它们的产品，所以企业面对市场需求变化时的弹性较大。

（2）可以通过自家在门店的终端设备，获取客户信息，零售企业掌握的客户信息就是企业最大的资产。

（3）当商贸企业发现某些商品在市场卖得比较好时，可以通过代工厂商代为加工制造，推出自有品牌（own brand）商品，这种自有品牌一般都是寻找优良工厂代工，砍去品牌推广费，所以质量好、价格低，很受消费者青睐。我所服务过的一家跨国超市以及另外一家排名前列的大型便利店连锁都有大量的自有品牌，都对企业的利润贡献很大。

传统零售商业模式的缺点：

（1）作为商贸企业，传统上扮演的角色就是"搬有运无"，为工厂解决产品分销的问题。担任这种中间角色，为了能够替终端门店快速补货，必须保持足够的库存。这时仓库租金、人力成本、库存成本以及库损，对企业来说都是需要承担的压力。

（2）传统商贸模式多依赖于地点因素，以及运营管理人员的经验和技能对商品进行陈列、补货，从而刺激消费者购买欲望。可是随着互联网、大数据及新科技的发展，动态调整及思维惯性会跟不上，难免会错失商机。

为了解决商贸企业仓库运营成本以及库存占压成本高的问题，近年来，产生了一种更为高效的交叉配送的价值传递模式。交叉配送体系也有人将之翻译为"越库"，是价值传递模式当中比较先进的做法。主要目的是降低地区仓库的仓储管理运营成本，降低库损，并且加快商品周转效率。

9.2.2.1　麦德龙中国的交叉配送分销体系

麦德龙是一家总部位在德国的大型跨国超市，我曾经担任该公司中国地区的董事，麦德龙中国就很好地诠释了交叉配送商业模式的价值。

当时，麦德龙在中国有66家大型仓储式卖场，每一家门店的规模少则5 000平方米，大店的规模可以超过上万平方米的空间。我们在国内几个区域也分别设立分仓。最初我们是让供应商将商品直接发到各地分仓或门店，多年来供应商都将我们的供价上浮5个点左右，作为供应商直接发货终端门店的物流费用。与此同时，很多的商品还是发到各地分仓，分仓也储存了大量的商品，每年都造成一定数量的货损。

于是麦德龙决定引进交叉分销体系来解决这个问题，将各地分仓改建为交叉配送仓，这种仓库的两端，一端是供应商进场的收货台，另外一端则是停放对门店发货的卡车，中间的仓储剔除了储存商品的区域，改为对接供需的搬货平台。交叉配送分销体系的重点是，仓库里面不可以有任何过夜的商品库存，每一家供应商送进仓库的商品，立即按照门店的采购量分配，然后直接转到即将前往该门店的送货卡车上，这些商品用叉车从进货卡车上搬运下来，就直接在平台上分货，再由另外一台叉车，将商品搬运到门店卡车上，基本上所有商品都不会落地，更不会过夜。如图 9-4 所示。

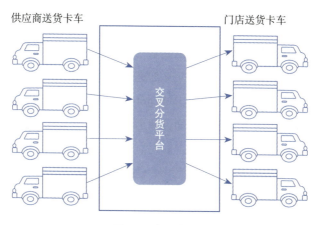

供应商送货卡车　　　　　　　　　　　　　门店送货卡车

交叉分货平台

图 9-4　交叉分货仓

交叉分货仓最重要的要求是没有库存、货不落地、不过夜。送货车辆到达时间必须非常精准，对门店发货卡车的装载容量也必须精准计算。所以仰赖非常强大的供应链管理系统（SCM, Supply Chain Management）与运输管理信息系统（TMS, Transportation Management System）的精准对接。

由于交叉分货平台的建立，供应商无须点对点送货到每家门店，根据我们的精算，这种最后一公里到店运输成本大概是商品价值的 5%，因此，麦德龙要求供应商把供货价格下调 5%，麦德龙自己承担送货到店的任务。分派到同一门店的数百个不同 SKU，都会装上同一台卡车，一次送达个别门店，这样大幅提升了各地门店的收货效率，也降低了收货人力的需求。

上述模式升级，主要是针对仓储转送的功能的增强，对于 SKU 复杂、多个供应商、多个门店的环境下，确实非常有效。但是如果企业属于需求不确定，经常性地做产品更新、快速调整产品组合的商业环境，上述越仓模式的效果就比较有限。这时可以考虑第二种零售模式升级——提升供应链与市场对接的效率，以满足市场动态需求，在这方面快时尚领军企业 ZARA 的模式非常值得参考。

9.2.2.2　快时尚领军企业 ZARA：提升整体供应链效率

快时尚主要针对年轻族群消费者，提供流行服装与配饰产品。既然是"快"，就需要不断追求商品的变化与创新，并且精准地向门店供货。ZARA 在这个行业已经击败众多的竞争对手，成为领导品牌之一。我们来看看，它们是如何通过数字化对接市场需求与供应链。

在服饰业有个很大的问题，就是制作新款服饰需要很长的前置时间，一件衣服的生产过程包含设计、打样、采购面料、剪裁、缝制、包装，再到成衣配送到门店。因为生产周期长，企业通常需要提前半年生产，也就是夏天开始生产冬衣，冬天生产第二年夏季销售的服饰。企业需要预测个别城市第二年对于服饰的需求，这种预测的困难可以想象。那么服饰企业如何预测哪一款衣服第二年会更受到欢迎，应该生产多少数量？很简单，凭决策者的直觉。这对决策主管来说绝对是重大挑战，预测数量过高，就会产生滞销库存，预测数量过低则会造成供不应求，错失商机。

试想，一家服饰门店如果有某些商品卖不出去，在当季还能持续陈列加强推广，但是当客户每次经过店门口，看到的都是一成不变的那几件服饰，他还会走进店里面去逛逛吗？当然不会，那么还能被称为"快"时尚吗？最严重的是，这些滞销库存当季无法销售出去，过了季节，可能就得用一折、二折的价格清库存，如果还是卖不掉，最后还可能得"称斤卖"，这样将使得服饰企业的利润受到严重伤害。

ZARA 通过网络将供应链与销售门店无缝对接，门店销售信息可以立即反馈到服饰生产单位。ZARA 设计出一套很棒的规则，每个季度第一次新服饰的生产，只生产季度原来预估需求总量的三分之一，并要求服饰生产的合作伙伴缩短生产所需要的时间，一旦下单，需要在三周内完成从生产到门店的补货。同时，每款服饰可以在不同门店之间库存调拨，从货多的门店，移转到缺货的门店。

通过上面逻辑，我们试着计算一下 ZARA 如何做到精准地掌握供需平衡。假设一件服饰一个季度需求是 1 000 件，那么每周需求量应该是 1 000/（4×3）=83 件，如果第一波生产是三分之一，就是 330 件，这个数量按照原来整个季度销售预测，大约就是可以支持四周的销量。当这件新服饰开始在门店销售一两周以后，基本上可以确定它是否会畅销，例如某个款式的衣服，第一周就显示畅销，就需要立即按照实际销售数量启动补货机制，工厂在三周以后到货，基本上可以使得门店缺货时间降到最低，这样就减少了缺货造成的损失。

相反，假设某款服饰的销售不如预期，所幸第一波只生产整个季度预估需求量的三分之一，即使有暂时性的滞销，问题也不严重，门店将这些滞销商品调拨到有需要的门店，或者这家店可以保留这些库存，继续销售到季度末，大概也能够将库存售出，避免了滞销的损失。

通过这个模式，ZARA 可以做出精准的商品供应决策，畅销的款式增加供给，滞销款式停止生产，其他新款还可以轮番上阵测试。这样供应链具备快速反应能力，企业就能够不断推出新品，上新品速度快，就能够吸引客户更频繁地进店，提升门店销售业绩。

9.2.3　百货公司（Department Stores）

按照国家对于行业的分类，百货业的确属于零售行业，对消费者来说，零售提供到店消费，但是从收入与成本结构来说，百货公司其实不是零售业。国内知名的百货公司、大型购物中心，其实都像是地产公司、开发商，通过租赁大型商业地产，重新设计装潢，然后招租开店，它们更像出租店铺的二房东。

早期没有互联网威胁的时代，大型商业体属于稀缺资源，老店铺租客退出，后面立刻就有其他排队的商户接上，这些二房东的日子过得还算滋润。但是一旦互联网将大量客流吸走，导致商场门可罗雀，承租商户的生意无以为继，只好退租，这时没有人愿意跟进承接租赁门店，大型购物中心或百货公司的租赁业务受到严重打击。于是一些商业体开始采用"低保底 + 分润"模式来取代原来的纯收租模式，这时二房东终于开始关注租客商户是否能赚钱，才逐渐萌生了"自己也是零售"的想法。

梅西百货是一家美国知名的百货公司，由罗兰·哈斯·梅西（Rowland Hussey Macy）创立于 1858 年。原先梅西在 1851 年于美国马萨诸塞州哈弗里尔市中心开设了一家杂货店，他的几次零售尝试都失败了。他从错误中吸取了教训，于 1858 年搬到纽约市，在第六大道的 13 街和 14 街之间建立了一家名为"R. H. Macy & Co."的新商店。

梅西百货在 1887 年与内森·施特劳斯（Nathan Straus）和伊西·施特劳斯（Isidor Strauses）达成协议，购买了部分股权，这项收购在次年正式完成，到 1896 年，他们已经完全控制了公司。施特劳斯兄弟将商店搬到了现在的位置，并开始购买或租赁房产，打造全国各地的分店。到 20 世纪晚期，梅西的百货公司连锁店通过几个不同名称的区域商店集团进行管理。

梅西百货的成功可以归因于许多因素。在商店成立之初，商品尽量选择高端、高价格的奢侈品，梅西百货利用了广告和声誉来吸引顾客，如商店圣诞老人、主题展览和照明橱窗展示。随着业务的增长，梅西百货扩展到邻近建筑物，开设了越来越多的部门。梅西百货通过不断扩大业务范围、开设新部门、收购其他公司并与之合并等方式取得了成功。

到了 20 世纪最后十年，梅西百货业绩逐渐下滑。业绩开始衰退可能是由多种因素造成的，从商业模式的视角来看，还是企业的"价值主张"无法与时俱进地符合新时代的客户需求。因为到了 20 世纪最后十年，消费者可以从更多的零售商那里购买商品，竞争激烈，于是消费者在梅西百货的支出下降。后来，电子商务的兴起对传统零售商产生了巨大的影响，很显然的，如果消费者只是为了购物，他们会选择在网上购买，因为百货公司里面的商品在线上都找得到，线上购物不但价格更优惠，也不用来往奔波，电子商务的趋势不仅严重打击了前面讲的 GMS，也严重影响了百货公司这个业态。

1986 年，梅西百货债务累累，被收购后业绩没见好转，在 1992 年宣布破产。1994 年，它同意与联合百货（Federated Department Stores）合并，但合并后仍未见起色。在 2020 年第三季度，梅西百货的同店销售额下降了 20% 以上，净销售额从上一年的 51.7 亿美元下降到 39.9 亿美元，百年老店梅西百货的光环退却，已经逐渐退出它的华丽舞台。

大型购物中心（Hyper Store）的模式与百货公司接近，都是以贩售高端商品为主，两者主要差异在于大型购物中心业态更为丰富、装修更为豪华、规模更大。消费者到购物中心已经不是单纯地购买商品，还包含了生活休闲、体验、餐饮等多重目的。目前大型购物中心虽然也像百货公司一样受到来自网络购物的挑战，但是大型购物中心并没有像百货公司那么惨淡，主要原因还是它的价值主张比较与时俱进，它提供消费者的不仅仅是买东西这件事，更重要的是一种生活空间或休闲方式。大型购物中心里有着大量的餐饮、儿童文教机构、儿童游乐设施以及不定期的展览和大型聚会活动，成了人们假日休闲的最佳去处。我们看看下面这家位于迪拜的被称为目前全球最大的购物中心，它的奢华大气就吸引了大量的打卡人流。

迪拜购物中心是一家向消费者提供综合性服务的商业集合体，内部由数百个不同服务场景组成，并将多种零售店铺和服务设施集中在一个区域或建筑物内。

这家于 2008 年在阿联酋迪拜开业的商业街，总建筑面积达 55.56 万平方米，相当于 50 个足球场的面积，内部聚集了世界各地的名牌，是当今世界上最大的购物中心，商品覆盖了手机、电器、化妆品、服饰等多个品类。

迪拜购物中心的成功并不仅仅是因为规模宏大，更重要的是这里包罗了大约 1 200 个商店和 160 家餐饮店，更有 6 层楼高的巨幅屏幕影院，世界三大水族馆之一，全球规模最大的音乐喷泉，还有奥运馆大小的溜冰场以及探险公园等，充分地将购物和时尚、休闲、娱乐融为一起。

为了吸引游客，迪拜购物中心大多强调文化营销，在规划创意中更是注重客户的差异化消费心理，通过建筑风格、景观规划和内部装饰集中展现其文化品质。很多购物中心在内外装修上打起了"复古"牌，比如说：购物中心以中世纪最著名伊本·白图泰的名字命名，商场内部以"环游世界"为题，充分地展示了伊本·白图泰一生曾游历的 6 个古国的特色，每一处都很震撼。

另外，迪拜购物中心一贯的口号是客户至上，除了购物和休闲娱乐的相关配套，更强调人文精神，为了弥补因地处干旱少雨的热带沙漠气候的不足，所有购物中心营造诸多的绿化环境，强调空间与景观的交融、人与景观的互动，据说迪拜购物中心将会再建造一个 260 万平方英尺（约合 24 万平方米）的人工湖。因此它一年可以吸引超5 000 万游客前去购物和游玩。

讲到这里，我们已经把互联网时代来临之前，制造业与零售业的传统价值传递商业模式的迭代发展与类型升级大致说清楚了。

互联网的兴起带给传统制造业与零售业巨大的挑战，接下来，我们开始讨论互联网是如何影响我们的社会经济，以及传统企业在这一波互联网浪潮下的生存之道。

9.3　互联网 + 零售商业模式

互联网对社会、商业环境乃至于个人消费方式都带来了巨大的变化，对消费者来说，第一代互联网让消费者体验到无须在街上辛苦查找，宅在家里就能得到最好性价比产品的购物模式，在学术上我们称这种模式打破了"信息不对称"的市场结构。基于商业模式创新的观点，互联网的去中间化几乎对所有行业都产生了巨大的冲击，互联网带动的商业模式创新可以分为以下三个阶段：

9.3.1　阶段 I：独立电商模式——去中间化

互联网对行业最初产生影响的是电子商务带动的线上交易，我们看到很多传统企业被新的电商企业所取代，例如最早发生影响的是美国亚马逊的网上书店，乘着互联网的大潮，很快地获取了大量客户的关注。电子商务网站基于数字化的特性，可无限承载商品，超越了线下 GMS 的产品丰富特性，又经过一段时间，电子商务带动了快递的物流体系，让用户从浏览商品、下单到收到商品，一气呵成，体验到了长尾商业模式的魅力。美国的亚马逊很快就击败了一些成立数十年、上百年的线下书店，例如巴诺书店，中国的淘宝也不遑多让，带动了慈溪、义乌、华强北以及地处偏僻地区的大量小商小贩，让他们都能将商品卖向全国。

其后，数字技术的发展又将更多产品虚拟化，例如音乐网站、视频网站，通过互联网所赋予的强大渗透力以及数字化载体能力，使得线下电影院、录影带 DVD 租赁行业迅速瓦解。接着亚马逊、淘宝等大型网站，又陆续突破更多种类型行业的防御，几乎取代了绝大多数传统业态和前面所列出的传统商业的价值交付模式。

这些新兴互联网公司的价值交付模式，都属于直接触达消费者的去中间化模式，如图 9-5 所示。

图 9-5　纯电商模式（去中间化）

在这种去中间化的商业模式下，企业直接通过互联网接触客户完成交易，再通过第三方物流服务，将商品送交给客户。这种电商模式的交易过程，不涉及任何中间商，这种去中间化模式让原来属于中间商的利润，由厂家、物流公司以及终端消费者三者分享。价格更便宜，服务到家，使得这种去中间化商业模式更受到消费者的欢迎。

9.3.2　阶段Ⅱ：电商与门店独立运营模式

在经过了看不起、看不懂、看傻了、不得不介入这四个阶段，传统企业开始争相进入电商领域，希望能够在网络世界扳回一城。这时比较有规模的企业开始采取自建网站模式，规模比较小的企业则是到淘宝、天猫、京东这些平台去开店。在物流方面，这些传统企业发现，它们原先为了 B2B 设计的物流体系与 B2C 的模式截然不同，难以共享。因此，线下门店销售的物流走原来 2B 的货运通路，线上销售部门则自己打理 2C 的快递服务，所以无论是销售或物流，都采取分离的模式。一家同时经营传统门店与线上业务的企业，在价值传递模式上，就是图 9-3 与图 9-5 两者并存。

很多传统企业在开始增加线上渠道销售以后，却不懂得怎么在网络上创造客户的感知价值，认为网络上就都是低价竞争。为了自家产品能在网上通过用户价格筛选，它们采取较低价格希望达到引流目的，但是又要兼顾保护传统渠道的价格政策与经销商的利润，于是想出了"线上与线下渠道，产品型号与价格均不相同"的政策。

这种商业模式其实是基于传统渠道模式"信息不对称"的假设，什么是信息不对称？举例来说，在互联网电商出现之前，一款相同的电视，在不同城市的价格可能是不同的，因为客户不可能在北京商场看到了这款电视，觉得不错，又跑到天津的商场去比较价格。基于这个原则，厂商将产品价格进行线上线下差异化，希望既能在网上获得价格竞争力，同时又能守住线下渠道的销售利润。这个模式，最初看似有效，但是移动互联网的出现，使得消费者购物行为再次发生变化，这种线上线下价格差异化的做法，反而成了企业不诚信的表现。

在营销学上，有一个 AIDS 模型，用来解释消费者的购物行为，A 是 attention（注意），就是得先让消费者注意到产品或是服务存在；I 是 interest（兴趣），就是消费者对这类产品或服务产生兴趣，想要进一步了解；D 是 desire（想要），就是消费者评估后，对企业的这类产品或服务产生了"想要"的念头；S 是 selection（选择），就是经过比对分析以后，消费者认为企业提供的产品或服务的功能、价格、售后等条件都能满足他的需求，于是他决定买。

厂家采取线上线下分离模式几年后，消费者行为发生了重大变化，消费者的 AIDS 购买历程迭代升级，产生了跨渠道交叉行为。他们可能在网上看到产品广告，关注产品；接下来通过网上搜索，查到了产品的功能介绍，觉得确实不错；再接着，他们会到线下门店，实际看看、摸摸你的产品；有了实际体验，再次确实产品不错，但是店里面的价格比在网站上看到的贵，于是又回到网站上购买。这种跨渠道购物历程的行为，在移动互联网流行以后更加流行，据麦肯锡的调查统计，半数以上的消费者在线下门店看到一个产品时，会立即用手机查询网上价格，企业百般遮拦、阻止信息打通的价格差异化策略就完全失效。如此，传统制造业将线上线下渠道分割开来的做法就完全不适合了。

这时线下代理商要求厂家保护他们的价格与利润，如果厂家顺应代理商要求，把价格拉高，产品在线上就难以和新兴网络品牌竞争，如果不接受代理商的要求，势必会失去代理商支持，网上业绩又不足以撑起整个公司，这种进退两难给企业带来极大的困境。

所有的教科书或大咖演讲，都告诉传统企业，一定要搞电商才能活下去，可事实却是，绝大多数传统企业的电商都做不好。根据我在上课时对 EMBA 学生做的调查发现，网上销售额能够超过企业整体销售额 10% 的公司，几乎寥寥无几。很多传统企业老板花了很多心思和时间，还派员工参加电商培训，甚至招募了一些曾经任职于电商公司的员工，结果都还是做不好，很多老板心里想着，电商神话是不是根本就是一场只会打烂价格的骗局？

针对这个疑惑，可以换个角度想想，为什么许多知名企业在网上做得不好，可是很多新创业的网络品牌却能够在电商平台上大放异彩？例如，绝大多数知名家具品牌在网上销售都相当困难，但是，新兴电商家具品牌林氏木业，却能在天猫上大放异彩。据我接触访谈许多厂家，得到的结果是，他们根本不懂得电商的基本逻辑，仍然沿用传统门店的思维，只是将产品拍个照片，放在网上卖，就想能够大卖，这样当然做不好。

这个问题的底层逻辑其实很简单，就是信息不对称的错误假设。举例来说，厂家出厂价是 100 元的产品，纯电商企业在网上可能 120 元就敢出售，如果能卖到 150 元的价格，就觉得有暴利了。但传统企业通过原来的多层渠道模式，出货给代理商，代理商考虑资金占压与物流成本，至少要加价 20%，到了经销商再加价 50%，出厂价 100

元的产品，到了终端价格就成了 180 元—200 元，基本上快翻倍了。

为了保护渠道的利益，厂商还要制定"建议零售价"，要求线上线下都是 180 元，这时消费者在网上看到了产品，同时在手机上搜一下，就会发现，网络上其他品牌的类似商品，卖的都是 120 元，而这家在网上要卖 180 元。这时消费者会怎么想？他会选择哪一个产品呢？除非能够讲清楚自家产品与别人的不同或其他的附加价值，否则消费者怎么选，显而易见。

经销商被线下价格绑架，使得产品在网上完全失去竞争力，而门店销售又被网络品牌严重挤压，经销商生意还是不好，这就是线上线下冲突的两难问题。作为传统制造型企业应该怎么办呢？这个问题在下面要讲的虚实融合模式，将会有部分解答。

9.3.3 阶段Ⅲ：后互联网时代——虚实融合模式

时间到了 2010 年，互联网商业模式走过了十个年头，移动互联网元年（一般认为是 2010 年）迎接来了后互联网时代。移动技术再次改变了消费者的购物行为，更多消费者习惯了跨渠道的购物历程，也就是消费者可能在线上先搜索商品、查找价格，再到门店实际体验后才会决定是否购买。也有的消费者是在门店体验商品后，感觉不错，这时他已经不需要回家上网，因为手机上直接就可以查到价格，如果查询结果门店与网上价格一致，索性就在门店里买了，如果不一致，消费者就会选择哪里便宜在哪里买。这种习惯的改变，逼得企业必须认同，在消费者眼里，不管线上还是线下，相同品牌的同一款商品，产品的质量、价格、服务都必须相同，这个模式我们称为"虚实融合的价值传递模式"。

这种虚实融合模式要求的是，企业要能展现给消费者极致的体验，以建立品牌可信度以及购物的便捷性。消费者到门店购物可以要求送上门服务，让他可以空着手继续逛街，他在某个门店选中一个商品，但是这家店里面没有他想要的这款商品的颜色或尺码，企业要能够立即查询附近还有哪家门店有货，找到货源以后，提供调配服务。另外，客户也会期望，如果他们在线上官网购买的产品有问题，也要能够到线下门店去换货。

在这种虚实融合模式下，门店经销商也会要求总公司提供线上火力支援，引流到店，而线上部门也会希望线下门店能够让客户到线上注册，以便获取更完整的客户行为信息。这些要求使得企业线上线下部门必须充分融合，信息共享。

虚实融合，表面上看到的是对客户端，服务做得更好才能够让客户体验更好、更放心。可是有人会说，即使这样，也并没有解决前面讲的传统生产型企业，在网络上价格没有竞争力的问题啊。

要特别注意，我这里讲的虚实融合不只是购物过程的融合，更是把整个企业价值链，从生产到销售、服务全部融合，不管线上线下都是一盘棋，这时需要关注两件事：

（1）要在网上说清楚产品的独特价值。如何让产品在网上也有很强的竞争力？传统上，门店的导购经过培训，能够把产品的优势讲清楚，所以在门店能够说服客户。一旦进入网络世界，就要学会如何有技巧地在商品页面上表达出产品的独特性与产品的价值。除此之外，为了让产品能通过客户比价，还需要选择几个入门产品，把价格降到可以和网络品牌做价格竞争，这是很关键的，因为如果价格不对，客户在搜索时，商品连被看到的机会都没有，只有先让产品能够被客户看见，才有机会再向他推销其他高端产品。

（2）要发挥线上线下统合的力量。整合线上线下的资源，首先，需要分析价值链每个环节的贡献，然后将整个价值链所创造出来的总利润，合理分配给价值链上不同环节，只有把分润规则讲清楚，企业才能做到线上线下资源融合，彻底解决企业在后互联网时代缺乏竞争力的问题。

　　举例来说，一个默默无名的品牌，推动产品销售的力量，一定是靠网络引流或通过门店吸引过客，不管最后客户在线上还是线下完成交易，都需要分配部分利润给获客的一方，否则线上线下渠道，一定会彼此竞争，互相对立。

　　价值传递过程，从厂家仓库出门到终端消费者，有两条路，一条路是通过中间商到客户端，还有另外一条路是电商直达客户端，不管是哪一条路径，最终客户获得的价格应该是一致的。本着这个原理，利润分配规则就很清楚了。遇上消费者跨渠道购物历程的销售，利润应该合理分配给这个流程当中有贡献的人。这个结构当中包含了获客、交易、仓储、配送、销售、服务等环节，线下的一方协助了线上完成这个交易，线上就需要把利益分给线下提供协助的一方。同理，线上为线下提供线索，使得客户在门店完成交易，这时线下也应该把利润分给线上。如图 9-6 所示，是典型的价值链结构。

　　举例来说，电商通过网络广告（例如百度搜索）获得了一名新客户，产生一张 100 元的订单，电商部门可以选择自己从公司总仓发货，通过快递直接送达终端客户，这时整个收益是电商部门的。如果订单产生后，客户要求自提或店取，我们就需要通过地区经销商发货，并且提供安装服务，这时图 9-6 中，箭头末端的 5%+5% 的安装与售后利益，就应该给地区经销商。

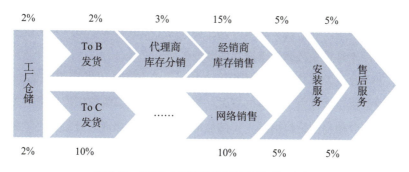

图 9-6　虚实融合架构下的价值贡献与分配逻辑

上述这个利益分配的逻辑其实很简单，每个渠道都有获客成本与服务成本，所以，无论是线上或是线下获得的客户，公司都需要认可其价值，未来公司利用这些数据产生销售时，就应该分润给原始获客部门。

这些客户数据的最终所有权应该都属于总公司，这样总公司才能统筹运用这些客户数据，深化客户价值。可是经销商或电商部门为什么会愿意把客户数据上交呢？这其实还是设计合理分配利益的问题。公司动用这些数据，协助其他部门获得客户的复购订单，就应该分配部分利润给原始获客部门，这样无论是门店或电商，才乐意把客户信息送到公司总部。

要知道，后互联网时代，线上获客成本极高，企业拥有的门店，其实是最便宜的获客户渠道，但是门店规模小，没有能力管理客户信息，也无法从数据挖掘客户价值，更不用说管理客户全生命周期的价值。如果大多数门店客户的信息只能停留在经销商的纸质记事本上，就是极大的浪费了。关键是线上线下部门要有大家是一体的共识，唯有合理分配利益，线上线下才会形成一家人的共识，企业才能从虚实融合模式中产生综合效果。有了这种虚实融合的综合效果，传统企业与纯线上企业竞争时的优势才能展现出来。

线上获客后，企业可以将客户推荐给门店消费，交易完成，利益共享。同样，线下获得的客户，也可以拉到线上交易，然后共享这笔订单的利益。过去很多学术研究已经证实，企业与客户保持多渠道联系以及交易关系，能够有效加强客户黏性，这样对公司总体以及经销商才是双赢。

企业要实施这个政策，公司总部应当制定一个明码标价的跨渠道使用客户的利润分配机制，这样多种渠道才会愿意贡献他们花钱得来的客户，给其他渠道合法使用。过去我在大型企业，带领团队希望达成线上线下融合，有些经销商没有想清楚，不愿意对线上部门协助促成的订单分润。我问了他们一个问题，让所有人都无话可说，开始接受这个规则。我问经销商："你们现在门店缺客户吗？"经销商们回答说："是啊是啊！"我接着问他们："如果有个外部合作伙伴给你带来客户订单，你愿意给多少钱？"他们说 10% 到 20% 不等。接着我问："公司用线上部门花钱买到的客户数据，拿来做营销，最后客户到店消费，你也愿意给他们这笔钱吗？"这些人还在犹豫时，我又问他们："你从美团拿到一张订单，美团收多少费用？"他们说 15%—20%，我接着问："那么电商部门同样是花钱在网上投放广告，吸引来的客人交给你，让你获得订单，他们要求分润 5%，比美团低很多，为什么你不愿意给他们呢？线上部门也有成本，否则如何持续经营呢！"这些经销商点点头表示理解，就接受了。

　　不过还是有一些经销商坚持说，线上交易的客户很多都是从门店来的客户，他们本来就会回购，如果这时线上部门吸引客户到线上买了东西，自己不就损失了吗。这是一种假设性的问题，客户来自门店，不代表他下次还一定会回来，经常会有大量客户流失，作为门店，没有能力去管好这些客户，导致客户流失，线上从数据分析，发现这些客户有流失风险，帮助唤回客户，收一点手续费，为什么不愿意呢？另外，虚实融合是通过线上先告知客户，然后让门店跟进，这时客户会选择线上还是线下购买是看客户方便。只要在设计商业模式时充分考虑了整个价值链参与方的贡献与合理的分配利润，也就是说，首先获客的一方获得保护，接下来我们应该首先尊重客户方便性的选择，保证不要失去这个客户，而不是先搞内卷抢客户，这才是正确的道理。

　　在营销学上，我们对产品的销售模式分为两种，一种叫作 pull（拉动），另外一种是 push（推动）。pull 就是将成本投注在品牌营销，让产品变成"名牌"，当客户有同类产品需求时，会优先想到这个品牌，而且愿意支付较高的溢价（premium），相反，push 就是产品知名度差，需要销售人员花大力气，才能让消费者选择。

在设计价值链结构时，要先想清楚产品在市场上属于哪个位阶，这个位阶必须是市场认可的，不是企业自我感觉良好地说，"我是高端产品，所以要卖得比较贵"。如果产品确实到了 pull 的位子，客户会自动要求，那么卖贵的价格，给经销商较少的利润，也是合理的。相反，如果产品价值并未被市场接受，连品牌都没有人听过，想要卖贵的价钱，就必须靠经销商花更大的力气说服客户，这时就必须给经销商更高的利润。

举个例子，iPhone 应该是高端手机吧，因为它是苹果公司的 iPhone，所以价格可以定得很高，消费者认为它有那个价值，还愿意排队去买。iPhone 在网上销售时，并没有把价钱杀低，一样卖得很好。相反，如果是不知名品牌的手机，自己说"我是高端产品"，在线下门店，把价格标得很高，凭借着导购的三寸不烂之舌，现场打折，再送东西，或许偶尔可以忽悠一两个客户购买，但是在网络上即使打个对折，还是没有人会买的。

如果没法通过网站页面体现出产品的价值，电子商务只能加强传播人数，让更多人看到。客户在电商平台上买东西，不是图个方便，就是图个网上优惠价格。不懂得网上商品陈列（online merchandising），电子商务是没法说服客户的。

互联网给传统企业带来了冲击，但是也给传统企业带来新的契机，关键是能不能掌握虚实融合的底层逻辑。企业的虚实融合模式架构清楚了，在新的数字化智能化时代，就更容易再提升价值。

9.4　数字化与智能化时代，企业价值传递模式创新

前面从商业历史发展沿革的视角，讲述了生产厂家以及零售企业的传统的价值传递模式。这些模式是绝大多数企业目前正在使用的商

业模式。接着又讲述了互联网＋带来的三种新商业模式，解释了为什么传统企业很难把电商做好——主要原因是它们不懂得线上交易的逻辑，无法在网站页面上呈现出独特价值，虚实融合的利益分配没做好，以致线上线下不能同心。为了解决这些问题，我们提出了虚实融合模式下，基于价值创造的利润分配构想。

时代在变，互联网余波未平，紧接着，数字技术、人工智能、5G技术的来临，再次对产业产生了巨大的冲击，但是也创造了更多的机会。

时至今日，移动互联网、社交短视频媒体、人工智能技术，已经成为崭新的营销与运营模式，这种多种技术平台的整合，仍然挑战着企业的信息整合与利益分配的管理和协作能力。企业之间的竞争，更在于谁能提供给客户更好的价值与极致体验，重新梳理价值传递商业模式成为企业目前最大的挑战，解决这个问题的答案，可能就是近几年最热门的议题——数字化与智能化。

企业进行数字化与智能化，需要从价值链多个环节，进行数字化无缝对接，才能产生最高的效率以及极致的客户体验，要做到这些事，我们需要先找出适合的理论模型框架，指导我们探索企业商业模式数字化与智能化的方向。

9.4.1　智能时代企业价值传递模式创新的八大方向

哈佛大学波特教授的价值链理论框架，是一个被企业与学界广为接受，用来解释企业价值过程的通用模型，我们可以从这个框架着手。基于价值链理论，我们找出了企业数字化与智能化的通用模型，并且按照价值链中的每个环节，定义出了八个重要步骤，我们称之为企业价值传递模式的八大创新方向：① 加强零售终端智能交互；② 深化服务；③ 供应链与市场需求，数字化无缝对接；④ 产品研发数字化；⑤ 定制（柔性）生产；⑥ 跨渠道整合营销体系；⑦ 大数据与客户全生命周期管理；⑧ 企业会员共享生态圈，见图 9-7。

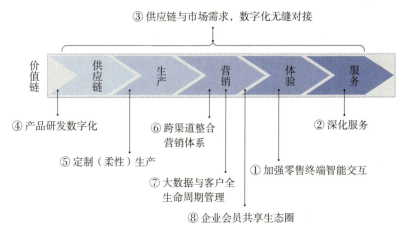

③ 供应链与市场需求，数字化无缝对接

价值链：供应链 → 生产 → 营销 → 体验 → 服务

④ 产品研发数字化

⑥ 跨渠道整合营销体系

② 深化服务

⑤ 定制（柔性）生产

① 加强零售终端智能交互

⑦ 大数据与客户全生命周期管理

⑧ 企业会员共享生态圈

图 9-7　智能时代的价值升级的八项重点

这八个方向当中的第五项柔性生产，本书第 8 章价值生成中已说明过；第 6—8 项属于营销工作，将在第 10 章价值推广当中详细说明；第 1—4 项属于价值传递范围，下面将进一步阐述，并且用案例说明。

（1）加强零售终端智能交互。企业产品属于非技术型产品，例如日用快消品、小家电产品，通常是在商场中与竞品同台陈列，对于企业价值传递的挑战是，如何在开放性的销售场景中，让消费者看到产品，产生需求，并且能够快速了解产品的独特优势，作出选择产品的购买决策。过去传统卖场的做法是，争取更好的陈列位置，或是增设更为显眼的商品展台，提高企业产品在商场中的曝光能力。

试想，如果你是卖奶酪片的厂家，你的产品与其他相似产品都被放置在超市的冷鲜柜当中，如何期望消费者会立马看到你的产品，并且选择你的产品？我们经常在卖场中可以看到，厂家的代理商会跟卖场租个场地，售货员放个小桌子或展台，让消费者现场试吃。其他品类，例如护肤品、饮料、食品、调料等，也经常这么做，争取展位就是传统上用得最多的方法。

数字化终端在这种类型业态的价值传递模式升级，将扮演重要的角色。厂商需要通过数字技术与消费者进行现场更直接的交互。

例如，宝洁（P&G）公司销售的护肤品玉米油，如果拿个桌子让卖场的消费者试用，消费者会有感吗？效果很有限的。于是玉米油在原来的货架区域，将货架升级成为具有 AI 功能的智能货架，消费者站在智能货架前，AI 可以拍摄客人脸部，并立即通过 AI 技术，判别消费者肤质属性，然后再通过智能对话屏幕，告诉消费者其皮肤属性以及肤质现况，再向客户提出应该使用哪一款产品的建议。在传统模式下，就是找一个导购在现场，紧盯着客户做推销，让人厌烦。这种智能化的货架装置，通过 AI 可以提升客户对建议方案的信任度，又可以避免消费者因为导购在现场造成的压力或尴尬，更可以在与客户交互的过程中，直接获取客户基本信息。

相似的做法，一家总部位于湖南长沙的企业——爱善天使，是一家销售女性养生保健护理产品的企业，他们与当地中医药大学合作，通过拍摄消费者舌头部位影像，可以立即让 AI 判断这名消费者的体质，再将数据传到云端电脑，通过中医药大学的智能模型，为客户设计出个性化的养生调理方案。这种 AI 舌诊功能，在中医学界其实已经研发多年，获得了一定成果，企业通过这种智能化的交互，可以有效提升客户对企业的信任程度。

另外，许多服饰行业已经开始采用"试衣魔镜"让消费者快速试衣，通过 AI 优化色彩搭配，再加上镜头美颜效果，可以有效提高消费者满意度，消费者还可以在画面上选择其他服饰搭配，增加消费者的购买搭配服饰的意向，这些都是已经出现在我们生活当中的智能化终端交互方案。

在家居行业，AI 的应用也极为重要，无论是建材类的地板、瓷砖、卫浴、花洒、油漆，还是家具类的沙发、餐桌椅、床架、床垫，都需要亲身体验，才能让消费者产生共情，智能化的虚拟实境，或动态家居布局设计与家居组合搭配，都需要智能化视觉展现，这些智能化工具都能够提升价值传递的能力，提高来店客户的转化率。

（2）深化服务。深化服务，简单地说，就是企业必须放弃"卖货郎"的心态，要从如何创造更大的"客户价值"来思考商业模式。怎么创造更大的价值呢？就是要多做一些本来不是你的工作的工作，来提升产品与服务的价值。企业需要有个概念，客户花钱想要购买的，不是那个冰冷的产品，而是使用产品时能够获得的价值或效益，那才是有温度的。深化服务，就是企业需要做更多产品相关的服务，而不是卖了东西就结束双方的关系，要想尽办法让客户使用得更方便、更有效益，发挥产品最大的价值。

如产品属于技术比较复杂的、体积超大的类型，例如民航客机、IBM 大型电脑、工程机具挖土机等，客户必然是企业，企业客户购买这些商品的目的不是消费，而是他们公司的生财工具。这时，客户最关注的除了产品的价格与功能以外，卖方售后服务的能力也是客户极为关注的。这些客户对于卖方售后支援的时效性（来得快）以及有效性（修得好），都是客户作出购买决策时考虑的重要因素。这也是前面讲价值传递基础模型时提出的观点，为什么这类商用产品更适合工厂直营，因为只有工厂直营才可以避免，由于技术过于复杂，使得中间渠道商无法提供优质服务，影响产品价值的传递与充分发挥的这种情况。

9.4.1.1 卡特彼勒的价值传递模式创新

卡特彼勒是国际知名的工程器械公司，它主要生产工程用的挖土机、推土机、压路机以及重型运输车辆，专门用来将施工场地挖掘出来的土石运送出工地进行处理。我们经常在全世界大型工地见到"CAT"标志的卡特彼勒设备。按照我们在前面讨论价值传递模式的分类，卡特彼勒在全世界多个国家设立分公司，直接向当地工程客户提供产品的销售与服务。

客户痛点：卡特彼勒工程设备，经常都被用在山区或大型工地，做土方碎石的挖掘与搬移，因此，它们的设备相当容易耗损。过去，卡特彼勒提供基础保养手册给客户，让他们自己做例行的日常保养，设备使用到一定时间，再由卡特彼勒派员检修，遇上比较严重问题还需要送回厂修理。

正如所有大型设备厂家一样，卡特彼勒的维修保养规则是按照大量客户过去耗损状况发生概率的统计，决定哪些零件或机件使用多久以后，应该进行维护保养或换新。这样的维修养护模式，产生了两种问题：① 维修手册只是过去大量客户使用状况的统计，但实际状况是，每个客户的使用环境不同，经常出现一些零部件的损耗，其实尚未到达必须更换的要求，但按照手册就需要停机更换，造成材料浪费以及影响设备可使用时间。要知道，在工地上大型设备的可使用时间就是成本啊。因为非必要的停机，影响工期，停机期间内工人的工资还是得照常支付，对工程客户来说，是很大的损失。② 某些客户工地的使用环境较为恶劣，零部件的耗损状况已经较为严重，但是按照维修手册，尚不需要更换，因此发生故障停机，甚至影响施工安全。上面这两种状况使得工程设备用户，对设备厂商的服务能力与服务方式，更加关注。

卡特彼勒的价值传递模式创新：近几年因为人工智能的高速发展，通过传感器＋物联网的连接，我们可以获得工地现场设备的使用耗损状况，例如钻头和轮轴的磨损、设备承重部位在土石重压力下的应力反应等数据。卡特彼勒通过新一代数字化与智能化的技术，将工地现场的设备使用状态传到云端，进行智能化的判断，决定设备零部件是否需要保养或更换，一旦发现有必须紧急更换零部件的情况，可以立即通知客户采取行动，避免发生安全事故。这种做法使得卡特彼勒带给客户的价值是，更长的设备可使用时间、更低的维修成本、安全的保障。卡特彼勒的价值传递新模式如图 9-8 所示。

图 9-8　卡特彼勒的价值传递模式创新

更进一步，卡特彼勒对一些客户采取租赁或按使用时间收取费用的模式。在这个新的收费商业模式下，客户无须买断设备，卡特彼勒提供设备给客户，向客户保证设备的可使用状态。此时卡特彼勒承担设备维修的责任，一旦检测到零部件需要更换或紧急处理，卡特彼勒立即提供给客户备用设备，这样可以避免停机造成的施工延误。如果客户一年使用这个设备的时间只有几个月，客户不需要承担设备的买断价格，客户使用完后，卡特彼勒还可以把这个设备再转租给其他客户使用。这个新的收费模式，使得卡特彼勒与客户双方互利，同时，这种按使用时间收费的租赁模式，让卡特彼勒得以跳过客户工程设备采购的招标手续，直接优先取得项目，避免陷入红海竞争。

各个行业都需要重新审视，如何提供智能化的深度服务。如果产品属于一般通用技术型，例如笔记本电脑、乘用汽车、家电产品等，虽然用户属于 C 端消费，但是售后服务也同样重要，延保就是一种深化价值的策略。再例如，卖家居建材类产品，需要做的不仅仅是卖地板、瓷砖、卫浴、门框给客户，还需要提供测量、定制，更需要配合客户到货的时间上门安装。有人可能会说："有啊！我们的经销商都在做这些事。"但其实作为厂家，更需要深度介入，制定这些项目的服务标准，并且发展一些智能化的工具，保证经销商的服务质量与能力。例如现在 AI 丈量尺寸已经是很成熟的技术，是不是能够发展出一个 AI 设备，让经销商快速丈量客户房间内部尺寸，然后可以提供建议给客户，告诉他们，这个房间需要的地板、地砖等材料的用量，并且能够通过视频镜头展现不同色系的组合，让消费者有更真实的体验，这样才能与对手形成价值上的差异化。

供应链与市场需求，数字化无缝对接。工厂通过渠道销售产品，无论是自有渠道还是合作渠道，一个很重要的问题就是，当市场有需求时，厂家需要保证供应。相反，当市场需求下降时，应该立即减少生产与供应量。前者保证不会错过商机，后者不至于产生滞销，造成库存与资金占压。

在大多数行业，工厂都是按照主管经验或历史数据，测算未来一段时间内的需求。这种基于过去经验的计算法则，在稳定的市场状况下风险不大，但是，当所处的市场，有较多竞争者加入，他们会不断推出新商品或利用不同的促销方案拉走客户，使自己产品的市场需求量显著下降，这时，按照过去经验计算，给渠道配货就无法立即反映市场的变化，就会产生供需不平衡的风险。

最近几年企业推动智能化，通过新的算法模式，已经能够较精准地掌握终端的销售数字，再加上打通门店库存，数字化的智能商品调拨将有剩余库存的门店的商品，自动转移到缺货的门店，使企业加快商品周转，不至于同时发生滞销与缺货的问题。

这种全价值链的数字化与智能化，是企业在新时代强化价值传递运营模式极为重要的议题，这种全流程的数字化与智能化打通该怎么做呢？建议用下面这个三步骤方法论，来重新梳理并且设计企业的价值交付运营模式。

依照行业的差异，价值传递的工作可能有不同的重点，总的来说，我们可以用全流程体验来概括，价值传递创新的范畴，也就是企业如何思考全流程客户体验的价值创造，或者我们也可以称之为端到端（end to end）的全流程体验。

价值传递，就是把客户为什么买产品的底层逻辑揭示出来，并且提供最佳体验过程，让客户达到自己的消费目的。什么是客户愿意买产品或服务的底层逻辑呢？就是真正地解决了他的痛点。例如做餐饮的，客户需求的底层逻辑可能是吃得饱条件下的最佳性价比，可能是用餐时带来的愉悦感，也可能是保障健康的膳食主张，在这三种不同价值主张下的价值传递方式，当然不同。

依照我的经验，无论什么形式的企业，价值传递设计最关键的有三件事，它们是有先后关联性的，所以我称之为价值传递全流程创新的三步骤方法论，参见图9-9。

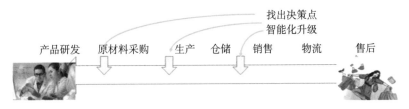

图 9-9 价值传递创新三步骤方法论

第一步，端到端的信息无缝对接与共享。端到端就是界定要实现我们所希望的价值主张，有哪些有关的人、事、物需要考虑进去。从商品或服务来说，我们不能只关注这个产品好不好，我们还需要关注客户如何获得、如何消费的过程与场景，以及消费后的感受，这整个过程，才是端到端。

就制造型企业的价值传递链条来说，端到端就是接触到潜在客户—客户产生兴趣—客户决定购买—完成交易—产品出仓—物流过程—客户拿到产品—消费以后的感觉，这整个过程。就服务型企业来说，端到端就是客户看到你的服务网点（例如理发店、餐厅）—停车—进场消费—等候—下单—体验服务—离店这整个过程。你到一家餐厅消费，这整个过程当中的任何一个环节出问题，都会造成客户不满意，直接影响他下次还会不会再来。

就零售行业而言，端到端就是商品的采购—发往各地门店—商品上架—商品销售—售后服务，这整个流程的各个环节。信息对接就是，前端的销售信息要能快速反馈到后端，让后端按照市场需求调整采购方案。

信息无缝对接就是将这些信息通过适当的技术采集，然后送到云端，作为监控流程、保证流程顺畅的依据。

第二步，找出关键节点，智能化升级。找出关键节点就是在上述端到端的流程当中，有哪些节点需要人的介入，进行反馈、判断或决策。找出关键节点的主要目的是了解状况是否正常，如果异常，需要设置自动化的干预、修正过程，避免人为疏失忘记。例如在健康医疗行业，一个病患买了我们的药或复健器材，病患使用这个服务的关键节点，就是告诉这位病患什么时候该吃药、吃多少药、怎么吃，如果客户忘记了，就需要立即提醒。

在商贸企业的供应链体系中，关键节点就是在什么时候，应该针对哪些商品补货。这些都是关键节点或决策点，找出这些决策点，就是过程管理的关键工作。掌握了整个流程当中的关键节点或决策点，接着就是将这些决策点进行智能化升级。智能化升级，就是需要梳理整个商业模型当中主要变量之间的关系，然后用计算机代替人工计算，并进行决策。例如，需要通过计算，知道门店什么时候需要补货，补哪些货，应该补充的数量，这个数量要根据对未来销售状况的预测、供应链的价格、送货的前置时间长短而自动触发，这样，价值传递效率就能快速上升。

第三步，过程体验优化与全流程可视化。就是检视整个端到端的过程，还有哪些工作可以进一步优化，使得客户的体验更好，同时让整个过程在可视化的信息支持下，让需要关注流程的人更为安心、放心，这样做才能获得用户的信任。

我们经常在电视上看到交通管理单位，通过街边摄像头，获取实时的交通信息，发现堵车路段，就直接调整交通灯号、调节车流量，这就是智能化以及全流程可视化管理。

这三个步骤是所有行业讨论价值传递过程时，都必须思考的事，虽然不同行业的侧重点可能会有些不同，但是都必须通过这三个步骤进行全流程的审查、梳理。

例如，餐饮行业，涉及的是客户如何方便地预订服务、门店消费场景、外送服务；零售行业，涉及的是客户如何通过全渠道，取得商品与服务信息、线上线下购物体验、同城物流配送等；快消品行业，涉及的是如何在多种渠道，让客户在接触到产品时，对产品有更深刻的体验，最终完成购买，以及最终消费使用产品遇上问题时的售后服务；2B（对公）的机具设备行业，可能涉及的是如何为客户提供安装、设置，以及后续使用时的维护保养服务；电商行业，涉及的是客户在商城页面的浏览体验、下单后的订单处理，以及整个物流配送过程的体验；2B 的物流供应链服务行业，可能涉及的是如何提供 B 端企业服务，将他们的产品从商品来源地，通过网络智能化的匹配，以最有效率的路径与最低成本，传送到他们各地区分公司或终端客户的手中；医疗健康服务行业，可能涉及的是前端用户如何取得服务的预约、提供医疗过程的服务，以及医疗后的复建或复检，以确保患者康复。

这个三步骤方法论，我在多个行业实际应用实施，都有具体的成效，接下来，我们用一家正在超越 ZARA 的中国跨境电商平台 SHEIN 作为案例，来说明这个价值传递模式创新。

9.4.1.2　跨境贸易企业的价值传递模式创新

跨境贸易是最近几年国家大力推动的交易模式，跨境贸易是企业将商品销售到海外，通过出仓、本国出口报关、运送过程、当地报关进口、当地物流等流程，最后将商品交到客户手里。

　　SHEIN 源于广东的快时尚企业，依托中国南方大湾区数千家服饰加工厂商、面料厂家与物流服务商构成的强大供应链，由于 SHEIN 有效地对接市场需求与数千家服饰生产的供应链，使得 SHEIN 能够产生"超高流速"的快时尚，不断地进行商品快速上新，SHEIN 正在赶超原来的快时尚霸主 ZARA。

　　传统跨境贸易企业大多数是通过跨国货柜船运、空运，从事跨境贸易的企业，在规模较小时，通常是委托外部服务公司。这些外部服务公司，从接受委托的客户端取得商品，通过货运卡车，将商品送达货柜码头或货运航空站，完成通关手续后起运，到目的地的码头，货运公司再代替客户清关报税，也可以客户自行清关提货。这就是传统跨境贸易模式，一般我们称为 DDU（Delivered Duty Unpaid）或 DDP（Delivered Duty Paid）的服务。

　　上述传统贸易商的操作模式，其特色是，适用于同一商品大批量的销售模式，不适用于多样、小量的销售模式。但是，跨境电商的销售是每张订单品项都不相同，所以通关处理的流程模式是大量的小额订单，如何保证海外客户在承诺时间内收到商品，就成了跨境电商的重要服务指标。某些商品需求量小，可能还是可以按订单在生产国发货，通过跨国运输送到终端客户。但是某些商品需求量大，可能就需要建立当地保税仓库存。数千家广东地区的制衣厂、数百万的 SKU 和端到端的信息对接与分享，就是 SHEIN 这样的跨境电商成功的关键。

　　跨境电商的流程如图 9-10 所示。SHEIN 从美国亚马逊网站上转送过来订单，这些订单随即转入订单处理系统（OMS, Order Management System），按照事先定义的规则，查看订单上的商品是否在当地国的保税仓库中有库存，如果有则立即指示国外仓库发货，如

图 9-10 全流程端到端信息对接与分享模式

果当地仓库没有库存，则由 OMS 向国内供应商下单。供应商生产完成后，将商品送达物流服务商的仓库，进行入库查验、储存、保管、分拣、分装作业，然后交海关申报，并且安排国际海运或空运，到了当地国，同样进行清关、入仓、储存、保管、分拣、分装处理，再通过运输管理系统（TMS, Transportation Management System）交给自营物流车队或当地快递服务的平台。全过程订单处理状况需要在 OMS 里面进行监控，掌握消费者下单直到收货为止的全流程信息，并且提供网上客服查询订单和处理售后。上述这些描述都是一个现代先进的跨境电商物流供应链服务所需要的信息对接。

完成了上述端到端信息对接，下一步骤就是让整个服务平台变得更聪明，就是找出那些需要做出决策的节点，考虑这些决策是否能够通过人工智能或算法让决策更为聪明、敏捷。主要的决策点是，从市场的需求，判定应该扩大生产哪款服饰，需要多少的数量，哪些应该放在生产国，哪些商品、多少量应该放到当地国的保税仓。如果这些节点都能够按照市场需求，进行自动化预测、下单、确认，就是关键节点智能化了。

以上述案例来看，有几个决策点很明显可以基于过去的数据进行智能化处理。首先就是 OMS 的订单处理逻辑，一般的 OMS 是为了多重渠道销售时订单的处理，特别是针对线上线下订单处理的逻辑不同，有时库存需要锁定预留给线上一部分，这样才不会造成系统前一秒中还有库存，可是后一秒钟库存已经售出，线上订单无法满足。

在跨境物流供应链服务上，需要在一定时间内，根据订单的需求量，提出库存政策的调整。例如某个商品属于热卖畅销或计划的促销商品，或是预期促销季节到来，比如美国的黑色星期五购物节、母亲节等都会有特殊的品类，可能会有销售高潮，这时平台应该建议哪些商品需要在国外当地保税仓存放，甚至转单到国外生产。

其次，OMS 应该对不同供应商的供货准确性以及质量进行反馈，提示采购的对象是否需要调整。OMS 也应当从仓储管理系统（Warehouse Management System, WMS）调取个别商品的库存数量，计算哪些商品库存量过高，需要进行特殊推广活动，或哪些商品库存量显然不足，需要尽快向供应商下单，提高库存量，又或是供货来不及需要通知前台暂时将商品下架。OMS 还需要一个重要的功能，就是告知操作者哪些订单的交付时间将会超过电商卖家对客户的承诺时间，这时应该事先提醒客户，提出补偿建议方案，这样将使买家更为满意。

有人可能会说，这些工作不都是跨境电商的卖家自己该做的事吗？是的，这些工作本来都是卖家的基本工作，但是如果这些卖家因为规模关系，无法投资于这些智能化系统功能的开发，那么作为供应链服务商，如果能够将角色从听客户的指令办事，改为为客户提供咨询，那么价值是不是就更高，角色是不是更重要了？

9.4.2　零售与商贸企业的商业模式创新路径之总结

零售与商贸企业的未来之路应该怎么走，本章前半部列出了三种基础业态——经济型商店、GMS、百货公司，其中经济型商店又蜕变出超市与便利店两种业态，所以我们可以说过去多年，一个个体户开始做买卖，规模陆续扩大，直到今天衍生出——连锁超市、连锁便利店、综合卖场、百货商超四种主要的业态，这四种业态正是当前社会上存在，而且正在努力蜕变，追求存续、发展的主要企业类型，它们未来发展可以怎么考虑呢？参见图9-11。

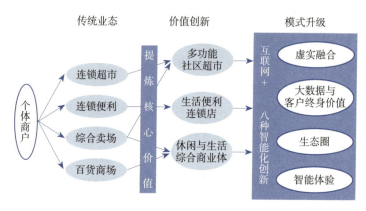

图9-11　零售与商贸企业的商业模式创新之路

最重要的是需要重新审视，提炼核心价值主张，让这个价值主张能够与时俱进，并且具有独特性。很大的可能性，连锁超市会发展成多功能的社区超市，例如盒马、连锁便利店，连锁超市应该调整它的价值成为，基于社区范围居民的刚需高频的生活消费与深度的服务。综合卖场（例如家乐福、沃尔玛）如果本身体量较大，可能比较适合走向融合休闲与生活的综合商业体，如果原本体量较小的店，可能再收缩为多功能社区超市。百货商场如今大多门可罗雀，走向休闲与生活的综合商业体较为适合。从价值创新的视角完成后，可以再从互联网＋的概念，设计虚实融合商业模式，有效整合线上与线下的资源，提供给客户最好的服务与体验，最后可以再从智能化的视角推动全企业的八种智能化创新，再次对企业商业模式升级。

9.5 本章小结

本章对商业模式创新当中的第三个维度——价值传递模式创新，进行深入的解析。价值传递可以说是商业模式创新当中最复杂的工作，可是一旦建立了良好的模式，对企业的体质改善将产生巨大的效果。

我们以百年来的商业模式发展为基础，讨论了各种价值传递商业模式的优缺点，并且以贴近时代的视角讨论数字化的应用。将价值传递模式分为三个时期：传统、互联网＋、智能化。

首先，对传统商业当中的两大业态，生产与商贸进行梳理。在生产企业，我们提出了工厂直营、专卖、开放型经销门店三种价值传递模式。从商贸企业的视角，我们提出了经济店、大型综合卖场、百货公司三种商业模式。

其次，从互联网＋的视角，依照互联网电商与实体行业合作的关系模式与迭代发展的历史，提出了纯电商、门店与电商独立运营、虚实融合三种模式。

最后，从近几年企业数字化与智能化转型的视角，提出数字化将如何影响原有的价值传递模式，提出价值传递数字化转型的八个重要方向。

这些内容比较完整地从价值传递的视角，说明了商业历史的迭代发展，并融合新一代技术与商业范式的观点。希望能带给不同行业的读者一些启示，提供设计企业商业模式时的参考。

第 10 章
价值推广创新：
数字化时代 CIDR 方法论

前面三章从价值主张开始讨论，接着是价值生成的创新，主要讨论的是生产、制造方面的模式创新，然后讲述价值传递创新，重点讨论企业如何将它所创造的产品与服务更有效地传递给客户，使得价值能够更充分发挥。基本上，价值从内涵到准备生成，再到交付的整个过程都已经讨论完毕，这些都属于对内的工作，但是同样非常重要的对外沟通还没有讲述。本章开始讲述 1-3-1 模型的第四个步骤——价值推广的创新，也就是从营销与销售的视角来检视企业如何进行对客户端的价值沟通，引起客户的关注，直到产生购买，这一段模式的创新。

同样，我们所采取的方式是从时代发展的观点来讲述，在价值推广模式，我们也仍然按照模式的发展历程，从传统模式开始，然后讲述互联网＋环境下的价值推广模式，最后再讲智能时代的价值推广模式创新。

10.1　营销思维的迭代发展

根据近代营销学之父——菲利普·科特勒（Philips Kolter）的总

结，销售行为是从亚当、夏娃的伊甸园时代就开始的，扮演销售角色的是那条蛇，蛇不断地蛊惑夏娃，让夏娃教唆亚当去吃了那颗苹果，所以从古到今，都有销售的行为。而营销行为基本上是从 20 世纪 60 年代才开始的。科特勒在一次演讲当中总结了从 20 世纪 50 年代，到 2015 年，几乎每隔十年，就有一次经济社会环境的重大变化的规律，营销思想或模式也总是紧紧跟随着社会环境的改变而迭代。

科特勒（2019）是这么做时代的区分的，首先是 20 世纪 50 年代开始的战后时期，然后是 60 年代的高速增长时期、70 年代的市场动荡时期、80 年代的市场混沌期、90 年代强调彰显个性化的时期、2000 年后是价值驱动时期、2015 年后是价值与大数据时期。

在我的另外一本著作《营销 5.0》当中，我按照营销理论产生的时间，将营销的概念区分为营销 1.0、营销 2.0、营销 3.0、营销 4.0 到最近的营销 5.0 五个阶段。

营销 1.0：**产品思维**。是以杰瑞·麦卡锡（Jerry McCarthy）在 20 世纪 60 年代中，发表的 4P 理论为基础的营销概念为核心，4P 是所有学习过营销的人都熟知的概念，它是以产品为核心的营销思想。4P 是指产品（product）、价格（price）、渠道（place）以及促销（promotion）。

举个例子，一个家电厂商，首先需要设计产品，提出产品的特殊卖点，接着按照这个卖点制定产品的价格，有了产品、价格，接着就要想，家电产品应该铺货到百货商场还是苏宁、国美等家电卖场，陈列在店里面后，再寻求适当时间点，例如双十一、金秋特卖等，搞个促销活动。

营销 2.0：**客户思维**。罗伯特·劳特朋（Robert Lauterborn）于 1990 年提出，以 4C 取代 4P 的理论为核心。4C 是指消费者（consumer）、成本（cost）、便利性（convenience）以及沟通（communication）。为何讲 4C 取代了 4P 的概念，我们看 4P 是典型的产品导向思维，从头到尾，都没讲到最关键的一个词——客户。在大生产时代，东西做出来就卖得掉，企业心里不需要有客户。可是当面临竞争或产品销售有问题时，企业就需要回到客户的立场，将心比心，才能把产品卖好，所以客户思维取代了产品思维。在客户可接受的价格下，企业制定产品的功能，以此计算成本，这就是成本取代价格的概念。站在客户立场，客户在哪，产品就在哪里出现，所以客户的便利性取代了渠道。最后，沟通产品与服务的价值而不是价格，这种双向性的做法，取代了单向的推广与促销。

营销 3.0：客户关系管理的理论基础。唐·舒尔茨（Don E. Schuhz）（2001）基于 4C 发展出来的 4R 理论，将重点从客户导向，进一步转变到客户关系。4R 是指关联（relevancy）、反应（reaction）、关系（relation）、报酬（reward）。4R 理论对 2000 年以后的营销思维产生了重大的影响，虽然营销 3.0 与营销 2.0 都强调对客户的关注，但是营销 2.0 考虑的是一个群体的客户，所以采取的是市场区隔，用不同客户属性来划分市场，企业聚焦在不同市场区隔里面，并针对这个区格的客户制定策略。但是 4R 把关注的重点，从群体转换为个人。也就是说，4R 讲的是对每一个客户的关系处理与应对之策。

所以 4R 首先用"关联"定义了企业与客户之间的关系，在这之前，企业与客户的关系是买卖关系。4R 理论强调的是企业与客户的休戚与共，就是客户好，企业才会好，这是一种长期的互利关系。基于这种底层逻辑的改变，企业采取的策略，首先就是要对客户的意见进行反应，洞察客户需求的变化以及对客户不满的处理。接着是建立企业与客户的长期关系，这种关系需要用更客观的方式进行衡量，因此出现了客户忠诚计划（customers loyalty program）。在客户忠诚计划当中，企业需要将重要客户与不重要的客户进行差异化对待，因此出现了会员制，让客户能与企业建立更紧密的关系。在会员制当中，有一个很重要的操作方法，就是会员积分制度，会员通过消费取得积分，这样就实现了企业对客户忠诚的答谢，也反映了 4R 在最开始定义的企业与客户是利益攸关的关系。所以 4R 从基础思维到如何具体落地，就有了一套完整的理论框架。4R 的精神，也被目前许多企业，特别是直接面向 C 端消费者的零售、快消企业拿来作为营销的基本思维。

营销 4.0：社交媒体与大数据。科特勒在营销大会上提出，2015 年开始，营销关注的重点转移到了社会关系，所以以社交媒体、社群成为最重要的营销概念。在这个时间，基于互联网的电商模式发展到了相当成熟的阶段，各大平台，例如美国的亚马逊、eBay，中国的淘宝、京东，已经控制了绝大多数的互联网交易流量，也使得其他企业自建平台的获客能力遇到巨大的困难，成本也不断垫高。这时正好社交媒体的产生再度改变了社会经济与人们生活的习惯，聚集各种兴趣的社群，以及后来陆续出现的强调社交、分享、交流的各种新型社交媒体，例如在美国最早出现的推特、Facebook，在中国出现的新浪微博，以及后来夹带移动平台技术产生的 WhatsApp、中国的微信、韩国的 Line，它们又再度改变人们的社交与沟通方式，进而成为企业与客户沟通的新平台。

除了社交媒体，科特勒在营销 4.0 的时代还特别强调了大数据的应用，利用数据科学的算法深度了解客户，挖掘客户消费的潜力，大数据能力也正好承接了营销 3.0 所提出的个别客户价值最大化，以及客户全生命周期的概念，并加以实践。

营销 5.0：全流程整合营销。我在《营销 5.0》这本书中提出营销 5.0 的概念，现代营销人员处在纷杂的媒体世界，从传统媒体到互联网，再到社交短视频、大数据等，这些新概念或新工具不断涌现，让企业营销人员目不暇接，犹如身处在丛林当中，看到繁杂众多的物种，因此，我们称之为"营销丛林"。

身处这个不断创新的时代，我们应该强调的不仅是单一社交媒体概念，而应该把当前可能遇上的媒体以及相对应的营销概念、模式，整合在一个统一架构里面，这当中的整合强调三个要点：① 前端客户接触渠道的整合；② 客户数据的整合；③ 客户管理全流程的无缝对接，我们把这个架构称为 CIDR 模型。

CIDR 模型包含了与客户多渠道接触的前端，接触点（contact），与客户的互动（interaction），数据收集与挖掘（data），进行客户分群分级，掌握个别客户的需求，以及最后再通过客户偏好的渠道，通过智能化模型，直接对客户做出一对一的精准式反应（response）。所以 CIDR 架构是包含了商场客户终端、网站、大数据、智能模型、基于手机定位的移动营销、社交媒体营销等的综合运用。

价值推广就是营销的机制，这个部分就是 1-3-1 模型当中的第三个"how"，需要考虑的是怎么通过"全渠道"进行场景化的客户接触，让客户接收到企业所提供的价值主张（就是我打算卖什么给你）。首先，这种"全渠道覆盖"的价值推广，包含了线上与线下的组合。其次，设计推广机制时需要考虑"客户漏斗"，就是从客户的接触到客户产生需求，再到客户认知深化，最后到客户采取购买行动。

例如在化妆品行业，"全渠道覆盖"包含需要让客户接触到你的商品信息、实际体验护肤效果；需要在社群、短视频里面对品牌进行种草活动；要懂得如何发动群众的积极性来种草推荐；也需要在门店进行商品陈列以及体验设计，例如可能需要一个智能化的肌肤特质检测装置，让消费者清楚自己的肤质特点，以及适合哪一种产品。在服饰行业，可能需要放一个试衣魔镜，让客户轻松体验虚拟实境的服饰搭配，决定到底什么款式、颜色的衣服最符合他的造型与肤色。

"客户漏斗"则需要对每一位接触的客户进行数据化的记录以及形成客户数据标签，从一开始发现某位客户有兴趣，到接下来如何建立持续沟通渠道，例如建群或关注公众号，然后提供更多的内容种草，以及发动探店活动进行引流，并且促成交易。接下来还需要考虑如何设计客户复购的诱因和机制，让客户逐渐加深对品牌的依赖，例如建立会员体系，最后再发动用户集体参与种草或推荐裂变等。

从数字化应用的角度，企业还需要掌握客户的偏好，例如，每一位客户分别对什么类型的产品更有兴趣，以及他们的购物行为，例如价格敏感度、对线上线下渠道的偏好。还需要对客户的购买行为是否产生变化进行监控，对于那些购买频次下降的客户进行唤醒。

以上是价值推广创新的基本思路和几个简单的例子，但对于本书希望达到的目的还远远不够，我们希望讲述的不仅仅是一些基本精神，更重要的是我们希望给出一个方法论，一个能够具体指导实施的路径，这里要介绍的是一套基于数字时代的营销方法论——CIDR模型。

10.2　价值推广创新模式 CIDR 方法论

价值推广创新涉及的是营销与销售活动，如何在过去与现在既有做法与经验的基础上进行创新？是不是能够提出一些通则，帮助并指导企业构思他们在新时代的价值推广模式，同时这个模式是否能够作为一个诊断工具，帮助企业发现他们现在价值推广的不足或问题？基于这些思考，我提出了一个数字时代新的营销框架——CIDR 理论框架。CIDR 理论框架包含了企业进行价值推广时四个主要步骤——接触、交互、数据、反应，这四个步骤希望达成的目的应该从企业向客户推广价值提议时的广度与深度来解读。广度就是企业是不是覆盖了绝大部分能够接触到目标群体的重要渠道，深度则是企业对于客户往来是否能够有效加深，扩大客户价值。可以概括为"全渠道覆盖"以及"客户全生命周期"。CIDR 模型请参考图 10-1。

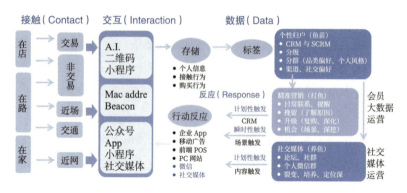

图 10-1　数字时代的营销框架 CIDR 模型

10.2.1　接触

在传统商业时代，厂家生产出一个产品之后，最重要的工作就是让客户知道自己的产品，最标准的做法就是选择渠道铺货，然后设计广告，这些广告可能是平面的报纸杂志，更有钱的企业可能选择电视或广播等。这样大致就能够覆盖企业想要接触的客户。电视媒体成本很高，却很有效，例如在中国，想要把品牌搞得妇孺皆知，最简单的方法就是上中央台，而且最好能在晚间新闻时段出现，因为这个时段电视观众最集中。

随着互联网时代来临，消费大众信息取得的来源从电视转到门户网，这时候大量的广告开始向新浪、网易等门户网站移动，而后随着搜索平台的逐渐流行以及移动互联网与社交媒体兴起，人们的信息取得来源又从门户网站转移到搜索网站以及社交媒体。那么到底企业应该覆盖或选择哪些媒体呢？很简单的原则是，客户在哪里出现，信息就应该在哪里展现，这就是全渠道的原则，当然从实际操作来说，还需要遵守的一个原则就是效率原则，也就是说不可能为了一个客户而去启动一个渠道，还是需要基于效率原则进行渠道筛选。找出那些比较主要的目标群体可能会出现的地方进行接触。我们可以区分为三种主要场景类型。

第一种需要考虑的场景是在家。在家或在办公室里面，最大的信息接触点应该是个人电脑，也就是一般说的 PC 互联网。你会说既然在家，那么电视呢？可以想想，你现在即使偶尔看一下连续剧或央视新闻，甚至是春晚，是打开电视，还是打开电脑呢？毕竟在家里书桌前、沙发上或在办公桌上的时间，可能占了一般人生活时间的一半以上，所以这种个人电脑的接触点仍然是必须关注的。

第二种需要考虑的场景是在途。所谓的在途，就是一个人在移动当中的场景或时间，这时候最有效的覆盖，当然是我们爱不释手的手机。不过手机是个硬件，不是人们专注的媒体，企业应该考虑的是选择在哪一些应用上露脸，例如微信平台、抖音、今日头条等平台。

无论是微信、抖音、今日头条或其他平台，需要做的有两件事，首先需要准备内容，其次需要进行广告投放，这是一种场景化的广告投放技术，假设你家住上海，出差到北京，你会在今日头条里收到北京当地的广告。

在店是另外一个很重要的场景，企业需要让在店这个场景和互联网发生联系。为什么让门店场景与互联网结合是很重要的？首先，门店的陈列是静态的，需要把它转变为动态的；其次，需要了解客户在店内的行为，特别是行动轨迹，他们对什么有兴趣，在哪个位置待了多久，有没有特别关注哪个货架上的商品，是不是已经购买了什么东西，是否需要帮忙等等。

10.2.2　交互

前面一项的重点是渠道的覆盖，交互的重点则在于如何与客户在这些不同渠道打交道，也就是说，应该做什么事。例如在一家服饰店里面，货架上的服饰是静态的，商家需要思考怎么让客户有更生动的体验。又例如一家超市，同样需要让客户知道他能享受什么优惠，特别是在这个互动过程当中建立后续可持续性的连接关系，比如加入企业号或粉丝群。

在智能时代，交互已经成为企业价值推广的核心考虑，过去消费者的交互是相对单向、静态的，企业在零售网点张贴海报，这些海报的功能就是将企业产品的核心卖点告诉消费者，消费者看了这些广告以后，无法提出问题或表达意见。但是数字化智能化突破了这个限制，现在许多百货公司的服饰店里面，用"换衣魔镜"帮助消费者在不需要实际更换衣服的状况下，体验不同衣服穿在自己身上的感觉，再加上美颜功能，让消费者觉得这身衣服确实合适。

过去许多家居产品厂家卖家具，需要租用很大的家具卖场空间来展示他们的产品，但是即使卖场空间再大，也只能选择几件沙发、床、桌椅、柜子来展示。在智能时代通过 AR/VR 来实现产品展示就容易多了，而且客户可以进行组合搭配的变换，按照自己家的实际场景和尺寸来展示，这样消费者才能够有更深的体验。

10.2.3 数据

数据应该是整个 CIDR 框架里面最重要的环节，主要就是取得客户数据，然后将数据进行分类整理，再通过数据分析算法，对客户的行为和偏好进行深入了解。简言之包含了五个步骤——数据取得、数据清洗、数据储存、数据标签以及数据分析与洞察。

（1）数据取得：客户在线上线下接触点的互动过程，什么时间来、问了什么问题、看了什么产品、买了什么产品，这些都是应该获取的数据。

（2）数据清洗：将原始数据进行整理，转变格式，以便后续处理。

（3）数据储存：按照事先定好的数据储存和使用格式，将清洗过的数据储存到企业的数据仓库里。

（4）数据标签：数据标签是基于数据分析的目的将数据重新整

理，例如在门店获得的客户生日数据，这个数据确实需要储存在数据仓库里面，等到客户生日时激活使用。但是在分析客户结构时，生日不能直接拿来分群，需要计算客户年龄，然后再把这个年龄数据放回客户基础数据，以便分析时使用。数据标签通常又可以分为基础标签、偏好标签、行为标签等，例如客户的人口统计变量的分类，年龄、性别、职业、居住地等，属于基础标签，这种标签是相对稳定的，可以拿来作为客户群体概括性的了解。偏好标签与行为标签通常是经过下一步工作——分析与洞察获得，再进行标签化的储存。

（5）数据分析与洞察：这一项工作是一个持续性的动态工作，有一些分析是例行性的，可以建模形成标准化反复操作的流程。另外一部分则属于未知性较强的数据洞察。分析与洞察在定义上进行区分是很重要的，分析是指那些我们对事件有一些经验，甚至是对例行反复执行工作的绩效追踪。而洞察则是深入里层，了解是否出现异常并揭露异常发生的原因。

例如每一个小时门店的销售数据，把它按时间展示，然后和昨天同时间段比对，了解是否有异常，这些都是基础分析。如果发现，某家店或某个区域的销售比昨天低，这就需要进一步深挖，销售数字为什么会下滑，是因为来客数不足还是因为转化率变低了，或是客单价不如昨天，了解我们关注事项变化的底层逻辑或是原因，就是对数据的洞察。

刚才举的例子是对销售的监控，把时间拉长，将每个周期（例如一个月）所有客户交易数据拿出来，将同一个客户的交易放在一起，计算这名客户一个月来了几次，以及这名客户的消费总额，再用消费总额除以来店次数，就可以得出这名客户的平均每次消费的单价。这样我们可以根据客户一个月来店的次数、消费单价等，将客户标示为常客、偶尔来的客人，或是已经有流失倾向的客户，这些都属于数据分析的范畴。但是我们将一些客户行为进行不同时期的对比，就会发现一些客户的行为开始产生变化，需要进一步了解他们行为变化的原因，这就属于客户洞察。

10.2.4 反应

反应阶段，就是当企业发现机会或风险时，而立即采取的行动。所以反应应该有两种类型，第一种是非计划性的，第二种是计划性的，我们分别说明一下它们的场景。

（1）非计划性的反应：无预期地遇上客户，应该采取什么行动。什么是无预期地遇上客户呢？就是客户自己主动来，包含了客户来到线上或线下门店。这时怎么应对？过去管理非常好的店会有服务人员说"欢迎光临"，然后迫不及待地冲上去问客户想看看什么，这时多半会把客户吓跑。如果换一种场景，店员说的是某某先生您好，这时候客户会觉得比较亲切。当然这个做法可能涉及个人隐私，不能用人脸识别去分辨一名来客，但还是可以用其他方法来获取来客的数据，例如在门店口搞扫码领取优惠券，这时客户是自愿地表示他的身份，就没问题了。也可以在商品上面放二维码，作为商品的解说，这样也是客户自愿表示身份。再不行，客户结账时总知道他是谁了吧？一旦知道来的人是谁，应对策略就变得智能多了。

在零售行业有一个黄金法则，客户在店里面待得越久，他购买的东西就会越多，这就是需要想尽各种合规的方法在客户突然来店时辨识他，并且与他亲密互动的原因。这时候可以针对他过去的购物偏好，进行相关产品的推荐，提高这次接触的成交机会。

（2）计划性的反应：企业通过大数据的积累，了解客户的基础信息、产品偏好以及最近的行为信息，能够采取更多的精准行为。例如可以找出那些近期有流失倾向的客户，激活唤醒他，因为商家很清楚过去他喜欢什么以及他对活动价格的敏感度，这时就能够很精准地发信息给他，或者在社群里持续互动并策划各种兴趣类的活动持续地与用户保持深度的联系，同时合理地植入线上的商品。计划性的反应，不能每次都是推销商品，企业还需要多做一些包含温情的问候、提醒，以及通过社交媒体传递更有深度的内容，加深客户对企业的印象与好感。

无论是计划性反应，还是非计划性反应，应该怎么落地呢？我认为现代的营销创新需要发挥两种能力——精准营销的能力以及社群运营的能力。

10.2.5 传统大数据的精准营销

过去如果讲精准营销，通常是基于大数据进行有计划的营销，最典型的是对客户的唤醒、客户推荐以及客户问候。客户唤醒是基于数据分析，发现部分客户的消费频次下降，或是已经有一段时间没来了，这时由企业发动，通常是基于原来消费的产品给予一些折扣，唤起客户的记忆，再加上他过去消费过这个产品，所以比较容易促成转化。第二种类型是客户推荐，通常是商家有一个新的产品上市，基于客户群体假设或商品的关联度，找出某一个会有较高的可能性购买的群体客户，例如推出一款新的护肤产品，这个产品适合油性肌肤的人在夏季使用，这时找出原来那些在夏季买过护肤产品的油性肤质客户，告诉他们，这个产品适合油性肤质和夏季，它的转化率就会高些。第三种最常见的是客户问候，通常是对老客户在生日或特殊日子的祝福或提醒，这种活动在服务行业特别重要，例如汽车保养修理行业，因为所有品牌的汽车都有五千或是一万公里的保养政策，这时提醒客户回来保养，既是问候，也是提醒，一般客户也不会觉得唐突，反而会觉得这家企业还挺关心我。

10.2.6 进阶版的精准营销——场景化 + 大数据

过去的大数据，只能知道客户过去的习惯，它是一种静态的概念，但是在移动互联网时代，有了另外一个能够很精准发现客户消费机会的方法，叫作场景化的营销。场景化营销这个名词虽然看起来很新颖，但其实在传统商业环境里早就在做了，例如去一个家具广场，进门前会看到一大堆卖沙发、卖床的大型海报，为什么厂家这么做，其实就是场景概念。既然到了这个地方，很可能要买床、买沙发，所以就在这个时间让你看到广告，是不是最精准啊？

前面讲的做法是在传统的商业时代，在互联网时代可以做得更为精准，因为现在每个人随身都带着手机，所以商家可以很精准地知道这名客户现在的位置，例如你是在商场的某品牌咖啡店的商家，附近还有竞争对手的咖啡店，你发现一位老客户又出现在商场里的儿童才艺班附近，而且待了很久的时间，这时可以推断这位客户正陪着小孩来上课，他现在肯定闲着没事，平常他喝的一杯32元的拿铁咖啡，这时候，你给他2元的优惠，只要你和竞争对手咖啡的口味差异不大，这时他可能就会高兴地跑到你的店里面。

讲到这里，我们就说清楚了为什么企业需要有价值推广的创新模式，主要就是因为客户接触渠道或媒体发生了重大改变，所以企业接触客户、推广价值的模式也必须要创新，这整个模式我们称之为CIDR模型。

10.2.7　CIDR价值推广商业模式的五大特点

（1）多渠道、多媒体整合。CIDR模型首先要解决的是营销人员面临的营销丛林，CIDR模型并不否定旧式渠道媒体，例如线下广告、楼宇广告，CIDR模型强调客户在哪里，企业的价值推广就应该在哪里出现，这就是模型第一个字"接触"的意义。传统平面媒体、网络媒体、社交媒体、自媒体等都是企业应当考虑的，只是在运用时，需要考虑每个渠道的投资回报率，以及获得的客户的质量。

（2）智能接触。CIDR模型特别强调智能化的客户交互，过去的传统营销是单向性的，就是由企业向客户推销自己产品的功能与优点，CIDR 模型强调的是双向沟通，这是它第二个字"交互"的意义。交互是一种双向的概念，客户在交互下获得的体验将更为深切，特别是在智能时代，有大量的智能化的交互设备可以提升用户体验。例如本章前面举的例子，一些中医院采用智能化的舌诊，只要拍摄客户的舌头，就能够快速了解客户体质以及可能存在哪些身体上的隐患。

（3）大数据与智能建模的应用。CIDR 模型强调大数据与智能建模的应用，一旦获得较多的客户数据，企业就能画出较完整的客户画像，从多个维度了解客户的需求，预测客户行为的变化与需求。智能建模则是通过数据手段，建立客户的消费需求模型，在适当的时间发动对客户的联系。

（4）客户终身价值管理。CIDR 模型强调企业与客户的关系是长久性的，正如 4R 理论告诉我们的，企业与客户是休戚与共的，不是只有一次的买卖关系，必须是"客户好，企业才会好"。终身价值是全流程的概念，从客户接触，首次交易，复购，增加购买品类，成为高价值的活跃客户。如何做到经营客户终身价值，基于 4R 理论，企业要对客户的需求或反馈意见采取有效的反应，并且通过关怀与会员体系，建立企业与客户的长期关系。

（5）场景化触发。在传统大数据应用，一个客户有多种标签，这其实还是一种静态的客户管理概念，例如这个客户在一家超市买过有机蔬菜，大数据就会将他划归为"关注健康的客户"。可是在不同场景下，其实客户会产生不同的需求，例如刚才买有机蔬菜的客户，在陪同家里小孩到购物中心去上音乐课，闲来无事时又会出现喝咖啡的需求，这时，商家可以发一张咖啡优惠券给他，这就是场景化的及时营销。

掌握了 CIDR 模型的五个特征，相信这更能够帮助读者建立新的

价值推广模式。接下来我们用几个实际的行业案例来说明 CIDR 模型
的应用。

10.2.8   连锁便利店行业的 CIDR 模型应用

在本书第 7 章，讲述了我担任一个大型连锁集团高层主管时，如
何从价值主张创新扭转了这家知名的连锁便利业绩下滑的趋势。从
"互联网 +" 以及数字化智能化的视角，并完成商业模式创新，我们
把这个模式称之为 "一个中心、三个闭环"（参见图 10-2）。最后成
功完成数字化转型的模式。

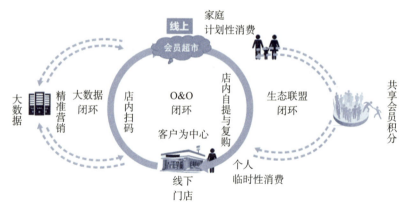

图 10-2   "一个中心、三个闭环"的零售行业数字化模型

首先我们分析了当下便利行业面临的内外部挑战，并对客户进行
深度的洞察，进一步去探索客户还有哪些隐藏的需求是我们没有提借
的，接下来以 "客户需求为中心" 进行了产品与服务创新。

于是，在一次战略会议当中，我提出来三个发展策略，首先需要
巩固好原来的重要客户，接下来，需要设法提高原有客户消费的频
次，最后，需要开发、吸引更多的新的客户，基于这三个策略，我们
展开了企业数字化的征途。

要巩固现有客群。我们做企业的目的就是要满足客户需求，因此便开启了一系列的头脑风暴，比如在门店周边的消费者，还有什么刚需产品？这时总部的采购主管，拿出他的商品清单说重新梳理一下产品，看看怎么提升产品力。望着清单上的方便面、矿泉水、果汁等一大堆我们即有的产品，我告诉团队，想要创新的第一原则是"忘了我是谁"。为什么要忘了我是谁？很简单，闭上眼睛想想，便利店是什么样子？我猜大部分人想到便利店的场景大概就像图 10-3 所示的样子吧。

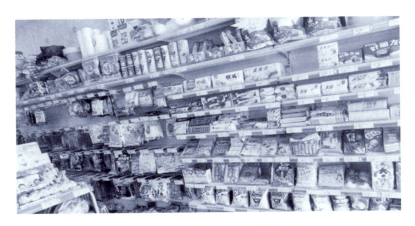

图 10-3　传统便利店给人的刻板印象

如果你的脑子里面充满了这个景象，那创新的可能性还会有吗？一定会被所在行业里的刻板印象所束缚，这样是不可能提出跨界的创新点子的。

当我们完成了产品创新后，又重新开始观察，消费者是如何使用我们的产品。我们卖的是食品，就看消费者是在什么场景下吃这些新的产品，我们如何给这些客户更好的体验。于是我们在门店里增加了一些比较简约的用餐的环境，将货架调整到"正常人站立，可以看到对面的与眼界齐高的货架"，并且在夜间，把店内灯光换成比较柔和的北欧风情。

我们甚至在店里装上了 WiFi 和一面可以写上自己祝福语的爱心墙。这样一来客户在店内消费的体验就更好了。

通过上述关于产品与消费场景的改变，我们其实已经不是便利店了，我称之为一个新的名词叫作"餐饮化的便利店"（grocerant），这是将杂货店（grocery）与餐饮（restaurant）两个词组合出来的新创词。这个词不仅仅是在字面上的创新，更重要的是它构成了一个过去没有的"刚需、高频、高毛利"的崭新商业模式。

第一个闭环：O&O 闭环。接下来，我们进一步思考这个行业的消费场景，是否有机会从场景的维度进行突破。说到场景，我们是连锁便利店，当然最重要的场景就是客户到门店里面来。我们开始思考，是不是还有其他的场景，消费者有需求，可是我们没能满足的。

于是我们开始了进一步思考，我们当前的消费场景是什么？我们给自己的定义是"临时性的个人消费"，为什么说是临时性的，正如我们前面所说的场景，便利店是满足在特定时间的需求。但除了这个"个人＋临时性"的场景之外，还有哪些需求是我们没有满足的？

这时我们开始推想，如何能够增加消费场景呢？"个人＋临时性"的另一面恰好就是"家庭＋计划性"的消费场景，很简单，就是超市。可是超市是重资产投入（便利店可以加盟，比较轻资产），而且所需要的经验与便利店还是有很大的不同。当时整个超市行业其实已经是哀鸿遍野，每年增长一个点就算表现得很好了，所以我们不可能放着好不容易打造出来的便利店行业蓝海模式不管，跑去红海里搞自己不那么懂的超市业态。不过有一个行业也是生活用品的"家庭＋计划性"的消费场景，而且可以做得比较轻资产，那就是线上超市，而且是会员线上超市。我们当时已经有几十万名会员，而且这些会员对我们的品牌是有一定的信任和好感度的，如果能够将这些人有效激活，我们再在新的线上超市的场景里去调整商品的规格和价格，新的消费场景很快就可以建成，而且对用户多提供了一些服务。

根据我们的分析，线上超市有两个主要的成本，首先是流量成本，就是需要在网络上投放广告来吸引客户，现在这个成本是越来越高了。第二个成本是配送成本，因为这时客户并没有到门店，而是在家里面购物，得送货上门。为了解决这两个问题，我们在门店里开始推广线上的会员购物平台，我们要求门店的店员看到如果线上也有客户要买的东西，如果不是马上要拿走，就推荐他可以去线上看更多的选择，线上也可以用线下门店取得的积分抵扣消费，比外面的超市便宜。同时我们又推出了门店自提免运费，还送优惠券的促销，因为这些会员原本跟我们的线下店就经常接触，不是在办公楼，就是在所住的小区，所以到门店自提对他们来说和到小区物业取快递是一样的，而且又可以获得另一张优惠券，这个促销有效地拉动了线下门店会员在线上会员平台购买的意愿。

因为这个模式是整合了线上与线下的资源，并进行了场景扩充，为了让团队了解公司对线上与线下门店一样重视，所以我们不把这个模式用一般通用的 O2O 称呼，我们认为 O2O 是有些侵略性的，是线上对线下门店的入侵。我们特别将这个线上与线下融合的模式称为 O&O（online and offline），为了鼓励双向融合，门店会员在线上首次开单转化，店员可以获得奖励，并且在会员线上购物后，商家会发给他们线下门店才能使用的优惠券，让客户回流到门店。经过这样的 O&O 操作，从数据上发现，确实有一些客户会从一个渠道转到另外一个渠道，但是绝大多数的会员，持续维系了两种场景的购买，他们的交易总量明显上升了，也就是说，公司创造了更大的客户价值，获得了更多的利润。

第二个闭环：会员大数据闭环。在讲第一个闭环时，我们提到了它成功的一个关键，就是会员。因为我们相信，愿意成为我们线下门店的客户，对我们这个品牌的印象应该不差。初步测试发现，会员对于在同一品牌上的购物场景扩充是可以接受的，让我们更进一步感知到会员的价值，于是我们在会员制度上开始花了更多的时间与精力，来考虑如何优化会员体系。与此同时，为了进一步了解会员的购物偏好以及购物的黏度，我们启动了会员大数据这个项目，为什么称之为另外一个闭环，因为我们发现这些会员会按照我们的期望以及引导，在线上线下都表现出了让我们受鼓舞的行为。

这时我们发现某一些会员的购买频次与客单价都显著高于一般客户，我们认为这些客户是更值得关注、培养的客户，所以我们将原来的简单会员制度做了一番调整，出现了两级会员制度，一般会员与尊享会员。一般会员是只要注册就可以成为的会员，尊享会员是必须每年要支付我们 100 元会费的会员。因为有了分级，所以我们需要对不同的客户进行差别对待。一般会员是每一元消费就能获得一个积分，累积到 100 积分就可以折抵一元的消费。尊享会员则是双倍积分，并且在成为尊享会员时可以获得一些礼包，这些礼包其实就是从数据总结出来的钩子产品，例如咖啡。数据显示，一名客户喝六杯咖啡就会上瘾，成为重度消费者。我们特别针对尊享会员实施了一个"疯狂星期三，百倍积分"活动，百倍积分其实就是对折，我们要求单价到达一定金额，就给予百倍积分奖励，这个活动效果奇佳，让绝大多数尊享会员周三一定会来，同时其他日期的黏性也大幅增加，最终使得消费频次从每月 2—3 次，增加到十余次。付费会员的会费也让我们每年多了十来亿的利润。在连锁便利店这个行业，销售能够达到十几亿元的企业已经是屈指可数了，更不用说光是会员费就能收到那么多钱。

通过对于会员数据的完整收集，我们进一步进行会员数据标签化，创造了六个维度的会员标签体系，请参见图 10-4。

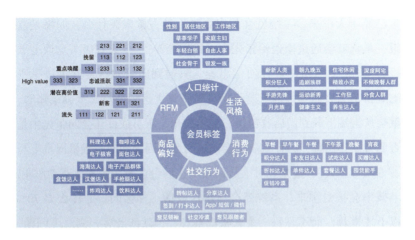

图 10-4　大数据会员标签体系

　　第一种变量是"人口统计"（demographic），包括会员的性别、年龄、职业、居住地区等。第二种变量是"生活风格"（life style），包括会员对于价格的敏感度、对生活的态度等。第三种变量是"消费行为"（purchase behavior），用来了解这位客户什么时候消费，从线上还是线下，来的频次是否产生变化等。第四种变量是社交行为（social behavior），主要是了解某一位会员是否积极参与活动，是否乐于在社群里面分享内容，是否乐于为人解答疑问，或是不是KOL（意见领袖，Key Opinion Leader）。第五种变量是"商品偏好"（product preference），包括会员喜欢什么类别的产品，例如只买鲜食或干食等。第六种变量是做客户行为监控最常用的 RFM 指标，R 代表最近一次来店时间距离，表示客户活跃性，F 是平均每周消费频次，M 代表平均每次消费金额，我们将这三类指标都分为三个等级，3 为最佳，1 为最差，例如 331 就代表最近很活跃，频次也高，但是客单价低。

　　这些会员大数据对于业绩提升发挥了重大作用，例如张姓客户过去平均每周来店一次，我们每周对所有客户行为扫描，我们发现张先

219

生已经十天没来，系统就会找出张先生过去常来买什么，如果是盒饭，系统就会通过微信给张先生一张促销券，"今天到店买盒饭七五折"，张先生不用领取任何优惠券，只要到店买盒饭，就可以享受七五折，怎么做到的呢？这个信息在张先生出示会员二维码结账时，就会从云端下载到门店收银机，提供折扣，店员或许还会问张先生是否要带一杯咖啡，为什么店员会问这句话？因为他的收银机屏幕上写着"咖啡达人"，这是经过大数据系统在后台运算，张先生有70%以上概率会接受咖啡，系统就会显示这段话。你会问，为什么要70%以上才推荐，而不是每一个人来都推荐？这就涉及客户满意度问题，试想每个客人来，店员都推销咖啡，那么是不是会有很多人觉得被骚扰而不高兴了？如果我们已经很精准地预测这名客户是喜欢喝咖啡的，这时推荐咖啡，还给一元折扣，作为爱喝咖啡的人就会很开心，这就是大数据应用的价值。

第三个闭环：生态圈闭环。前面两个闭环基本上都是内部使用的数字化能力，当这些基础打造完成以后，我们开始想着，这么多的积分，如果能够让客户在很多场景都能使用，例如可以在吃饭、在百货商场购物时拿积分来折抵，那么客户是不是就更能体会出我们积分的价值？是不是更乐于在我们线上或线下门店消费？于是我们与外部多个行业的商家沟通，说服他们接受我们的积分，承诺不打任何折扣，就这样，我们的积分成了硬通货，许多企业送客户礼品时，开始赠送我们的积分。更进一步，我们说服了许多餐饮企业在客户消费完后，发放我们的积分给客户，其实我们就成了代发积分的服务商，如此我们的积分彼此相通，建立了一个跨行业，积分与客户共享的互利生态圈。在此基础上，我们开始更有计划地拓展积分的使用场景，采用地图的定位功能，将整个城市按照门店的位置，进行许多500米半径的生活圈划分。

通过这个生态圈的客户互通，我们推荐客户到其他品牌消费，这些品牌逐渐感受到这个积分的威力，于是我们说服他们也发行我们的积分，以激励他们的客户对他们品牌的好感。我们再提供客户积分使用的分析报告，让他们更了解持有积分的客户行为。这样的结果确实也让这些品牌的客户提高了他们对该品牌的忠诚度与消费频次。与此同时，这些品牌也把客户推荐回我们的连锁便利店使用积分，于是大量的新客户被引进到我们的连锁店，我们的会员数也在一年内从 3 000 万急速扩增到了 6 000 万。这时团队中原来抱怨"为什么我们的积分要让其他商户使用"的主管，也开始逐渐体会到互通有无的巨大效果，如果要靠互联网或其他促销拉进来 3 000 万新会员，几乎是不可能的，可是通过这个跨业互通的机制，有效拉新成为业绩增长的另外一个主要驱动力。

上述介绍的零售行业数字化转型，"一个中心、三个闭环"框架，实际上带给企业四大赋能，参见图 10-5。

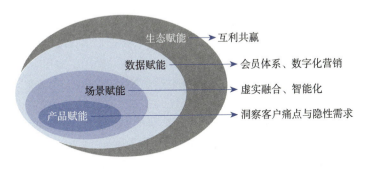

图 10-5 "一个中心、三个闭环"战略完成了对零售企业的四大赋能

第一，通过产品创新赋能，将这家连锁企业销售的产品从传统便利店的包装产品，例如方便面、瓶装水、饼干、蜜饯转为刚需高频的鲜食品类，提高了客户来店的必要性，也提高了企业的利润。第二，通过虚实融合场景的打通实现的场景赋能，让客户有了更多的消费场

景，在线下门店销售的是小包装产品，在线上则销售与超市相同的大包装，这些商品在线上销售，并不需要扩大门店空间，却能使效益增加。第三，通过会员大数据进行的数据赋能，不但可以时时掌握客户的喜好以及购物行为的变化，更有效地避免了客户流失，提高了客户的消费频次。第四，生态赋能完成了跨业互利共赢，增加了大量的新客户。

最后我们再看看这四大赋能是如何影响企业的财务绩效的，参见图 10-6。

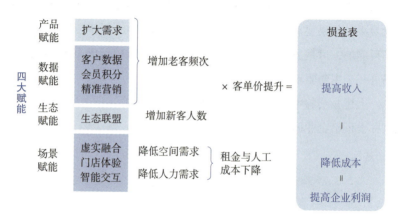

图 10-6   四大赋能对财务绩效的影响

第一，产品赋能提供给客户刚需高频的商品消费，增加了老客户的消费频次。第二，会员大数据赋能，通过对客户数据的时时监控，有效地预防客户流失，会员积分也促进了客户回到我们这个品牌而非其他品牌便利店的意愿。对于尊享会员，在每周的疯狂星期三，只要客户客单价超过 25 元，即可获得百倍积分奖励，有效提高了客单价。第三，生态赋能则是大量增加了新客的来源，老客频次上升，新客人数增加，合在一起就是总来客数的上升，加上疯狂星期三，有效地拉高了平均客单价，而总来客数 × 平均客单价，就是总销售额。第四，由于发展了线上渠道，门店不需要太快扩充也能加强对新客户的覆盖，即使卖大包装也不需要更大的门店空间，这样使得门店的人力成本和租金没有随着业绩增加而增加，降低了运营成本。最终的结果，正是我们要追求的利润提升。

10.2.9　传统商贸模式企业，如何从 2B 走向 2C

我曾经接触过一家非常有潜力的企业，老板是一个 85 后的年轻创业者，凭着自己对市场的独特洞见，开发了一系列关于女性养生的产品以及服务，例如用极具特色的竹纤维作为材料的卫生巾。为什么说竹纤维卫生巾具有特色，因为市场上绝大多数的卫生巾都标榜是柔软的棉制品，棉制品吸水柔软，不过这种产品如果没有密封包装，放置久了容易潮化，甚至滋生病菌，女性极容易受到感染。通过这个具有特色的竹纤维卫生巾产品，该企业成功地获得了第一桶金。

这家企业通过渠道团队在各个地区的努力开发，很快扩张到了国内的七个省份，建立了将近 5 000 家经销商门店，这些门店的门头设计也极为特殊，叫作"卫生巾专卖店"，连单一品牌卫生巾都可以发展"专卖店"，是不是很有特色？此时整个经销商体系对终端客户的销售额也达到了五亿元。

公司持续发展了一两年，虽然竹纤维卫生巾的特色确实给客户带来了独特的价值，但是公司却逐渐为客户的忠诚度（或者说购买产品的黏性）感到忧虑，主要原因是大多数客户并不习惯囤积过多卫生巾，很多购买属于临时行为。公司的问题是，客户经常在需要卫生巾时，没时间到他们的专卖店去购买，于是在家附近便利店购买其他品牌卫生巾。这种消费行为使得公司每年对每名客户的销售额非常有限，经销商们虽然努力拓客，但是客户价值无法有效提升。

这时，公司领导层在与中医药大学的教授交流过程中，发现很多女性经常为经期带来的不舒适甚至疼痛所苦，而用中药加上精油做适当的推拿可以缓解甚至解除这些不适感。这位年轻的创业者想，卫生巾与经期护理的消费对象都是女性，而经期护理能够提供客户更高，而且更直观的价值，于是他开始将原来的卫生巾专卖店转型升级为经期护理店，这时他们的策略是将卫生巾作为引流的工具，当女性客户到店以后，通过一些事先由中医设计的问题，判定来客可能的经期护理需求。这个策略不仅提升了客户价值，也为企业与经销商大幅提升了销售收入，之后，整个零售市场的销售额也超过 10 亿元人民币。

公司第一次转型确实为企业带来了更高的价值，但是还有另外一件事一直困扰着公司的领导团队，那就是他们不知道自己的客户是谁、有多少。这个问题对于所有的快消产品公司普遍存在，关键是这些公司的直接销售对象是各地经销商，再由经销商将产品转售给终端客户，企业是无法接触到终端消费者的。所以终端客户对于公司产品使用的体验没有直接的反馈，甚至经销商门店虽然挂着品牌专卖店，可是到底经销商用了谁的精油为客户做推拿服务，公司也很难控制。这是一种典型的快消品商贸销售模式。

公司在几个时间节点推出极为优惠的大促活动，经销商在了解了公司的套路后，也都选在大促期间向公司进货，每次大促都需要给经销商很大的折扣，这种模式严重影响了企业的利润率。于是公司准备向 2C 转型，基本的想法是公司仍然需要经销商提供库存以及门店销售给终端客户，但是公司希望能够直接面向消费者，提供产品与服务的价值，以期建立终端消费者对公司价值更深一层的认识，在推出新品时，公司也能够快速获得客户的意见反馈。

为了落实 2C 的转型，这家企业提出了一个重要的概念，就是未来的营销需要无限接近消费者，而不是过去偏重对经销商的促销（我们称之为 trade promotion），并采取了以下具体方案。

（1）建立公司会员制度。建立会员制度的目的是要让终端客户认同和公司的直接关系，因为成为公司的会员后，客户与商家也就建立了直接联系的通道，具体做法是客户关注公众号并完成会员注册。建立这个路径以后，会员可以定期收到公众号发布的信息，企业在需要的时候能够立即触达个别会员。有了会员制度，公司也能够将客户在会员商城与门店消费的数据进行整合的管理。会员制度当中也提供会员消费获取积分的利益，以提升会员的持续忠诚度。

（2）开发门店终端对客户管理与服务的平板电脑工具。过去，经销商关于客户的信息以及开单记录都记载在纸质的笔记本上，有一定页数限制，当一本记录用的笔记本用完时，这笔记本上的客户基本就失联了。因此，公司决定辅导经销商将服务过程数字化，用平板电脑来管理客户信息。经销商需要在初次与客户接触时建立客户基础信息，并且记录客户的身体体质状况，后续的交易开单也通过这个平板电脑操作，客户每次使用耗卡，也让客户在平板电脑上签名确认，交易的积分也是通过平板电脑生成的交易记录发给消费者。

客户的后续管理则会通过企业对客户行为的智能建模，每天将必须联系的客户名单，通过平板电脑发给店长，店长再按照这个智能建议联系客户。这样加深了客户对门店服务的信任程度，店长对客户的联系也能够完全按照公司制定的客户管理规则来实施，大幅提升客户的复购黏性与购买深度。

（3）整合多渠道获客能力。在获客渠道上，公司最初只有门店做地推获客，后来又成立了电商部门，直接面向消费者，在这次转型的过程中，确立了电商部门的属性是"会员商城"，也就是说电商的责任是增加客户与公司接触的渠道的方便性，也定义了门店客户在线上与企业直接交易时，对门店的分润机制。这样的安排使得门店也更乐于将客户信息上传给公司，让公司的智能模型帮店长管理他的客户。

（4）建立客户大数据。客户数据从门店或线上产生的，公司首先会邀请客户加入成为会员，并且准许公司记录客户的基本信息，然后公司再将客户的消费信息与基本信息进行合并，并且按照客户的属性建立大量的客户标签，让市场以及运营部门能够快速地调取客户数据，做营销活动的设计。

（5）建立智能化客户管理模型。智能化的客户管理模型是这次数字化的核心工作，基于经营客户终身价值的理念来建模。首先客户建档以后，按照店长与客户的交谈，记录下每个客户的体质状况，在门店初次提供服务时，会选择客户不适症状较严重的诉求进行理疗，每个理疗有固定的疗程，客户管理模型会在预先设定的时间节点，提示店长联系客户来店，一个疗程结束，再按照客户的改善程度，计划后面的疗程。

这家企业的数字化营销与客户管理体系框架，如图 10-7 所示：

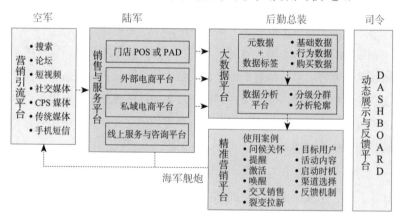

图 10-7　CIDR 模型在商贸企业的应用

上面的架构，可以算得上是一种海陆空协同作战的智能化营销商业模式，它清楚地界定营销体系内每个成员应该扮演的角色。例如总公司通过网络搜索、短视频、社交媒体的获客，为"空军"；门店负责接待、服务到店的客户，并且通过平板电脑进行客户联系是"陆军"；会员与大数据分析的角色是总装部门，他们发动的精准营销可以直接触达消费者，并且与门店信息同步，为海军（舰炮）。另外后台建立大数据战情监控的信息板（dashboard）是军队作战的司令部。

通过这次数字化转型，公司建立了与客户的直接关系，能够更精准地提供客户服务与建议，客户的复购黏性大幅提升，现今 70% 以上的来客都是通过这个管理流程达成，公司业绩也再度大幅提升。

10.3　2B 行业的价值推广

前面讲的 CIDR 框架，通常更适用在 2C 的行业中，如果一个企业的客户不是个人消费者，而是企业客户（就是 2B 的行业），应该怎么做呢？针对 2B 和 2C 的不同，一位咨询公司的高管是这么做区分的，他认为 2C 的"C"是 customers（消费者），所以消费者是否购买，在于是否能享受企业所提供的价值。而 2B 的"B"是 business（企业），企业的目的是创造价值，所以 2B 客户是否购买，在于能否为它创造价值。这个观点点出了两种模式的核心差异。

多年来，2B 企业的价值推广模式基本上有以下几种路径，首先是参加会展，会展聚集了大量的同行企业，所以很容易吸引他们的客户参加，并且企业能在会场向客户进行深度说明，展示厂家的实力，在行业展会里销售人员可以快速获得潜在客户名单，然后做后续跟进。第二种常见的做法是在商业杂志、机场等交通要冲的平台上刊登广告，例如《金属加工》杂志就是工具机械厂家经常刊登广告的媒体。我们也经常会看到一些厂家在机场大厅安排广告，这些广告的属性与电梯楼宇广告有显著的不同，电梯楼宇广告一般是 2C 的，机场大厅因为考虑到有很多的商务人士差旅，所以他们的广告更倾向 2B。第三种常见的做法是通过它的 B 端客户场景做推广，例如我们经常看到汽车零配件厂商在他们的客户——汽车维修厂里面张贴海报，汽车维修厂为什么愿意张贴这些海报，因为这些海报也帮助他们向客户推广产品，提升销售额。

随着互联网的发展，在商业推广渠道上也为 2B 企业增加了更高效的媒体，特别是社区与论坛。与商业杂志不同，社区或论坛是一种常态性的展示媒体，社区具有多媒体动态展示的能力和极强的交互能力，是 2B 企业绝佳的推广平台。2B 企业可以参与外部的专业社区，如果规模适当，也可以自建平台。例如美国的新蛋网，在相当长的时间里，其数码、IT 产品销售都超越亚马逊网站，新蛋网之所以能够成为 IT 专业人员的首选，主要就是因为其工作人员建立了一个 IT 技术论坛，这个论坛吸引了大量的 IT 专业人士在里面进行交流，采购人员也会在社区里面咨询，所以社区是 2B 企业建立专业形象的非常重要的平台。

上面讲的是传统 2B 企业在进行价值推广时的渠道选择，那么推广的内容该如何做呢？ 2B 企业的营销，需要基于企业客户购买产品的目的来考虑，推广内容的方向，按照客户属性一般可以区分为三大类型：

第一种是客户买来自己用，应该采取"整体价值营销"模式。例如 IBM，IBM 过去主要是销售大型电脑设备给中大型企业或政府机构，企业客户购买 IBM 主机的目的是做企业的大量数据处理。

第二种是 B 端客户买来再转卖的，应该采取"向下游营销"模式。典型的是商贸企业，例如麦德龙超市，它们的客户是餐饮、酒店行业的，所以麦德龙的营销与沃尔玛或家乐福是不一样的，后者面对的是 C 端消费者，它们需要讲的是对 C 端价值，但是麦德龙需要考虑的是餐饮酒店客户为什么向他们进货。

第三种是 B 端客户买来，经过加值后再销售给 C 端客户，应该采取"元件营销"模式。典型的是购买元件进行加工后售出的企业，例如英特尔，它们的客户不是 C 端客户，而是像戴尔、联想、宏碁这些电脑公司，英特尔卖给他们的是这些品牌电脑当中的中央处理器

（CPU, Central Process Unit）。

戴尔、联想设计自己的品牌电脑，然后选择一款 CPU 作为核心元件，再把整套电脑卖给他们的客户。所以英特尔的营销是要考虑这些电脑厂家为什么用英特尔的 CPU，而不用其他品牌的 CPU。三种模式的特色以及典型的行业、企业，请参见图 10-8。

图 10-8　B2B 行业的分类与适合推广模式

10.3.1　整体价值营销（Total Value Marketing）

B 端客户向企业购买产品，这个产品是 B 端客户要拿来自己企业内部使用，这时候买方关注的是这个买进来的产品，是不是能帮它达成使用该产品的目的。这种交易买卖的产品通常是需要厂商支持的大型设备，例如大型电脑、数据库软件、仪器设备等。

这时候，销售方需要针对这个需求进行营销，让买方确信自己的产品能够正常使用，对售后非常重视，能够在客户需要协助的时候，在最短时间内让该产品恢复到正常可使用的状态，发挥卖方宣传的价值。此时卖方的宣传重点除了产品的功能，还要强调综合支援与服务能力，保证产品能发挥效用，这种营销可以称为整体价值营销。

10.3.1.1　IBM 如何进行它的整体价值营销

IBM 在大型电脑时代，无疑是最成功的电脑公司，有一些人在描述 IBM 有多么成功的时候会说，在当时全世界范围只有两个电脑品牌，一个是 IBM，另一个叫作其他，而且 IBM 远大于其他的加

总。IBM 的电脑在当时并不是唯一品牌，在不同时期其实还有不同
竞争对手，例如早期在办公环境里面有王安电脑（Wang），在工厂领
域有迪吉多（Digital），这两家也和 IBM 一样提供硬件以及软件操作
系统。另外还有像同为美国企业的 NAS，它提供的是 IBM 的相容系
统，就是从硬件上来看，它是 IBM 的竞争对手，但是它并没有软件
系统，它的硬件是由 IBM 的软件来驱动的。在大型电脑时代，电脑
的等级是以 MIPS（Million Instructions Per Second，每一秒钟可以处理
多少百万的指令），不管是王安、迪吉多，还是 NAS，在同样 MIPS
之下，它们的价格都在 IBM 的对折以下，换句话说，同样的处理速
度，他们的价格都不到 IBM 的 50%。这么大的价差，IBM 凭什么
还能够经常击败对手呢？主要就是因为 IBM 的两种整体价值的营销
策略。

首先，IBM 从软硬件的整合绩效来解释为什么它的系统更好，
系统整合性包含了软硬件的整合能力以及系统整体效能。

软硬件整合能力。IBM 告诉客户，特别是那些想要买价格是 IBM
一半的相容机器 NAS 的客户，IBM 的软件是基于 IBM 的硬件框架
发展出来的，虽然 NAS 号称它的硬件与 IBM 的软件完全相容，但是
IBM 说，我们的系统软硬件会不断地迭代，即使 IBM 提供了向上一
代相容（Backward Compatibility）技术，为的是新软件能够在旧的机
器上执行，但是有部分新的功能指令只能在新的设备上执行，那些相
容品牌的设备，只能去研究 IBM 旧的功能，新的功能它们是追不上
的。这种相容性的问题，使得很多客户不愿意冒风险，而宁可支付更
高的代价，使用 IBM 电脑设备，以保证系统的相容性。

系统整体效能。对于王安和迪吉多那些具有独立软硬件系统的竞
争者，IBM 的说法则是，确实 IBM 的中央处理单元的速度可能比不
上一些对手的某些型号，但是 IBM 的系统设计概念是支持大型企业
的，而不是工程上控制或计算用途。IBM 的系统将中央处理单元的

工作分到不同的其他周边设备，而其他的电脑则是把所有的工作都揽在中央处理器，所以即使比较 MIPS 时 IBM 的效能没那么好，可是它的整体处理效能（Throught Put）却是最好的。例如在通讯上，IBM 架构上有通讯控制器（Communication Controller），管理与各个工作站之间的数据传输，其他厂家是将这个功能整合到中央处理单元，但是 IBM 却是将功能分散给几台通讯控制器，使得它的中央处理单元专注于运算处理，这样，IBM 的 MIPS 比较差，但是它告诉客户要用单位时间内能够处理工作总量来衡量，所以 IBM 又赢了。

IBM 的整体支持能力。前面两个方法还是从硬件着手，第三项就完全是虚的了。IBM 因为是最早进入大型企业应用的大型电脑企业，所以有很多的大型客户，例如各国较大的银行、国有企业、世界 500 强企业。当这类型企业评估购买大型主电脑时，IBM 又会告诉客户，我们不仅提供电脑的软硬件系统，更提供行业经验。IBM 在全世界有这么多银行业、大型制造业的客户，对这些行业非常了解，可以帮客户引进这些国外的技术。所以客户必须要和 IBM 保持良好的关系，这样可以在应用软件开发上省很多精力。

这就是为什么 IBM 在单一产品功能上并不具有绝对优势，但是仍然能够在 20 世纪 60 年代到 90 年代这长达 40 年的时间中，所向无敌，几乎独占大型电脑市场。IBM 告诉业务团队，这就叫作整体价值营销模式。

IBM 的买方是谁，他们为什么会接受价格比较高的设备。很简单，决定买哪一种厂牌大型电脑的人应该是大型银行或大型企业的 IT 部门负责人，他们选择的标准是什么呢？很简单，就是"保险"。他们希望购买的这些大型电脑设备，在企业遇上信息处理问题时，有全世界排名第一的电脑公司作为后盾帮助他们解决问题，这是其他厂商所无法提供的支持能力。所以这些主管宁可花较多的钱，来保持与 IBM 的关系，也就是他们认可 IBM 的整体价值。

10.3.1.2 测量仪器公司

接下来我们再讲一个规模比较小的行业，测量仪器公司。这是一家德国设备公司，专门生产超市用的大小型磅秤、蔬菜农药检测仪、肉类含量检测仪。在一次高校 EMBA 课堂中，我认识了公司负责服务的总经理，他正受到德国总部的质疑：为什么在中国的业绩无法快速增长。这位学生约了我和他们的中国区负责人见面，想要我帮他们出谋划策。于是我问他们对手是谁，他举出了另外几家厂商的名字。接着我问他们客户是谁，他们说："胡老师，其实你曾经任职高管的两家公司，麦德龙以及顶新国际集团都是我们的客户。"接着我再问他们的功能和对手比起来有什么不同，他们说应该是设备的灵敏度或精密度比较好。我又问价格，他们很不好意思地说："胡老师您知道，德国的产品嘛，自然比国内的品牌贵一些。"最后我又问："既然这两家我任职过的企业都是你们的客户，我又是可以做决策的那个人，那么为什么你们以前没拜访过我？"他们回答说："我们做这些仪器设备的厂家，一般接触的对象就是检测部门的主管，不太容易见到最高层主管的。"讲到这里，我告诉他们，我知道问题在哪了。

各位想想，这样的公司很多，他们的问题出在哪呢？其实就是他们没有掌握对 2B 客户价值推广的核心诉求。很多这种仪器设备公司，过去他们的精力都花在"掌握核心技术"上，做磅秤的就追求磅秤的精确度，做动植物检测的就强调能够检测出蔬果含多少农药、肉品是否有添加物，甚至是谷物饲料的农药含量。其实这些操作层的能力，国内公司和国外公司技术水平的差异并没有这么大。但是他们产品的售价差异却不小，以至于如果决策考虑因素是性价比，这些号称掌握更精密技术的德国企业就会输给国内厂家。

听到这里，我想确认一下我看到的问题是否对，我又问他们派到客户公司的业务员是谁，结果他们回答："那要看是哪一个设备，因为我们公司的组织是垂直管理的组织，磅秤和检测仪器分别属于不同部门，他们也直接对德国总部相对应的工厂汇报。"这就是这类企业的典型问题，因为专注技术的"点"，而忽略了客户的"面"，他们只是满足了客户检测部门主管的问题，但是并没有替客户更高层的主管考虑，没有考虑这些 CEO 关注什么。

我告诉他们，作为 CEO，我更关注的是各个环节整体的产品质量控制，如果能够将这些设备上的测量结果都上传到云端，然后在云端开发出一个可视化的软件，能够让客户随时看到产品质量如何，有没有变好或变坏的趋势，甚至通过这些结果区分出不同的供应商。如果能做到全面质量检测可视化报道，那么就解决了 CEO 关于产品质量的困扰，这样就直接能够和 CEO 接触，而不只是跟基层的技术人员做技术细节的评比竞争。该公司的中国区负责人，接受了我的建议，将他们数十种设备的数据进行整合，并且制作出可视化的界面。后来，我再次看到这位学生，他告诉我，这种价值观点的营销确实改变了竞争的游戏规则，让他们在业界竞争有了很大的突破，比较大的企业都更愿意购买他们这套整体解决方案。

另外，在医疗器材、药品等行业，虽然产品不同，但是买方所希望得到的卖方支持也是全面的，例如 CT 扫描机，如果只是扫描功能，大家都是一样的，这时卖方就需要提供更全面的 CT 与病理相关知识，这样才能赢得 2B 客户的青睐。

10.3.2 向下游营销（Downstreaming Marketing）

这种状况，通常企业销售的模式是买方对购买的产品稍微加工或无须加工，再作为商品转卖出去。买方的客户可以直接感受到原始出售产品的价值。这时，卖方应该强调的是自身产品的优越性，让客户买了他的产品以后，也能提升他们对再下游客户的价值。这种营销模式我们称为向下游营销。

10.3.2.1　麦德龙超市的向下游营销模式

麦德龙是一家总部在德国的跨国超市集团，几年前我担任该集团中国区的董事，并成为负责它们的全球数字化推动小组的成员，我们的职责就是推动麦德龙全球各个分公司的数字化进程。我进入公司以后，就与负责采购、运营、营销、技术等部门的主管开讨论会，目的是了解他们的业务挑战，并且寻求解决之道。

麦德龙的运营部门负责门店的管理以及门店的销售，当我和运营部门开会时，问他们最大的挑战是什么，店长们很一致地说，他们的客户属于 2B，具体说就是酒店、餐饮、餐厅，最大的挑战是，麦德龙的产品虽然质量确实不错，但是价格也比较贵。我回答说，一分钱、一分货，得跟客户说清楚啊。店长们问："你在家里煮饭时，会用橄榄油还是色拉油？"我回答说橄榄油比较健康，所以一般我都是吃橄榄油。店长们露出诡异的笑容说："如果你是饭店的大厨，负责采购材料，要对利润负责，那么作为饭店大厨会用哪种油做烹饪？"我很直接地说，当然是花生油。店长们说，一般客户不一定品尝得出来用的是什么油，所以商家考虑成本，必然不会愿意买贵的材料。

店长们接着说，再拿店里面卖的三文鱼来说，麦德龙的三文鱼都是大老远地从北极边上的北欧渔场空运过来，所以成本当然比国内很多来源不确定的超市的三文鱼要贵些，如果个人家庭消费，想要质量有保障，也能接受比较贵一点的来自北海的三文鱼，可是如果是大饭店的主厨，他们是会买麦德龙的三文鱼，还是到超市里去买一般鱼贩销售的三文鱼？根据前面买油的逻辑，当然买一般超市卖的三文鱼。

讲到这里我开始了解到店长们的挑战，就是他们要卖比较贵的东西给那些价格极端敏感的客户，因为如果是 2C 客户，橄榄油和三文鱼都是自己吃的，当然很在意食材的质量。可是 2B 的客户，那些主厨被考核的标准是成本、利润，因此即使我们的质量好些，这些做决策的主厨当然不会愿意购买那些比较贵的食材。那些去酒店吃饭的客人，他们怎么知道酒店提供客户的是不是更高价值的食材，这时作为采购，唯一的取舍标准就是价格了。

后来我们了解到在德国麦德龙总部有一个拆分出去的公司叫作 Star Farm（中文翻译为麦咨达），它有一套系统就叫作 Star Farm，参见图 10-9。

图 10-9　麦德龙的 Star Farm 标识与商品条码

只要客户扫商品上的条码，就会知道这条三文鱼是哪年哪月哪日，从地球上哪个位置捕捉到，花多少时间从产地送到仓库，什么时间上架，什么时间售出。因为预算关系，这套系统一直没有在中国推广，于是我们提出了这个数字化的机会。为了让这个价值不仅能够被厨师长知道，而且还要让到酒店吃饭的客人也知道这个价值，于是我们开始在麦德龙的酒店餐饮客户群里，招募他们成为麦德龙 Star Farm 合作店，这些店会把给客户上的菜单附上 Star Farm 的标签，然后我们在店里面贴上 Star Farm 的海报，并且做了一系列活动，接着把这些加入合作推广的店在 App 上列出名单，让我们数百万的会员出去用餐都能找到这些支持 Star Farm 的店。后来我又去拜访了几家五星级酒店的总经理，他们表示餐饮的生意确实改善了，有不少来吃饭的客户指名要点那些主食材有 Star Farm 标签的菜品。这些客户也不会因为这些菜比较贵而不点。

　　这个案例告诉我们，对于 2B 客户来说，如果我们希望他们买产品，一定要能够帮助他们，把提供的价值在他们的客户端体现出来，这就是向下游营销的重点，当这个品牌的价值被普遍接受时，很自然就会成为客户购买产品的驱动力量，B 端客户的生意变好，那么自己的生意当然也就会好了。

10.3.3　元件营销模式（Component Marketing）

　　这种 2B 企业，本身销售的是一种元件或零件，消费者无法直接买来这种元件使用，而是通过企业购买这些元件以后，经过比较大的深度加工或是与其他产品整合，高度加值，才成为终端消费者可消费的产品。这种模式在半导体行业、服饰行业都极为普遍。

　　例如英特尔，它是提供电脑中央处理器给电脑主机厂商，这种厂家的角色是提供元件或材料给它的企业客户，再由企业客户将这个元件整合到它的产品里面，然后销售给 C 端消费者。还有微软，它的销售可以区分为 2C 和 2B，其中 2B 就是将它的软件销售给电脑厂家，再由这些厂家装上微软的软件，卖给 C 端客户。

　　除了英特尔、微软，还有很多类似的厂家，例如提供许多手机或照相机作为摄像元件的徕卡镜片，还有提供许多纺织行业材料的莱卡面料，他们的特殊材料能够让服饰公司做出来的衣服具有更加弹性。

　　虽然这些企业的直接客户是企业，但是他们都采取同一个策略叫作元件营销模式，也就是他们仍然都会把终端消费者（间接客户）作为价值推广的对象，企图通过终端消费者的认同再回过来影响它的直接客户采购。

10.3.3.1　英特尔的 Intel Inside

　　英特尔是全球知名的顶尖半导体企业，主要生产个人电脑中央处理器，再卖给联想、宏基、戴尔等公司，英特尔可以说是家喻户晓的企业，但是在它从记忆体转型为微处理器公司时的知名度并没有现在这么高，在行业里面还有 AMD、Cyrix 等竞争品牌，这些元件提供者都需要说服主机厂采用他们的芯片。我当时作为英特尔在亚洲地区的高级主管，需要想尽各种办法，让那些主机厂商采用我们的CPU。这个过程其实是很困难的，因为这些电脑主机厂商也都是很大的知名厂家，这些企业都有严格的技术部门把关，也就是说，采用谁家的 CPU 是由技术部门提出测评报告，除非有很强的理由，否则公司领导也不好推翻技术部门的建议。那时候英特尔的做法和其他许多B2B 企业是一样的，就是希望通过个人关系，影响这些电脑厂家选择 CPU 的决定。那时我们最常采取的方法就是约这些电脑厂家的高层打高尔夫球，希望能通过建立更好的私人交情，维系我们与客户的关系，进而采用我们的产品。这种做法在医疗用品、器材、药品等行业其实也是非常普遍的。可是我们的这些客户经常会在打球的时候告诉我，他确实很想帮忙，只是这种选品都是由技术部门的测评作为主要依据，他们也不方便影响决策，如果他们决定选择一款效能并非检测报告当中最好的元件，必须给出令人信服的理由。后来，英特尔推出了一个品牌营销活动——Intel Inside，彻底地改变了市场的游戏规则。

　　我们是怎么做的呢？我们利用这些电脑厂商想要我们补贴广告费的心理，达成了市场结构易位的结果。我们告诉这些电脑厂商的高层主管，要求他们未来生产的电脑，只要是用英特尔 CPU 作为中央处理器的电脑，张贴一张Intel Inside 的标志，如图 10-10。

图 10-10　笔记本外壳上 Intel Inside 标识

如果他们按照这个要求，未来在推出他们品牌个人电脑的电视广告时，假设是 30 秒广告，只要在最后三秒钟时间打出 Intel Inside 的标志以及英特尔品牌标准声音，我们愿意补贴他们 50% 的广告费。平面媒体也是一样，即使是报纸半个版面的广告，只要在角落加上一个 Intel Inside 的标志，我们也愿意承担 50% 的广告费。这些个人电脑主机厂的主管听到这个信息时的兴奋简直是无法隐藏的。就这样，联想的广告结尾说英特尔好，宏碁的广告也说英特尔好，戴尔也说英特尔好。这种状况使得消费者很直接地认为，英特尔就是市场的龙头，英特尔的 CPU 是最好的。这种认知使得消费者到电脑门店购买时都会指明要那种贴有 Intel Inside 标识的电脑。

终端用户的想法变了，这时候，即使我们在技术测评时不一定取得优势，但是这些主机厂商还是不得不优先考虑消费者偏爱的核心元件品牌，英特尔体会到这个优势，就展开了更密集的品牌教育行动，通过论坛、测评、硬广等多个维度更积极地向终端消费者传达信息，从此也增强了英特尔与直接客户谈判时的话语权。

这种通过终端产品的外表标识在最终消费者端获得品牌展现机会以后，再补贴直接客户的广告活动，然后用自己的品牌活动、社群以及行业论坛，直接向终端消费者发力，改变消费者对元件重视与偏好，最终取得自身对直接客户话语权优势的这种营销方法，被称为元件营销。

10.4 本章小结

本章首先引述近代营销学之父，菲利普·科特勒对营销迭代发展的历史观，在不同的社会经济背景下，营销思维必须随之迭代创新。我们将营销思维的迭代区分为五个阶段，从营销 1.0 到今天的营销 5.0。

需要强调的是，营销思维虽然在不断地迭代，但并不代表原来的模式变得完全没意义。常见的情况是以原来的做法为基础，再加上新的思维，所以我提出现代营销 5.0 的 CIDR 框架，它是整合了多种媒体营销、智能大数据、客户全生命周期管理等观念协同运营的一个框架。本章的后半段，我们也特别针对不同业态的 2B 企业，提出三种营销思维——整体价值营销、向下游营销以及元件营销。

营销 5.0 的框架，正是很多企业在数字化智能时代，需要参考的营销商业范式，我在给 EMBA 上营销商业模式的课程时，给学生布置的期末作业就是拿 CIDR 模型检验他们自身企业的营销模式，看看他是否能找出企业营销体系的不足，大部分学生说，在应用 CIDR 模型做对照后，都能够快速地找出企业营销工作的缺失。

你学习完 CIDR 框架以后，也可以拿这个框架来比对自己企业目前的营销体系，相信一定能够找出很多价值推广的模式创新的方式。

第 11 章
价值获取创新：
商业的奥秘及七大核心策略

价值获取模式，就是前面几个章节讲述的价值主张、价值生成、价值推广、价值传递，到最后的收尾——企业怎么收费的模式创新。各位可能会讲，收费很简单啊，就是定价，然后对客户收取费用啊。原则上是对的，可问题是怎么收费，对谁收费，依据什么标准来收费。这些问题在传统商业环境是相对稳定、没有什么可以变化的。但是在互联网时代，产生了许多虚拟化的产品与服务，例如门户网站、搜索网站，它们将产品数字化，并且让众多的自由内容提供者（freelancer）提供更多样化的、多视角的内容，这些内容通过互联网的传递速度，彻底取代了纸质的书报杂志。由于这些内容的边际成本几乎为零，所以互联网内容提供者在定价与收费上，就拥有比传统纸质媒体更大的弹性，同时为了加强市场竞争能力，采取了免费等创新的收费模式。

免费商业模式的出现，使得学界开始反思，价值获取也是一种值得企业深思的重要商业模式，本章将介绍七种经常被引用的价值获取商业模式，分别是免费商业模式、外加商业模式、刀片刀架商业模式、付费会员商业模式、订阅商业模式、共享经济商业模式、按使用付费商业模式。

11.1　革产业命的免费商业模式

360 免费杀毒软件在短短一年时间之内颠覆了国内外所有杀毒软件，竞争对手骂 360 是靠资本耍无赖，360 则说竞争对手不懂商业模式，免费才是最有底气的竞争策略。

今天我们就来讲讲这个近年来快速引爆全球竞争，并且产生极大争议的商业模式，思考一下它的成功与失败关键。更重要的，无论是互联网行业还是传统实体经济，下文都会给一些指引规则，告诉你，如何通过免费商业模式，建立企业的竞争优势与获利能力。

11.1.1　什么是免费商业模式

免费商业模式就是"一家企业，在一段时间内，持续地对一个特定的客户群体，提供免费的商品或服务，再从当中转化部分客户为付费客户，或是找到另外一群人愿意为这群免费客户向你付费"。

这个定义有四个重点：第一是在一段时间，不是一次性的偶发行为，必须是持续性的。第二，针对一个特定的客户群体，这个群体是经过仔细思考，不是盲目选择的。第三，提供免费的商品或服务。第四，未来要能从这群客户变现获利，不管是直接转化或是找其他愿意出钱的人收费。

从上面的定义，会发现免费商业模式又可以区分为两种类型（参见图 11-1）。

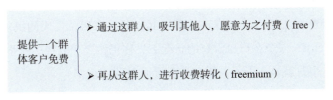

图 11-1　两种类型的免费商业模式

第一种类型是提供一群人免费的商品或服务，然后通过这群人，吸引其他人来为之付费，这个叫作基本的免费模式（free），也是互联网行业习惯称之为"羊毛出在牛身上，猪买单"的互联网思维。这种模式一般是通过广告模式进行变现。

第二种类型也是提供一群人免费的商品或服务，企业再从这些免费人群当中，挑选出一些愿意为得到更多价值而付费的人群，进行收费的转化，这个模式称为免费增值商业模式。

商家免费送东西是不是很吸引人啊？是不是立马让人消除戒心，觉得反正不要钱，试试也无妨嘛？这样就走进了免费商业模式的场景。很多人可能会说，免费商业模式是高大上的互联网或软件企业才能用的商业模式，传统实体行业是不适用的。这是不对的。这里先讲一个案例，算笔账，就会知道，所有行业都可以采用免费模式作为竞争策略或盈利模式。

试想，如果你打算在地铁站的出口卖早餐，发现出了地铁口，沿路都是卖早餐的店，要怎样在一星期之内，成为这条早餐街的霸主？你可能会说，不可能啊，一整条街都是竞争对手，怎么可能在一星期之内成为这条早餐街的领头羊。

最快速、有效的方法，就是在地铁出口拿个看板写上"今天起七天内，本店每天免费招待 100 名客户吃早餐"。

你可能会说，那怎么行啊？免费招待早餐那不是亏惨了吗？帮你算一笔账，开一家店每天租金和人工成本多少钱？月租金 15 000 元的小店面，每天租金 500 元；两名员工，每月工资 15 000 元，每天也是 500 元。将这两个成本加在一起，开这家店，一天的沉没成本（sunk cost，一个客户也没有的状况下，你仍然要花的钱）就是 1 000元，一个月就是 3 万元，压力是不是很大啊？

假设一份早餐 15 元，一般餐饮的毛利率是 65%—70%，也就是卖一份早餐能赚 10 元，那么每天必需卖出 100 份早餐，才能打平。

如果每天只能卖 20 份早餐，一个月就得赔 24 000 元。有了这个大概的数字，我再问你，是不是愿意每天再花 500 元（每份早餐成本 5元），吸引 100 名客户到店体验？如果当中有 20% 的留存率，一个月下来，就有 600 名客户成为未来的常客，这些人只要一星期来一次，就保证打平，你还会说不愿意吗？这就是免费商业模式的魅力。

免费商业模式其实从古到今一直存在，只是没有被提升到"商业模式"的位阶。这个商业模式直到 2000 年前后才被学者关注。1990年末到千禧年之初，互联网快速崛起，雅虎、新浪等门户网，用免费模式在短时间内击溃了大部分经营书报杂志出版、零售的百年企业，这些门户网虽然颠覆了整个行业，自己却始终没有盈利，只能在股票市场给投资者编织一些美丽的梦想。最后许多门户网在拥有大量用户的状况下，仍然长期亏损，最终陨落了，这个问题引起了学者们的关注，开始研究各种行业的免费商业模式。

2006 年由硅谷投资者威尔森（Fred Wilson）正式提出这个商业模式，并且将免费（free）与加值（premium）的概念组合在一起，提出了一个新的复合词——免费增值模式（freemium），就是先免费再收费。

11.1.2 免费商业模式的案例

从 2000 年至今已经有非常多的免费商业模式案例，我们还是按照前面免费与免费增值的分类列举。

最典型的免费模式的案例是早期的门户网，例如美国的雅虎、中国的新浪网；还有搜索平台，例如美国的谷歌、中国的百度；以及社交平台，例如美国的 Facebook、推特、职场朋友圈平台领英，中国的短视频社交平台抖音等。

这些案例都有一个共同的特点，就是通过免费服务快速聚拢动辄上亿的"用户基础"，再依靠这个用户基础，找到愿意为这些人付费的第三方，向这些第三方收取费用，这就是典型的互联网商业模式——羊毛出在牛身上，猪买单。

雅虎、新浪提供给广大民众的新闻信息，让网民养成在网上看新闻的习惯。谷歌、百度通过强大的搜索引擎，让广大互联网用户在网上搜索他们想要的消息或数据。领英则是建立职场朋友圈，依靠用户授权，读取他们的电话簿，然后发信息给用户电话簿里的朋友说，"有一位名叫××的老朋友，正在领英找你"，通过这个方法，帮用户找到多年不见的失联朋友，也顺道帮助领英扩大用户基础。

这些平台聚拢了大量收不到钱的"用户"，然后利用这些用户曝光帮助对这些用户有兴趣，而且愿意付费的"客户"，取得了数据变现的机会。基本上这些企业都属于广义的"广告公司"。

那么有谁愿意付费给领英呢？很简单，领英的用户大多数属于白领、金领这些高端人群，如果想要卖东西给这些人，领英就成了投放精准广告的好地方。领英后来更进一步建议用户，完善个人的履历背景，有了这么多行业精英的履历数据，领英很快又推出了猎头服务，领英最早就是维系朋友圈的平台，他们不向那些玩朋友圈的白领收费，却有大量企业愿意为了这些白领付钱给领英，这就是羊毛出在牛身上，猪买单。

早期有名的免费增值模式的案例，是微软的 Hotmail 给一般用户免费使用它的电子邮箱，但是对那些要求无限制容量邮箱的客户收费，在中国则有网易邮箱。后来还有提供云储存的 Dropbox、百度云、腾讯云，它们初期开放给用户免费的储存空间，等到用户习惯了这个方便的储存模式，准备将更多的照片、数据存放在这些云空间，逐渐感觉储存空间不够时，这些云储存服务商就开始按照不同容量收费。

也有一些平台是按照功能收费，例如百度网盘。在发展初期，百度网盘提供用户 100G 的免费储存空间，当用户开始在他们的个人账号里储存大量照片、视频、文档时，百度网盘说："即日起，视频上传功能能只提供给付费用户。"这时，如果用户已经养成在百度网盘里储存视频的习惯，就只好付费了。

音乐频道 Spotify 每月给初期用户免费听取限定时长的音乐或歌曲，如果想要不限时间收听，或是想要下载音乐，就得付费。在中国的视频网，如爱奇艺、优酷等，让用户先看三集热播剧，如果用户想往下看，就得成为付费会员。为了"深化客户价值，再多收钱"，爱奇艺后来又推出"云电影"，一些热门全新上市的大片只在云电影频道才能收看，即使是付费会员也仍然需要为单部电影付费才能收看，这个叫作"深化用户价值"。

11.1.3　免费商业模式的理论依据

免费模式与免费增值模式都属于广义的免费商业模式，它们有共同的理论基础，却有着不同的盈利模式。

两者都希望通过免费快速聚集"大量而且特定目标"的用户群体，例如门户网是吸引那些关注新闻的人群，谷歌和百度是吸引需要在网上快速寻找信息的人群，Dropbox 与百度云则是吸引那些需要云储存空间的人群，Spotify 与爱奇艺则是吸引喜欢视频、音乐的人群。

两者不同的是它们的变现对象与变现模式不同。免费模式变现的对象不是这群吸引过来的用户，而是对这群用户有兴趣，而且愿意为他们付费的第三方。免费增值模式的变现对象则仍然是这群用户，但并不是对所有用户收费，而是将部分用户转化成为付费用户。免费增值模式又可以分为四种收费类型，参见图 11-2。

（1）按照使用阶段收费：初期不收费，完整内容收费，例如爱奇艺，对于只收看前面几集连续剧的用户不收费，但是收看更多续集则要收费。

免费增值模式的四种基本类型

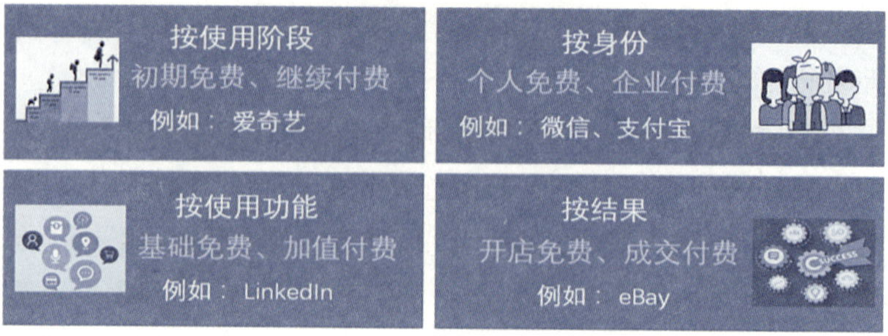

按使用阶段
初期免费、继续付费
例如：爱奇艺

按身份
个人免费、企业付费
例如：微信、支付宝

按使用功能
基础免费、加值付费
例如：LinkedIn

按结果
开店免费、成交付费
例如：eBay

图 11-2　四种类型的免费增值模式

（2）按照使用功能收费：基础免费，加值收费，例如领英，对一般注册为用户的白领不收费，但是要领英匹配、推荐适当工作，则需要付费。

（3）按身份不同收费：个人免费，企业收费，例如许多办公室SaaS 软件、支付宝、微信等，个人使用不收费，企业使用则收费。

（4）按是否产生结果收费：没有结果不收费，有结果收费，例如一些互联网引流平台，采取 CPO（cost per order，每订单成本）的付费方式，每产生一张订单，收相应的费用。

11.1.4　免费商业模式的假设前提

虽然免费商业模式适用于任何行业，但并不是不经思考就来个免费。企业需要关注这个商业模式的内在机理，这些机理就是商业模式可以操作、能变现的基础假设。

产品或服务的体验要"显著地好"，才能够吸引住潜在客户。产品与服务体验好，其实是所有商业的最基本也是最重要的要求，但是这里讲的是"显著地好"，就是用户在使用后能够明显地感觉到，产品或服务是优质的、比较特殊的。例如前面讲的早餐店，如果客户免费品尝，结果觉得不好吃，就成了"多来一个客户，多得罪一个客户"，那么就不如不做。必须是客户体验感觉好、有效果、很满意。这就是视频网都愿意花大钱，抢知名演员热播剧的原因，因为靠这些热播剧，用户看了前面几集，后面才会续费。

产品或服务的边际成本要低，最好是零边际成本。要免费提供给大量新用户，产品与服务的边际成本低，才禁得起免费的损失。我们在实证研究中发现很多行业出现问题，例如 Spotify 这种 MaaS（Music As A Service，音乐播放平台），用户转化率一般都低于 10%，但是每一首免费音乐播放时，Spotify 仍要付费给出版商。如果转化率过低，就可能造成免费部分的成本过高。互联网服务或数字化产品，具有零边际成本的特性，这就是很多人说免费模式或免费增值模式更适合于互联网行业的原因。但是需要强调的是，并不是一定非要零边际成本，而是边际成本越低越好。

免费模式其实是一种历史悠久的商业模式，因为近代互联网兴起，互联网的特色就是在短时间聚拢大量用户的能力，免费模式就是让客户先有免费体验，获得良好回馈，再进行客户付费转化与价值深化。这种付费模式不仅限于互联网服务或数字化产品，只要适当地选定目标群体，先带给用户好的体验，能留住客户，就有机会实现价值的转化。要强调的是，传统行业如果能掌握互联网的这种特性，就能快速积累客户基础。

11.2 各取所需的外加商业模式

欧美的航空公司内卷激烈，几乎全部航空公司是赔本的。其中只有两家——美国的西南航空、德国的汉莎航空是赚钱的，为什么其他所有航空公司都赔钱，而这两家航空公司凭什么赚钱？其实它们就是依靠一个叫作"外加"（add-on）的商业模式创新，今天我们就来讲讲这个几乎所有行业都可以采用的商业模式。

欧美航空公司为什么大部分都赔钱？

不要看那些航空公司的飞机驾驶员、空姐、空少个个光鲜亮丽，就以为他们都坐领高薪，航空公司一定肥得流油。

其实，正好相反，绝大多数欧美航空公司都是赔钱的，就连美国航空（American Airline）也早已奄奄一息，要靠着领国家的救济金才能活下去。为什么它们都赔钱呢？主要原因就是内卷严重，大家都在争夺黄金航线，不愿意去飞冷门航线，航空主管单位只好给各家航空公司做路线配给，有好的热门航线，就得吃下冷门的航线，所以平均下来就抹平了。

更严重的内卷是为了抢客户，大家开始比服务，除了飞机座舱分等级以外，还要看谁的附加服务多，精美的餐点、没限制任选的饮料、更多的行李运载又加重了航空公司的成本负担，使得票价不得不涨。可是，一旦票价高了，乘客就减少，使得航班无法坐满，无法坐满乘客又成航空公司赔钱的重要原因。

众多的欧美航空公司之中，只有美国的西南航空以及德国的汉莎航空是少数的例外，它们逆向思考，难道所有乘客都想吃飞机餐吗？难道所有乘客都会带着20千克的行李外出旅行吗？如果这些所谓附加价值，对于绝大多数客户来说是非必要的，那么为什么航空公司硬要给客户加上这些服务，导致成本上升？而成本上升使得所有客户分担了这些他们并不想要的服务项目的成本。尤其是那些中短距离的国内商旅乘客，他们要的其实就是准时、快捷、经济，上飞机打个盹就到目的地，明后天就又回来了，哪需要这么匆忙地吃飞机餐，更不需要带这么多行李。

于是这两家航空公司作出一个重大决定——让客户自己决定需要什么服务，承担什么成本。于是它们移除了飞机餐的服务，如果想在飞机上用餐，另外付钱；想带超过10千克的托运行李，也请称重付钱，其他绝大多数的客户只要支付最基本的飞机座位价格就可以了。

为了让成本再低一些，连座位也进行调整，绝大多数的经济舱变得再窄一点，只要乘客不觉得挤脚就行了，这样可以多放一两排座椅，反正就是飞行 1—2 个小时，乘客忍一下就到了。

这个新的政策是航空公司提供最基础的座位票价，因为没有其他太多的附加服务，所以票价可以定得很低，客户只需要承担想要的基本服务成本，如果想要更多的服务，自己另外付钱。通过这个方式，这两家航空公司把票价压到最低，于是满座比率显著提高，就这样，这两家航空公司开始赚钱了。后来学者们称它们所采取的模式为"外加商业模式"。

11.2.1　什么是外加商业模式

外加商业模式就是将商品与服务区分为基础模块以及多个选项模块，通过这个方法，降低客户购买的进入门槛，同时提供更多的加值选项，满足不同客户需求，提升客户价值。

外加商业模式的理论基础，就是"合理的价值交换"，让客户承担他们乐意承担的价值内容，反过来说，就是不要硬加给客户一些企业自己认为好的价值服务，却导致客户承担不必要的成本。通过合理的价值交换，压低产品价格，让更多的客户愿意达成交易。

外加商业模式认为，这样的拆分定价法，可以让客户的入门门槛大幅降低，同时能够为愿意承担更高价格的客户提供更好的服务内容，这样才能有效提高企业的竞争力以及服务质量。例如乘坐飞机付费买飞机餐，这个飞机餐是花钱买的，它的质量就远超过原先免费送的。这样既可以用低价吸引更多的客户买机票，同时也能满足那些愿意付费的少数客户的额外需求。

外加商业模式的假设前提有以下三项，符合这三项，企业就有机会采用外加商业模式来提升竞争力。

（1）产品或服务，还能够再进一步拆分，不影响基础功能，这不会影响客户使用产品的最基础目的。例如做汽车生产的，可以拆分出很多附加价值，汽车座椅可以选择不同材质，火锅店可以拆分火锅底、各种食材、火锅料。

（2）最终提出的基础功能的价格，一定要低于其他竞争对手的综合服务价格。这个假设的理由很简单，假如你是开面条店的，如果阳春面价格比对门竞争对手的牛肉面价格还贵，那么外加商业模式肯定就没效了。

（3）深度评估外加部分（包括商品和服务）的价值及对用户的吸引力。严格意义上说，这种外加商业模式是通过对产品和服务的拆分来降低用户的准入门槛，再利用外加部分来吸引用户进行升级或击穿对品质有更高要求的用户需求，从而达到客户更频繁和更满意的价值交换。

11.2.2　外加商业模式的其他案例

除了上述的航空公司以外，也经常可以看到外加商业模式的产品或服务，虽然这些案例确实提供了产品或服务的基础与选项，但是它们并不是完整的外加商业模式。

小火锅是最典型的外加方案。商家给客户设计了一个"吃了还有点饿"的基础套餐，对于很多女性客户，这个套餐应该是够了，但是对于男性却显然不够，这时再提供一些单点的食材、调料，既满足节食的女性基础消费，又能够提供更丰富的"价值餐"。

汽车销售也采取了外加商业模式。绝大多数的汽车 4S 店，因为车厂生产线无法做到个性化的柔性生产，他们的车款分为——精英、时尚、豪华，这只是分级配置，还没有做到外加商业模式的"基础 + 大量的可选项配置"的要求。

买房也有"不完整的外加商业模式"。许多地产公司为了压低售价，以毛坯房的方式销售，这个价格确实比较低，但是为什么说它是不完整的外加商业模式呢，因为外加商业模式一定还需要给客户一些高端的选择，这样才能"大小通吃"，经济性的客户可以选择毛坯房，讲究的客户可以选择精装修，甚至拎包入住的完整服务。记住，商家必须要提供多种选项服务，才是外加商业模式。只提供毛坯房而没有装修选项，那只能叫作"低价模式"。

11.2.3　四个步骤，设计企业的外加商业模式

不要觉得这个外加商业模式的道理很简单，在我所提供咨询服务的企业当中，绝大多数的企业，实际上走的路，都是一般航空公司的老路——提高附加价值，导致成本上升于无形。或是像前面三个行业案例的"不完整"的外加商业模式。建议用以下四个步骤设计企业的外加商业模式。

（1）拆分成本结构，关联到每一个价值项目。首先把产品或服务的成本进行细部拆分，并且计算出每一个细项成本，每一个细项成本一定要关联到某一个价值项目。

（2）重新审视这些价值项目是不是每个客户的"必要项目"。这个步骤是最重要的外加设计过程，必须先确定所有的必要项目是否真的必要，正如在小火锅案例中说到，所有的小火锅设计都有"几片肉"，我认为这就不是基础必要项目，因为对很多女性或素食者，这不是必要项目。所以建议在思考必要项目或选择项目的时候加上一个"客户类型"的考虑，例如男性、女性。

（3）建立必要基础项目清单，其他项目列为选项。外加商业模式除了强调追求探底价格的基本模块，还需要关注的是外加模块，因为外加商业模式不仅强调要提供阳春面，也要能提升为牛肉面，所以还需要再根据不同属性客户群体，设计选择项目，这样才能最大满足不同群体。

（4）重新制定产品或服务价格体系，包含基础项目价格与选择项

目价格。整理清楚了基础项目以及所有不同的选择项目，需要巧妙的定价，基础价格必须低于所有竞争对手的"统包价格"（就是自家阳春面的价格要低于对手的牛肉面价格），选项价格则可以比较具备弹性，部分价格可以高于竞争对手，这样利润才会更好。

上文介绍了经常见到的商业模式——外加商业模式，这个模式源于经济航空公司，外加商业模式告诉我们不要盲目地追求客户价值的增加，因为每个增加的价值，一定包含着其他隐藏成本。

外加商业模式告诉我们，应该以入门的基础服务作为产品设计的原则，再加上针对不同属性客户群体更丰富的其他付费选项，这样才能覆盖不同的需求，吸引更多的客户。我们也提供了如何设计外加商业模式的四个步骤，不妨立刻用这个方法分析一下，自己目前的产品与服务的设计。

11.3　刀片＋刀架商业模式（Blade & Razor）

为什么一台彩色打印机只卖 200 元—300 元，为什么雀巢胶囊咖啡机的价格是传统咖啡机的一半。甚至我曾经看过一个融资商业计划书，它的商业模式是，在北京地区选择高档小区，挨家挨户地送给他们居家生活管理的平板电脑？这些人是在做赚吆喝的赔钱买卖吗？

来讲一个在互联网思维当中非常有名的商业模式——"刀片＋刀架"商业模式。你可能会说，那不是雀巢胶囊咖啡的模式吗？我们企业又不是卖咖啡的，怎么可能套用这个模式呢？

其实，绝大多数行业都能采用这个商业模式来赚钱。而且，当对手开始用这个模式，而自己还守着原来商业冷兵器时代的做法，那么麻烦就来了。这里将告诉你，什么是刀片＋刀架商业模式，它的内在机理以及如何为企业设计成功的刀片＋刀架商业模式。

11.3.1 什么是"刀片 + 刀架"商业模式

简单地说，就是"以低廉的价格出售主体产品，再通过销售耗材，获取长期收益"。什么是主体的搭载性产品，就是买方在使用整个产品时的基础平台，喝咖啡时需要咖啡机来制作咖啡，打印报表时需要打印机，这里的咖啡机和打印机就是主体产品，咖啡机上使用的咖啡豆（粉）、打印时耗损的碳粉就是耗材。只要客户还保留这些主体产品，他在选择耗材时，为了相容性的搭配，必然会选择使用同一家企业生产出来的耗材，因此，商家虽然低价卖了主体产品，但是可以获得长期性的耗材销售利益。

"刀片 + 刀架"商业模式的名字源于吉利刮胡刀所创造的模式，这个方案最早是由吉利所推出的刀片与刀架组合产品而成名，所以被称为"刀片 + 刀架"模式。大家目前看到的刮胡刀都已经属于刀片 + 刀架组合的方案，可是几十年前，人们所用的刮胡刀却不是这么方便的组合，原先是一个笨重的刮胡刀，它包含了一把锋利的刀以及一个笨重的刀柄。

刀柄与刀锋是锁死的，几十年前，人们刮胡子的时候就需要拿着一柄大刀，在脸上刮来刮去，看起来很危险。使用这种旧式刮胡刀有两大痛点，首先是必须经常磨刮胡刀，以保持刀面的锋利；其次，外出旅行时携带这柄笨重的刮胡刀极其不方便，同时也具有危险性。于是吉利想到了把刀片做得更薄更小，而且是使用后可以抛弃的耗材。

这种新的刮胡刀设计，让用户免除了定期磨刀与外出不便携带的困扰，随着这个发明，很快地，吉利刀片的销售量从每年卖出几千把刀到每年可以卖出 1.2 亿枚刀片，为吉利公司创造了巨大的财富。

刀片 + 刀架模式的核心概念是通过产品的拆分，使得企业降低进入成本，但因为其中包含了对使用工具的投资，造成客户后续如果要转换平台就需要付出转换成本（switching cost），由此达到了客户为了避免转换成本的损失而持续使用的绑定效果。

有效的刀片 + 刀架模式有几个前提，是保证买方可以通过这个模式获取长期利益的必要条件。

（1）拆分以后的产品或服务，可以区分为主体与耗材两个部分。上述产品或服务经过拆分以后，它们的属性是不同的，一个是主体，就是以后使用时需要重复使用的，另一个是耗材，是用完以后就可以丢弃，无法重复使用。一般主体是载体，耗材是附属品。

（2）产品或服务拆分后的模块不具有单独使用的功能。产品能被拆分为主体与耗材，但是两者必须合并起来使用才能完成一项功能，独立模块是无法独自完成整个功能的。这个标准与前面我们介绍过的外加商业模式有着显著的不同，外加商业模式是拆分后基础单独模块可以独立使用的，发挥完整的功能，例如不带餐点的经济机票，是可以从上海飞到北京的。而刀片 + 刀架模式在拆分产品以后，是不能独立使用的，这样才有绑定的效果。

（3）主产品与后续使用的耗材需要具有绑定的能力。这种绑定通常可以通过两种方式来达成。第一种是使用功能模块界面上的绑定，例如耗材的接口必须与原来的主体产品相符合，才能对接得上。但是，一般来说这种接口的绑定并非不可模仿，所以更多的是依靠客户对品牌、品质的信赖而愿意绑定，或是通过专利权来绑定，使得对手的耗材无法在你的主体产品上使用。例如咖啡机当中的胶囊，消费者会因为喜欢这个品牌的咖啡粉而乐意绑定。第二种是专利权的绑定，则是通过专利权禁止市场上的对手仿造耗材接口，使得买方只能买该品牌的耗材。

11.3.2　刀片 + 刀架商业模式的其他案例

刀片 + 刀架模式至今已经被许多行业采用，我们这里再列举三个例子。

雀巢胶囊咖啡机可以说是刀片 + 刀架模式最成功的典范，但是雀巢的成功故事，其实背后有着这个模式失败的案例，提醒我们采用这个模式时关注"绑定"的重要性。

雀巢其实并非胶囊式咖啡机的原创者，创造这个产品的是绿山咖啡。绿山原先也是卖咖啡豆的厂商，他们发明了胶囊式咖啡机以后，就申请了专利保护绿山咖啡机，因此为整个行业带来了价值重构的结果。2004 年全美咖啡机销售量约 2 670 万台，六年之后总量下降到 2 500 万台，显然咖啡机这个行业走入成长停滞期了，但是单杯胶囊咖啡机与传统咖啡机的销售占比，却从 2004 年的 5.5%，快速提升到 2010 年的 19.4%，显然这个"咖啡机＋胶囊"的组合已经大量地掠夺了咖啡饮品市场。绿山咖啡公司的市值也从 2005 年的 1 亿美元，上涨到了 2011 年的 150 亿美元。但是在 2011 年之后公司的专利权保护过期，大量仿制竞争对手出现，导致绿山的市场占有率快速滑落，雀巢就是这些仿制者当中成绩斐然的一家。

来算一笔账就知道为什么消费者会青睐胶囊咖啡机。喝咖啡的消费者有四种方案。第一种是买冲泡式的咖啡包，第二种是用咖啡机先将咖啡豆打成粉末，然后再蒸馏的滤式咖啡，第三种是喝咖啡店里现打现制作的咖啡，第四种是胶囊式咖啡。第一种方式，稍为讲究的人是不屑喝的，所以分析对比，我们只需要考虑后面三项。

传统滤式咖啡非常耗时，清洗麻烦，而且消费者购买的咖啡豆或咖啡粉都是大袋装，一袋咖啡豆打开没喝完，不可能马上再去买另外一袋，所以消费者就无法经常换咖啡的口味。此外，传统滤式咖啡机在制作完咖啡后，最烦人的是咖啡机需要立即清洗。

胶囊式咖啡机能在数十秒内完成加热蒸馏出咖啡，并且提供多种口味胶囊替换，更适合现代人快节奏的生活。

门店现场打豆制作的咖啡，消费者不需要清洗机器，而且可以经常换口味，是最方便的。不过我们需要再看看消费者的花费。我计算了一下，星巴克一杯拿铁 32 元，上班每天喝一杯，一个月需要花费大约 600 元（32 元 / 天 ×20 天），一年就是 7 200 元。三种方案当中，星巴克的价格不在一个档次，就不需要比了，我们表 11-1，咖啡豆（滤式咖啡机）和胶囊咖啡机的对比。

表 11-1　两种喝咖啡方案对比

	咖啡豆	总价	每杯价格	机器	每月咖啡花费	每年咖啡花费
咖啡豆	200 g	68 元	1.36 元	859 元	82 元	979 元
胶囊	100 粒	295 元	2.95 元	499 元	177 元	2 124 元
差价				−360 元	95 元	1 145 元

两者的口味相近，胶囊咖啡每年需要花 2 124 元，咖啡豆每年只需要 979 元，消费者似乎会选择咖啡豆，可是想想如果换算成每杯的成本，咖啡豆每杯均价 1.36 元，胶囊咖啡每杯均价 2.95 元，实际上每天差异只有 1.6 元。但在办公室总不能天天忙着洗咖啡机。而且胶囊咖啡机的价格远比传统咖啡机便宜，所以白领在办公室或居家，选择胶囊咖啡机是非常明智的。这就是胶囊咖啡机应用刀片 + 刀架模式的效果，胶囊是消耗品，你可以买一个组合装，每天换口味。在模式分类上，胶囊是刀片，咖啡机是产品主体——刀座，雀巢咖啡机设计了一只企鹅，吸引大量白领的关注，这只企鹅也只接受雀巢设计外形的胶囊，咖啡机与胶囊就成了完美的刀座与刀架模式。

一台惠普家用打印机也就是 200 元上下，可是碳粉就要 50 元—80 元，每打印几千张纸，就需要更换可抽换的卡式碳粉夹，一旦买了惠普的打印机，就不可能用其他品牌的碳粉夹，所以惠普赚的是碳粉夹的钱，而不是打印机的钱。

讲到这里，你可能会问，既然这个模式是要绑定客户，那么基础模块（打印机）用送的可以吗？不可以，因为如果打印机是用送的，对客户来说，就没有"转换成本的痛"，基础模块不能太贵，但是也不能便宜到让客户觉得随时可以替换。

另外我们经常看到的水笔，也是这种模式。现在水笔已经取代了人们使用钢笔的习惯，买一只水笔，可以无限次地更换笔芯，而且不需要带着一瓶墨水出差。

星巴克咖啡采取了另外一种形式的刀片 + 刀架商业模式，它们销售造型精美的瓷杯，消费者只要拿着这个杯子到店消费，每杯咖啡就可以得到 4 元的折扣。

星巴克在做宣传的时候说，这么做是为了环保。或许有那么点味道，可是从商业视角来看，星巴克做的是节省咖啡杯的材料成本，同时更要做到绑定客户的目的，只是星巴克可能不好意思明说，于是就拿环保作个托了。

你可能会问，是不是所有企业都能采用刀片 + 刀架的商业模式呢？绝大多数企业都能采用。其实采用这个商业模式，不需要非得搞一个"企鹅"，还需要想着怎么做专属的接口或申请专利保护，如果是早餐店、速食店、烘焙店，能不能采用呢？当然可以，正如前面星巴克的模式，可以先卖个餐盘、保温盒或保温杯，客户拿着这些独特印有品牌商标的保温盒、保温杯，到店里面买午餐、喝下午茶，就可以享受优惠。

11.3.3　四个步骤，设计企业的刀片 + 刀架商业模式

建议你可以按照以下四个步骤来构思，企业如何设计独特的刀片 + 刀架商业模式：

（1）从耗材的角度想想，实际上客户用什么产品（功能）？这是一个经常被企业忽略的问题。请问客户为什么买咖啡机？是为了喝咖啡。所以咖啡粉是"刀片"，咖啡机是"刀架"。同样的道理，客户买派克钢笔是拿来做什么的，他买的究竟是那设计精美的外壳，还

是它的书写能力？应该是书写能力吧。书写能力是怎么做到的，墨水。所以墨水就是"刀片"，笔壳就是"刀架"。客户买电视，实际上使用的是什么功能，是电视外壳，还是节目内容？当然是节目内容。

　　弄清楚客户到底用的是什么，就可以区分出来什么是刀片，什么是刀架了。

　　（2）从包装、工具、载体来看，产品或服务是否有或是"可以有"承载物？如果上面的问题没有答案，可以再从第二种思路来试试，就是产品或服务有没有什么承载的工具或道具，或是你能不能帮它加上这东西，让客户重复使用（或是消费）产品更方便。

　　星巴克的瓷杯是它们找出来的载体，超市的购物袋是不是也可以成为载体，做烘焙、快餐的，是不是都可以有个产品的载体呢？

　　（3）这些工具、载体拆分以后，如何与耗材产品绑定排他的关系。一般绑定有几种方式，需要按照产品特性以及使用场景，来设计绑定关系。第一种，接口或专利绑定——关系绑定，可以是刀片刀架原始模式的接口绑定关系，吉利的刀片只能用在吉利的刀架上，别家的放不上去，知名品牌万宝龙钢笔的墨水管与其他品牌的接口不兼容，雀巢咖啡的胶囊只能用在那只企鹅身上，这些都是通过接口或专利来绑定排他的关系。

　　第二种是品牌绑定——星巴克的瓷杯没有专属的技术或接口可以利用来绑定，所以只能依赖品牌做绑定。就是必须拿着印有品牌标识的载体，才能获得优惠。

　　（4）决定优惠价格方案。想好了绑定关系以后，要决定载体（刀座）价格以及后续使用时耗材（刀片）的价格，刀片与刀座模式的重点是赚后面的钱，所以首先前面的刀座价格一定不能太贵，太贵会阻碍购买行为，但是也绝对不能让客户无偿取得，因为无偿取得就不会有"转换成本损失"的顾虑。其次才是指定耗材的价格，这个价格优惠必须要够显著，否则客户也不会愿意被绑定。

我们从最原始的模型——吉利刮胡刀，延展到雀巢胶囊咖啡机，再到打印机、水笔、星巴克瓷杯，这些品牌都采用了刀片＋刀架模式，只要将模式的限制稍微放宽，不一定要技术绑定，只要能形成价值优惠上的绑定，这个模式的应用范围就会极大扩充，所以建议放开思路想想，自己的企业是否也能采用这个模式。

11.4　付费会员商业模式：长期绑定客户最有效的方法

在美国的连锁超市当中，网点最多、总营收最大的，无疑是沃尔玛。可是你知道最赚钱的连锁超市不是沃尔玛，而是另外一家超市——开市客吗？开市客的单店营利是沃尔玛的 5 倍。为什么开市客能做到这么强大，除了它的商品性价比高以外，还有什么东西是它成功的关键？最重要的就是它的付费会员制度。

接下来我们就来讲讲付费会员制度到底是怎么回事？为什么它是深化客户、创造客户最大价值的最有效模式之一。

11.4.1　五星级酒店吃自助餐的故事

你一定有在五星级酒店的自助餐厅用餐的经验吧？这些五星级酒店的自助餐一般入场收费 200 元—300 元，其实这个"门票"价格并不便宜，为什么消费者会乐于花钱买这个门票？

作为消费者，请问你花了几百元，进到这种餐厅，通常会吃几盘菜？正常人应该不会只吃个 1—2 盘菜，通常会吃个 5—6 盘，能吃的大汉甚至可以吃到 7—8 盘，吃到实在吃不下去了，还会偷偷地松开裤带，站起来走动走动，然后再坐下来继续吃。

正常人在餐厅点餐一定会"适量"不浪费，为什么吃自助餐的人，就会尽量多吃！这是利用了一个经济学的原理，"边际成本为零",反正已经付了300元入场费,吃多少都是这个价格,所以消费者就会没有顾忌地拼命吃。而且你会发现在自助餐厅里面吃饭的消费者,都尽可能地会去吃那些单价最贵的羊排、牛排、龙虾等菜肴,而较少人去吃那些平常单点时会选择的廉价菜肴,那么从心理学视角,消费者这时候的想法是什么?很简单,就是"捞本"。因为消费者会去计算,进场费300元,如果单点一份牛排可能要80元,三只羊腿切片可能也要个100元,再吃个龙虾也要100多元,把这些东西放在一起,这么一算,300元的门票就回本了,如果能够再多来回打几次菜,多吃几轮,不就赚回来了吗?这就是付费会员制度的精神——通过事先付一笔费用,筛选比较有价值的客户,谢绝那些低客单的客户,有效提高餐厅每个座位的收入。而这些高客单的客户,基于捞本心态也乐意付门票,参加这个"吃到饱的捞本游戏"。

11.4.2　什么是付费会员商业模式

付费会员商业模式,就是"通过客户预先支付特定金额,取得比一般会员更多的特殊身份待遇或优惠的一种特殊会员制度"。

从企业端来看,付费会员制度的理论基础,是一种吸引较高端客户的特殊定价策略(pricing strategy)。因为客户必须先支付一个固定金额作为承诺,然后取得较一般会员更好的价格或服务,而客户因为已经支付了成本,所以在有需求的时候,他认知到在自己具备付费会员身份的卖方那里,可以得到比一般人更优惠的待遇。为了不浪费那些他已经支付代价才获得的特殊权益,在正常状况下,他一定会选择和自己拥有付费会员身份的卖方交易,所以,付费会员可以达到一定程度"锁定客户"的效果。

付费会员制度也是4R营销理论当中说的,深化客户关系,创造客户最大价值,具体做法是当客户对企业付出忠诚度(他付钱成为你的会员),企业给予客户报酬(reward),这不就是4R理论最典型的体现吗？

付费会员商业模式的假设前提有两点：

（1）产品或服务是刚需高频。其实这个条件不仅限于付费会员，更适用于所有的会员机制，会员制度有效的假设就是客户的消费是多次的、经常的，否则客户服务做得再好，产品属性上没有二次消费，会员的终生价值就不成立了。

那么如果卖的是耐久财（不易耗损的财货），就不适合做会员了吗？其实要根据做法而定，如果企业卖的是耐久财，一般状况下，会员制度的价值确实不大，除非能够将销售产品的模式，转为服务模式。例如我过去在大型家电企业推展会员制度，推出延保会员，为客户提供经常性的保养服务，这样的会员制度就很有意义了。

另外，汽车是典型的耐久型商品，一辆汽车可以用十年，所以原则上客户复购是很难预期的。上汽集团拥有多个品牌汽车，例如通用、大众、名爵、斯柯达、大通等，它们考虑到买车的客户在过了质保期以后，仍然需要定期里程保养或故障修护的服务，为了避免这些满质保期客户的流失，它们建立售后的会员制度以有效延续与客户的关系，不但在后续养护能够获得更多业绩，当客户想要换新车时，它们也会最早知道这个"复购"的信息。所以不要认为卖的是耐久财就不能做会员制度，还需要有些创新的思维。

（2）客户买了付费会员的身份，所获得的利益必须大于他所支付的付费会员价格。这是付费会员卡能不能卖出去的基本条件，客户所支付的会费钱必须是物超所值，他们才会乐意支付。这些支付金额应当小于他未来能够获得的利益。这里所谓的利益通常是客户在未来付费会员有效期间消费时，所获得的折扣总额。

这个折扣的价值可以是直接降价的折扣，但是最好是用多发积分来体现付费会员的额外折扣，这样客户不会觉得优惠减少，企业对付费会员的优惠成本也可以降低些。

基于上述两个原则所创造出来的付费会员制度，应当可以让占总体会员人数 15% 左右的最高端客群愿意付费加入。

在我的实践或咨询经验里，经常有人会建议我们可以给付费会员更高的积分反馈，这样才能让客户觉得划算，例如付费会员收费 500元，给他们的特权是会员消费时可以获得 10 倍的积分（一般会员是消费 1 元得 1 个积分，100 积分可以折抵未来 1 元消费，付费会员消费 1 元，就可以得到 10 个积分）。

财务人员会提出质疑，照这个公式比例计算，客户如果未来持续消费达到 5 000 元，也就是可以得到价值 500 元的积分，那么公司只收了 500 元会员费，不就折本了吗？公司在这些付费会员交易上产生的"毛利率"不就低于一般会员了吗？

表面上看起来是对的，确实在付费会员上，我们取得的毛利率是低于一般会员的，但是有没有想过，除非商品毛利低于 10%，否则企业是多赚钱了，还是少赚钱了？当然是多赚了，因为这个 5 000 元可能原本不在你这里花，现在都绑定在你这花，让你赚更多钱。照理说商家应该希望的是所有付费会员都消费到 5 000 元以上，甚至越多越好。这种交易，其实就是，客户给商家 500 元作为购买特定身份的权利，对这些客户，商家全部给予 9 折优惠（假设商家的毛利是高于10%）。只看毛利率不看毛利额，是一个严重的财务盲点。

一般企业的财务主管，为了管理方便，都习惯用比例来计算损益，在这时作为企业的一把手要想清楚，自己要的经营结果是追求利润率还是利润额？绝大多数的 CEO 会同意，只要利润总额能有增量，当然可以牺牲一些利润率。这就是前面讲的 4R 营销理论，对于那些忠诚高价值的客户，本来就应该要给予报酬，对于这些人，毛利率低一点换取最大的毛利额，本来就是应该的。

那么怎么知道一定会有增量？其实很简单，只要付费会员价格适当，假设是 500 元，多给的折扣率是 10%，那么客户最少需要消费

5 000 元才能抵扣 500 元的会费。所以这个门槛只要达到所有客户的前 10%，那么绝大多数的付费会员一定有增量，没有整体增量的可能性极低。另外，后续运营也应该聚焦让这些人的消费尽量提高，只要试行 1—3 个月，就会有很精准的消费金额提升数字。

上课时，有些同学问我一个很傻的问题，他们说，按照刚才那个 500 元会费，给 10% 折扣，如果客户没消费到 5 000 元怎么办。如果真的这样，其实是不好的，因为消费者不觉得给的优惠很有价值，所以他没有来得这么频繁，不过从另外一个视角来看，他已经比别的客户多付了 500 元，商家也没有损失。

11.4.3　全家付费会员案例

在中国，全家便利店的会员制度应该算是所有连锁便利品牌当中最成功的会员制度之一。它们的一般会员叫作集享会员，付费会员称为尊享会员，年费是 100 元，加入付费会员的比例大概是 15%—20%，以它们数千万的一般会员基数，很容易可以估计出付费会员给公司带来的会费收入有多么巨大。当然全家便利店在推出付费会员时，收取会员费并不是它的目的，公司内部的要求是要将这笔会费全部花在付费会员的福利上面，这样才能使会员的购买频次最大化。按照年费 100 元来反推，应该有数百万的会员每年至少在全家便利消费达到 1 000 元才划得来（付费会员积分发出比率是 10：1），依照便利店的消费形态来看，这数百万会员已经通过付费会员制给绑定了。

11.4.4　设计企业付费会员商业模式的四个步骤

（1）会员分级：分析你的客户金字塔结构，在前 20% 的会员处拉出一条线，确认这一条线的每年消费金额（这个步骤叫作会员分级）。

（2）会员分群：将这些前 20% 的客户区分为几个不同类型的消费群体 [如果懂得统计，可以用群落分析（cluster analysis）来划分客户群体］，将这些不同群体，按照人数多寡，从最多的到最少的排列（这个步骤称为客户分群）。

（3）设计钩子产品：找出最大的群体，查看一下什么品类是他们购买次数最高的品类。从这个品类找出消费最大的刚需产品作为钩子（钩子产品必须是刚需，且成本率较低的产品），接着再依序找出第二、第三个群体的钩子产品。

（4）按照"花、得、省、享"的逻辑设计会员方案，参见图11-3。

"花"：付费会员的价格一般不得多于后面"省"的金额（这样会员花这笔钱才划算，例如前20%客户平均每人每年消费1 000元，商家给的积分优惠是购买总额的10%，那么这个"花"就不能高于1 000×10%=100元）。

付费会员政策设计的四个思考点

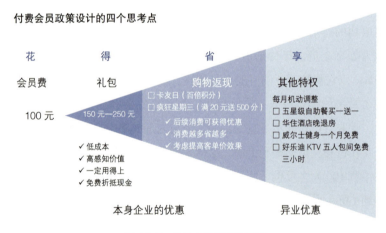

图11-3　会员方案设计的原则

"得"：客户购买会员卡时可以得到的礼包。因为我们中国人有个习惯，突然让会员拿出一笔钱买会员卡，只是告诉他们未来可以省多少钱，客户未免会觉得在画饼充饥忽悠他，所以准备一个礼包，让他们觉得"爽"，就比较容易支付这笔会员费。我们也经常称"得"是开卡礼包，这里面包裹的商品金额不用太大，大约是付费会员卡价格的 50%—60%，但是一定要挑选成本率较低的刚需产品。这些产品必须是对这群客户有吸引力的"钩子产品"，最好是能让客户上瘾的产品，例如全家面对喝咖啡的目标群体，它的尊享卡是 100 元，礼包是 6 杯咖啡（每杯 14 元），外加两张满 20 减 5 元的优惠券，这样的礼包就能很有效地吸引客户加入付费会员。

一些学生经常拿着他们企业的付费会员方案给我看，最大的问题几乎都出在"得"上，通常有两种典型的错误。一是很多企业为了省钱，把卖不掉的产品拿来做礼包，这种礼包是绝对不行的。二是拿一些价格不透明的高价产品作为礼包，例如一家企业拿 1 000 元一瓶的红酒做礼包。我拿着这瓶红酒问了公司内部的人，让他们估计一下这瓶酒值多少钱，得到的平均价格是 120 元。那么客户拿了这个礼包，他们还会觉得很值吗？

"省"：整个会员特权结构里面最重要的价值，它是未来会员购买时可以得到的特权优惠，通常是比一般会员"多几倍"的积分。例如全家的一般会员是 100∶1，尊享卡是给会员双倍积分，也就是 100∶2。

"享"：付费会员可以享受的特权，一般是企业不需要花钱的服务，或是享有其他合作品牌的高级会员优惠。与异业合作，为他们引流的同时，让他们承担这个成本。

付费会员是一年之内绑定客户的有效方法，虽然付费会员更适合于刚需高频类型产品的消费，但是，也不要先把自己困住说自己的产品是耐久财，不适合做。只要发挥创意，正如前面举的案例，汽车、家电，这种耐久财，一样是可以用的。

11.5 让客户养成习惯的订阅商业模式

"订阅"（subscription）在一般的印象里，都是报纸、杂志这些行业专有的商业模式，零售、快消品、生产，甚至是物流、金融行业，难道也可以搞订阅模式？有必要需要学习这个商业模式吗？

答案是肯定的，所有行业都有可能采取订阅模式，所以必须先学习它，了解它的背后机理，这样就会发现，企业可以通过订阅商业模式提升利润。

11.5.1　还记得养乐多妈妈吗

在日本和中国台湾，这个影像可能是许多人童年成长的回忆，穿着红色格子衣服、戴着圆顶格子小红帽、穿着红色长裤、骑着红色自行车、笑容可掬的养乐多妈妈，不管晴天还是下雨，不管酷暑还是寒流天气，都会准时将一瓶养乐多送到你家，这是多感人的画面。从企业经营的角度来看，能够成为当地人成长的共同记忆，代表了什么？

可是，从商业角度来看，一瓶养乐多才多少钱？客单价这么低，值得厂家这么耗费大量配送人员的成本去做这件事情吗？但是这个现象确实长期存在，就有其合理性，背后到底是什么原因？

首先，这个现象持续多年，所以它背后一定有一个可持续的商业模式。一个可持续的商业模式，从需求端来说，一定是消费者有着持续性的需求，所以才能延续这么多年。

其次，对厂家来说，这个模式一定是个持续有利润的商业模式，否则厂家不会坚持这么多年地去做这项工作。

再次，清晨时间大街上、小巷弄里面、城市、乡村，这么大的覆盖面，到处都是养乐多妈妈，"她们"其实就是一个送货员或接单员，这现象背后，一定有着大量的客户需求，否则这个影像也不会成为一整代人的共同记忆。这就是本节要讲的"订阅商业模式"。

11.5.2　什么是订阅商业模式

订阅商业模式，就是"客户预先支付一定金额作为承诺，厂商在一段时间内，持续提供给这些预付费客户，事先约定特定数量的商品或服务，双向承诺的商业交易与行为"。这个定义有几个关键行为或规则：① 客户采取预付特定金额，既然是预付，这个支付就是在完成商品交付或服务提供之前就已经完成的支付，而且是特定金额，这个特定金额就是承诺的交易价格。② 在一段时间内，表示这个承诺必须持续相当一段时间，在这段时间之内无法取消，否则取消一方需要承担一定损失。③ 事先约定特定数量的商品或服务，所以商品或服务的内容与数量也是事先约定好的。④ 双向承诺的交易行为，订阅代表了需求方在一定期间内，购买特定数量商品或服务的承诺，注意，这也是供给方的固定承诺，"供给方的承诺"是订阅模式在 2B 行业应用至为关键的原因，未能掌握这个重点，也是很多 2B 企业忽略这个商业模式的原因。

订阅，这个翻译，其实误导了大家关于这个商业模式的认知，以为一定是要能"阅"的产品，才能使用订阅，所以"双方承诺持续交易"可能更能体现出这个模式的意义。为什么客户愿意事先付钱承诺持续购买？主要原因有两个：

（1）降低交易成本。"交易成本"是一个学术上的名词，它由诺贝尔奖获得者、知名经济学家科斯提出，是指"购买者为了达成购买目的，所花的信息搜索、价格谈判，以及订单处理、交付等过程中所花费的成本，它包含了可货币化的成本以及非货币化的成本"。订阅代表了交易双方未来的承诺，所以对买卖双方来说，一旦承诺"订阅"，未来同样商品的购买就无须再花费这些交易成本。简单地说，就是以固定的价格，更方便地取得这些产品或服务。

（2）供应链锁定：保证获得商品或服务的供应。为什么买方愿意事先付出成本，除了方便以外，还有另外一个理由，就是为了"保证能够获得这些商品或服务"。

你一定有这样的经验，早上起床，家里的娃要喝牛奶，打开冰箱一看，牛奶没了，作为"负责任的父母"，你赶快跑到家附近的便利店买鲜奶，结果到店里的货架上一看，没牛奶了。这时你可能就会想着，我家的娃每天都要喝一定量的鲜奶，如果牛奶厂商能够提供我"订阅"服务，就不会出现这个缺货的问题了。

"订阅"服务，不仅让你一定有货，还可以按时送货到家，这就是买方喜欢"订阅"的原因。能够掌握市场对企业商品的需求以及承诺的数量，企业能够更好地分配生产资源，这就是卖方喜欢"订阅"的原因。

是不是所有商品或服务都可以采用订阅模式？不一定，这个模式要有一些前提假设，才容易成功。

（1）商品本身是可以计量的：订阅的商品或服务，不一定非得是瓶装、罐装，它也可以是散装的，但是需要能计量，计量就是用重量或单位数量等来计算商品的多寡。例如我们可以订阅每天一瓶牛奶，也可以订阅每天一斤白菜、每周做一次三小时的上门保洁等，这些都是可以计量的商品或服务。至于 2B 的交易，可以是每月订阅一吨的煤炭、一吨的燃油、十箱的机油等。

（2）商品需求是持续性的：因为订阅是一段期间内的承诺，所以在这一段预期时间内，买方对于这个商品或服务的需求是持续性的，例如养乐多的定位是含有丰富的乳酸杆菌，可以用来调节儿童肠胃中的健康菌群，这是一种慢性、持续的调理，但它又不属于治疗性质的药物，所以可以长期饮用，这就是一种持续性的需求。订阅报纸杂志也是一种持续性的需求，看报不是每一个人的生活习惯，但是对于特定人群，他们不看报就觉得今天有什么事还没做，这就是持续性的需求。

（3）商品需求量是稳定的：除了上述持续性的需求，另外一个特色是需求数量的稳定。例如每天要吃多少米饭、绿色蔬菜、肉类食品，吃得少可能没吃饱或造成营养不良，吃太多则会有不舒服撑胀的感觉。订阅报纸也是一样，每天看新闻的时间也是差不多的，习惯看新闻的人，不会今天看十分钟，明天看两个小时。

从上面这三项假设前提，我们可以发现，几乎日常生活的食物、穿着、交通、健身、娱乐都适合采用订阅的销售模式。此外，值得我们特别注意的是，这些产品或服务的订阅制度不一定要由厂家发起，即使是一家独立的便利店、超市、健身房，也可以采用这种订阅的模式来创造更大的客户价值。

11.5.3　订阅商业模式的其他案例

除了养乐多妈妈以外，我们可以看到更多的不同行业也都在实施订阅制度，这里按照业态，举几个例子。

（1）日常生活食品类：鲜奶、牛奶、生鲜食品、营养补充品、保健品、咖啡、茶叶、桶装水、滤水器装置等。这些产品属于常态固定、持续性消费，特别是与营养保健相关的，例如鲜奶、生鲜食品、钙铁等微量元素的营养补充品、鱼油保健食品，消费者经常会"忘了吃"，如果采取订阅模式，不仅可以产生稳定销售，对客户的提醒效果也是有重大的价值。例如鱼油，大瓶 500 颗包装的容易发潮，有损品质，为什么不做成，按照每周使用量大小、容易携带上班的小盒子，每月寄送一次给客户。

（2）日常生活易耗品：女性生理周期护理产品、内衣、袜子、筷子。女性生理期当中的初期、中期、晚期，所需要的卫生巾种类与数量是不同的，俏妃提供女性生理期内的卫生巾组合搭配，让客户无须积囤太多的卫生巾，以免变质，反潮，滋生细菌，有碍女性身体的健康。

苏格兰黑袜（Black Sock）还提出，袜子使用过久容易滋生病菌，不利于健康，于是他们也采取会员订阅制，每月为订阅客户寄送一定数量的袜子，提醒客户应当抛弃使用时间较长的旧袜子，以维护健康，又可以经常变换款式，更显时尚。

（3）日常生活服务：书报杂志、家政服务、健身、上班上学的出行等服务。开书店的企业或出版社可以提供用户每月一定数量的书籍阅读，并且提供直播或邀请作者或行业专家做分享，提升订阅的客户价值。其他像搭校车是很多有小孩的家庭经常用到的订阅服务，学生家庭以包整个学期的方式订阅学校的校车服务。家政与健身行业都涉及提供服务的资源限制，采取订阅的模式，可以针对不同时间的订阅采取差别定价，例如，健身房的订阅客户可以用更低的订阅价格，限定在设施比较空闲的上班时间来健身房使用器材运动或游泳，如果选择 18 点—20 点的运动高峰期，则需要支付较高的价格，这样不但能够获得稳定的客源，对于资源的利用效率也可以大幅提升。

（4）金融服务：金融、保险、投资行业，其实也是实施订阅制度的绝佳行业。绝大多数的人，在开始工作以后都会有固定的收入、支出，他们需要对未来进行计划，在人生未来的特定阶段也会有资金需求，所以需要做资金规划。例如你在 22 岁大学毕业后，薪资所得可能每月只有 5 000 元，随着工作年限增加、经验与能力的增长，薪资所得也会逐渐上升，生活可支配所得也将会逐渐增加。可是从长期来说，5 年后你可能会有结婚、购房的开支，等到生小孩，还需要考虑小孩未来的教育支出。所以一些欧美国家的保险公司会按照客户自身的状况，与客户讨论未来的资金需求计划。从这些资金规划提出个人投资与保险的需求，例如银行理财专员可能建议你每月设置固定提拔 2 000 元买基金，1 000 元买保险，这些产品需求规划，每月限制一定的可用金额，其实就是让你不要乱花钱，帮你存钱。这些就是金融行业提供给客户的订阅方案。

（5）对于 B 端的服务：工厂使用的耗材、人力、设备维护、办公室饮品、打印耗材、清洁服务、办公室绿色种植等。这些耗损品每月都有一定数量，提供这些商品或服务的厂家可以考虑以订阅的方式提供 B 端企业客户常态化的定制服务。

11.5.4　四个步骤，设计企业的订阅商业模式

（1）分析是否有特定客户群体对产品有周期性、稳定性需求。考虑企业实施订阅模式的可能性时，首先需要抛开当前门店销售或电商销售的思考惯性，因为那种思考惯性就是开着店等客户上门，相反，商家需要考虑哪些群体对产品有周期性的、稳定需求。记住这里讲的是需求不是购买，需求是"应然"，购买才是"使然"，也就是说，儿童应该每天喝一瓶养乐多调节身体里有益的菌群，某个年龄的消费者应该保持什么密度的健身运动，上面讲的这些行业案例，应该都具有"应然"的稳定需求。

（2）将这些客户进行分级、分群，设计产品使用量与价格。前面是锁定"应然"的需求，接下来，需要计算什么样年龄的人需要什么量、什么行业需要多少生产耗材、多大规模公司的办公室需要多少打印耗材，我们需要基于这些"应然"的基本量，来计算订阅的数量以及价格，使得客户觉得订阅可以享受更好的优惠。

（3）决定最佳送货时间。按照不同类型的消费群体以及消费周期制定最恰当的送货时间，例如，办公室要求在非上班时间送货，鲜奶必须在每天早晨儿童上学之前送达家中。

（4）提供"一键续订"的方便途径。在客户生活场景当中，提供可爱、俏皮、具有提示效果的张贴工具，让客户能够随时记得使用产品，并且提供一键下单的简易续订工具，在家庭环境、办公环境，冰箱贴、办公室隔板贴可以有效地提醒消费使用以及续订。

订阅模式不仅能够带给买方方便，对卖方也有很重要的战略价值，因为只要实施一段时间的订阅方案，商家将可以获得稳定而且长期的客户，对于产能规划以及投资回报更有稳定性与可预测性。正如前面的案例，连金融行业都可以从订阅的视角来规划客户与产品的销售，更何况是一般快消商品、零售或消费服务业。

11.6　互联网经济下的共享经济商业模式

如果要去距离住家附近 1 千米—2 千米的地方与朋友见面，大家会选择什么交通工具？打车过去，好像有一点点杀鸡用牛刀，这么近的距离，叫的车子还没到，都已经走了一半路途，可是全程走着去，好像又有点远。大概率，人们会去骑一辆共享自行车。如果距离再远一些的地方，例如 5 千米或者 10 千米以上呢？如果终点的停车位难找，人们大概会叫一辆专车。看起来我们的日常生活已经与共享经济分不开了。

滴滴连一辆汽车也没有，却能在短短的两三年里面，击败了垄断国内大小城市出租车业务的出租车业者。爱彼迎连一间房间都没有，也在短短的几年内，击败了香格里拉、希尔顿等世界知名的酒店集团，成为全世界最大的为旅行者提供住宿服务的企业。

共享经济的魅力到底在哪里，为什么许多共享经济模式都能够在极短时间内，击败行业中的老字号企业？今天就来讲讲共享经济的理论基础、案例以及企业可以从中获得的启示。

11.6.1　什么是共享商业模式

共享商业模式又称为共享经济商业模式，是近十年来，在全世界范围，影响了多种行业市场竞争的最重要商业模式之一。蕾切尔·波兹曼（Rachel Botsman）提出共享经济是一个人们可以直接共享免费或收费的闲置资源或服务的经济系统（Rachel Botsman, 2012）。

国外对共享经济的研究最早源于马科斯·费尔逊（Marcus Felson）和琼·斯潘思（Joe L. Spaeth）提出的协同消费概念，他们认为协同消费是指个人对独享资源观念的转变后，更愿意与他人共同参与消费的结果（Felson and Spaeth, 1978）。随后，波兹曼认为互联网时代下"协同消费"将给人们的消费模式带来革命性的改变

（Botsman, 2010）。萨拉·霍洛维茨（Sara Horowitz）发表了"The Sharing Economy's Quiet Revolution"（Horowitz, 2011）一文，使得"共享经济"成为人们关注和研究的热门话题。

协同消费就是大家一起共享某个资源，轮番地消费。但是，是什么原因让消费者放弃了传统上的"拥有"的概念，转而接受共享的概念呢？亨顿（Henten）和温德基尔德（Windekilde）从交易成本理论（transactional cost）的视角解释了，共享经济企业所提供的主要创新是"平台"，它们提供容易连接买卖双方的功能，显著降低了交易成本，如搜寻成本、联系成本、签约成本（Henten and Windekilde, 2016）。所以当一个人对某个产品或服务的使用不是长期固定的，他就确实没有必要拥有这个资产，如果要拥有这个资产，不但有购买前费时费力的交易成本付出，更需要承担这个资产的后续维护。俗话说想要喝牛奶，也不需要去养头牛，共享经济商业模式就是这个道理。

黛比·沃斯科（Debbie Wosskow）（2015）指出，共享经济是指能够帮助人们共享资产、资源、时间、技能和知识的线上平台。进一步，罗宾·蔡斯（Robin Chase）（2015）从共享经济的定义中剥离出共享经济的特征，发现产能过剩（闲置资源）、共享平台和自由参与是共享经济的三要素，参见图 11-4。

图 11-4　共享经济三要素

过剩资源或闲置资源的存在为供给方和需求方之间物质资料的共享提供了客观条件，有助于提升经济配置效率。什么是过剩资源或闲置资源，就是提供方自己拥有这个资产，而且是用不完、有剩余存量的资源，滴滴的司机、爱彼迎的房主，都属于典型的这一类。

共享平台作为匹配与交易的场所，可以是虚拟平台网站，也可以是实体门店，它为供给方和需求方之间的搜寻匹配，并且提供了直接交互以及成交时金钱交易保证的技术支持。最后人人可以自由参与，就是买卖双方不受限制，可以在接受平台指定的交易契约条件下，随时加入或退出。

除了这三个条件，应该再加上第四个条件，就是同一个产品，供给方可以提供给不同的需求方在不同时间使用，这样才符合"共享"的精神。请特别记住这四个条件，它们是以下讨论是否属于共享经济的标准。

11.6.2 共享平台有哪些类型

讨论共享平台有哪些类型，我们可以参考一些国内外学者对这个模式的分类，雷切尔·博茨曼（Rachel Botsman）将共享经济商业模式分为产品服务体系以及以 P2P（peer to peer，个人对个人）模式为主的资源再分配市场和协同式生活（Rachel Botsman, 2015）。

汤天波和吴晓隽（2015）分析指出，共享经济的主要商业模式可以分为四类：一是基于互联网形成的二手市场交易或社区租借，即商品再分配共享平台；二是共享协同生活方式，即对非有形资源共享，如技术、劳务等；三是固定资产高价值的产品共享服务系统；四是基于网络社交平台形成的共享商业模式。

汤天波和吴晓隽的分类前三项与博茨曼的分类相近似，只是语句用词上的不同，第四项他们提出是基于社交平台的共享，我认为其实也只是商品或服务的共享，只是这些共享是基于社交平台，还是应该归属于他们的第一类或第二类。

侯长林（2018）结合汤天波和吴晓隽（2015）、郑志来（2016）

将我国现阶段共享经济商业模式具体分为共享固定资产商业模式、网络社交平台商业模式、共享协作生活方式的商业模式这三个类别。这些分类是否恰当，我们可以从有效的分类应该是周延＋互斥的标准来评价，周延是通过这个分类，能够把所有可行范围的内容都包含，互斥则是不能重叠。他们将社交平台和资产共享分为两类是有问题的，难道资产交换不能在社交平台实现吗？

11.6.3 哪些行业的企业适合采用共享经济商业模式

我提出的建议是从企业原本是做什么的角色来区分。第一种企业是原生交易平台（零售企业）。就是那些做商品买卖或服务的交易平台，是绝对能发展为共享经济模式的。例如 eBay 这种平台电商，原来做的是商品的二手交易，能不能在这个平台上按照时间出租产品？当然可以。再例如各个地方的百货商场，也是卖货的，能不能改为出租产品使用权，再按照使用时间收费，当然可以。爱彼迎就属于这种原生的共享交易平台。

第二种企业是生产商或是实体资源的拥有者。这类型企业本身无论是自行生产还是从外面买进来再销售，特点都是具有自己的产品。它们是否适合做共享平台呢？需要看状况，因为所谓的共享是这个产品可以被多个买方分别使用。如果你销售的产品是耐久财，例如房屋、汽车、飞机、家电、机具设备等，是可以作为共享平台的，例如家电厂商，可以提供新产品的分时租赁，也可以让原先购买的客户在平台上卖二手产品。

这种企业因为同时还在销售自己的新产品，为了避免造成渠道冲突，所以经常是戴个白手套，重新做一个看似独立的平台来销售这些产品。比如奔驰汽车就建立了一个名为 Car2Go 的汽车即时共享平台，而这个平台就是独立于原来生产汽车的奔驰公司的。

耐久财因为可以重复使用，所以基本没有争议，但是如果是非耐久性产品，也就是损耗品或消费品，例如一盒饼干给某个客户吃了，总不能再提供给另外一个客人吃，所以这种消费型的行业，可能就不太适合拿来作为共享了。

第三种是提供劳力服务的企业。例如律师、咨询、教师，提供的服务是可以按时间分拆，向不同客户收费。比如律师不会因为提供给某一个人律师咨询服务，就损耗了作为律师的专业，无法再提供给他人律师服务，滴滴的司机也属于典型的劳动服务提供者。

11.6.4　四个步骤，设计企业的共享经济商业模式

（1）评估行业是否适合：如前文所述，产品必须是可以重复使用的耐久财或劳动服务类型，如果是消费损耗型产品就不适合。

（2）评估对现有渠道的影响：其实共享经济模式本身就是一种变相的销售行为，只是它把传统的"拥有权"转变为"使用权"。对于终端用户来说，带给他们的核心功能是一样的，所以作为品牌方，如果建立一个共享模式新渠道，就很可能冲击到原有的销售渠道。如同前面举例奔驰的 Car2Go，就在产品上做出区隔，共享模式当中只提供小型奔驰汽车。

（3）如何维系产品的周转运营：共享经济模式的基本特性是同样的产品给多个用户在不同时间使用。当前一个用户使用完后，如何归还让新用户能够容易找到，如何复原该产品的使用状态，这些维系良好的用户体验都可能涉及复杂的运营工作。例如经常可以看到共享单车业者在街上收拾散乱一地的单车，有时还需要考虑不同时段的使用场景，例如上下班的人流方向问题。

（4）妥善管理供需平衡：共享经济模式与一般的平台模式有部分状况是相似的，特别是在供给方是多人的状况下，应该考虑如何平衡供给与需求双方在数量增长上的平衡。以共享汽车为例，只顾增加客户需求，供给量跟不上，就会影响使用的方便性，同样的，只增加供

给，需求方不足则会造成供给方亏损，所以作为平台运营方就需要小心控管供给与需求量的平衡。

共享经济商业模式最早源于优步、爱彼迎这些平台型的企业，它们与一般的平台模式最重要的差异是，在这个模式当中的商品必须是可以重复给多个需求方使用。共享经济最主要的创新是改变了商品"拥有权"的概念，转变为"使用权"，因为这个改变，使得企业销售商品给客户时的交易成本降低，客户感知风险也降低，从而扩大了用户的需求。

随着这个模式的优势逐渐展现，共享经济已经不再是独立平台企业的专利，很多耐久财企业以及服务型企业也开始采用这个商业模式，如果你属于这些类型行业，不妨思考是否有机会应用这个模式创造企业的另外一种新渠道以及竞争优势。

11.7　租赁计费创新模式

你是否听过一个笑话，一个人为了喝一杯鲜奶，结果去养了一头牛，听起来很荒谬。不过，其实我们现实生活中经常发生这种状况，只是没有养一头牛这么明显而已。

举个简单的例子，大家买车的目的其实是不同的，车主通常可以区分为三类人。第一类人是为了做生意送货、跑客户，这种用车的特性就是天天需要用，而且每次使用时间比较长。第二类人是为了上下班的交通方便，这类人的特点也是天天要用车，可是一天可能总共只需要用 2—3 个小时。第三类人其实只是为了家庭出游方便，这种人的使用特色是偶尔用。

所有买车人当中，第一类人应该不超过买车人总数的 1/3。其实真正有必要买车的人只有这第一类，那么第二类、第三类，是不是就是那些为了喝一杯牛奶，而去养了一头牛的人？对第二类人来说，如果有人能够提供他车辆，周一到周五上下班时间使用，甚至有司机接送，车子开到公司，还不需要担心停车问题，也不需要担心日常洗车、加油、保养，那么是不是对他们来说更方便了？而且算一算成本，肯定是租车比买车便宜。第三类人就更不用说了，他们其实只是偶尔需要 1—2 天的短租服务，其他时间打车足够了。

现在我们就来讲讲，满足"不需要养一头牛"这种需求的几种商业模式，一般我们会用租赁来解决这个问题，租赁又分为长租、短租两大类。长租其实只是一种资本或融资行为，因为产权已经转移，本质上就是买断。短租则可以看成一种运营定价策略。短租又可以分为按租赁时间计费、按次计费和按使用计费，按租赁时间计费（例如租几天）是传统的租赁方式，无须太多解释。我们将关注焦点放在两种创新模式——按次计费（PPU, pay per use）以及按使用计费（PBU, pay by use），先分别讲一下这两种模式的基本逻辑定义，再进一步比较一下这两种相近的模式分别适用于哪些场景。

（1）按使用付费商业模式。按使用付费商业模式是为了解决产品价格昂贵，但用户并非长时间、频繁使用产品，所导致的买方因为购买这种使用效益较低的产品不划算，而不愿意购买的困境，所提出的解决方案。

按使用付费，更完整的定义应该是"按使用量付费"，就是销售者或服务提供者对于客户或使用服务者，以"用了多少服务"作为计费标准的模式。比较典型的案例，国家或地方政府对于污染物的处理进行收费，不同企业的污染排放量不同，基于污染者付费原则，根据需要处理污染物的体积或重量进行收费，就是 PBU 的收费模式。

另外如清洁公司、家政公司也通常是采取 PBU 来支付，只是它们的测量单位不同，清洁公司可能是按照需要清洁物品的重量或体积进行收费，家政公司则按照服务时间进行收费。

PBU 不只是用在服务行业，在硬件设备行业当中也经常用 PBU，例如滴滴打车、共享单车，就是将汽车、自行车这种固定资产拥有权的销售，转为使用权的收费。

（2）按次计费商业模式。按照使用次数收费是按使用付费的一种特殊形式，它是基于使用次数作为计费基础，那什么时候需要采用 PPU 计费呢？当产品被使用有可计量的单位作为产出时，可以用 PPU 模式来计费，如果使用产品没有标准可计量的产出单位，就应该选择 PBU 模式。例如过去办公室使用的大型打印机 ZEROX，由于价格昂贵，但不是经常使用，而且经常需要维护添加油墨，同时打印机输出的纸张页数是可以精准计算的，于是 ZEROX 公司推出按照打印纸张页数来计费的模式。

上面我们将 PBU 与 PPU 的基本模式进行了明确的定义与区分，那么企业为什么要采用这两种类型的收费模式，而不直接销售呢？

（1）产品价格高昂，但是并非持续使用。许多的生产设备价格昂贵，但是企业买进设备以后并非稳定地、持续地使用这些设备。例如上面讲的大型打印机，企业买进来以后，主要是用在每月打印薪资单，或是提交对外的月报表。这时打印机公司就采取按使用次数付费模式，将设备放在客户办公室，并且在设备上加装一个计数器，计算企业使用打印机打印的纸张数量，按这个数量收取费用。这时打印机仍属于卖方，所以卖方需要定时派遣维修人员到客户端对设备进行保养，如果该设备耗损过度无法使用，打印机厂家也要负责更换设备。

共享汽车也是这一类的典型，许多人虽然有出行的需求，但不是每天需要用车，需要的时候直接在需要时叫辆车，就方便多了，也省却了高额的养车成本。

（2）产品需要大量的后续维护服务。有些生产用的机具设备，例如飞机发动机公司劳斯莱斯，它们将发动机卖给航空公司以后，仍然需要大量的维护服务才能保证机件设备的正常使用，劳斯莱斯就采用发动机的飞行里程作为计费基准，因为发动机飞行时数越多，机件的耗损就越多，也就需要更多的维修服务。按里程计费就变得非常合理。

重型机器设备，例如美国的卡特彼勒以及国内的三一重工，虽然仍然可以卖断设备销售，但也都采取按使用时间进行收费的模式。

私人飞机公司也是类似状况，飞行里程越多，飞机耗损需要维修的频次就越高，一般客户很难自己养一群飞机维修工程师，以及驾驶飞机的机师，所以他们采取 PPU 或 PBU，直接将维修的责任拿回到设备生产企业，解决购买企业难以自行维修的痛点。

（3）企业销售的不是产品而是服务带来的价值。第三种状况比较适合的是，企业本身销售的就不是产品而是服务，当然就没有买断的问题，例如家政服务、律师服务等，都能够按照服务的时间进行计费。

11.7.1　不同方案之间的交易关系

这里我们列出按使用 / 次数计费、短租、长租、买断四种不同的交易方案，把买卖双方之间的关系进行比较。每次使用时间长度，按使用 / 次数计费模式最短，卖断的交易最长；使用关系绑定，按使用 / 次数计费最短暂、最具有弹性，买断则是永久关系；交易风险，按使用 / 次数计费因为随时可以中止关系，所以对买方来说，基本上没有什么风险，而买断后交易无法终止，对买方来说交易风险最高；资产归属权，按使用 / 次数计费是不拥有资产，买断则拥有资产；维护保养责任也因为资产归属权而产生变化，按使用 / 次数计费，因为买方没有产权，所以买方无须承担资产的维护，买断则需要由买方自行承担资产的维护保养，参见表 11-2。

从上面六种关系，可以看出来按使用 / 次数付费的关系最为松散，对买方而言保持了最大的弹性，买方所需要承担的责任也最少，唯一的缺点可能是单次使用成本较高。例如买了一辆汽车，每一次的使用成本，在表面上只有油耗，但是实际上成本需要考虑"买车资金

表 11-2　几种非卖断模式的优劣对比

	PPU/PBU	短租	长租	买断
每次使用时间长度	最短	短	长	最长
使用关系绑定	暂时	短	长	永久
交易风险	最低	低	高	最高
资金占用	最低	低	高	最高
资产归属权	卖方	卖方	买方	买方
维护保养责任	卖方	卖方	买方	买方

成本的利息＋保险＋停车费＋保养费"，如果是每天使用这台汽车，这些成本分摊到每天就不是那么高，相对来说如果采取按使用/次数付费（例如滴滴打车），这时每公里成本就非常高，可是如果只是一个月偶尔乘坐几次车，那么打车的总成本与购车相比较，就非常低了。最重要的是，客户完全没有停车、养车的困扰，出租车司机为了提供客户较好的体验，每天还会清洗汽车的内外，对于按时间付费的客户实在是极为方便的。

11.7.2　买方经济以外的选择因素

从上面的分析来看，绝大多数的汽车使用者，即使是每天上下班使用汽车，按使用/次数付费的成本也远低于买断车子，为什么还有很多的人愿意买车呢？这里面可能涉及用车的便捷性，以及自己拥有汽车的身份象征。即使是企业客户，他们的汽车如果是拿来接送客人，也会为了面子采取买断或长租的方案。

11.7.3　如何实施企业的按使用/次数付费方案

（1）先考虑产品特性：评估一下产品，是不是属于那种非经常使用、买断价格属于较高单价、需要较多的售后维护类型的产品。

（2）计算客户拥有产品的全部成本：这些成本包含买断价格＋日常维护保养操作成本＋保险费＋耗材使用费等（假设是 1 000 000 元，设备可使用年限为两年）。

（3）计算基础价格：按照前述价格，计算这个产品每日使用成本＋利润率，作为定价基准价格（假设利润率 20%，所以基准价格是 1 200 000 元）。

（4）预估风险因素，做出定价：例如能够给客户使用的时间长或使用次数，与总共可使用时间的比例，作为风险折扣。按照这个风险折扣，假设设备能够被使用的时间是总共可使用时间的 20%，那么每次（每日）按使用付费价格是 1 200 000/360 × 5=16 667 元。试想，假设你有一个工程项目，需要使用一台挖土机 10 天，用完这段时间后就不再需要这个设备。按使用付费方案，让你无须一次性支出 1 200 000 元，更不用担心设备的维修、操作，以及残值处理。你只要花上 166 667 元，就可以顺利完成施工，如果需要多用一两天，只要再多付一两万元，这笔买卖对买方是不是很划算？如果你是设备厂商，完成这笔交易后，回收这台挖土机，还能再提供给其他客户使用，未来两年内，可以在企业官网贴出按时计费方案，只要能再遇到七个使用十天的客户，获利就超过卖断这个设备的收益，是不是也很划得来？一旦这个模式成为企业标准定价模式，就可以避免掉很多价格竞争的红海。

PPU/PBU 模式因为交易关系不是买断，所以客户需要承担的风险大为降低，厂商也可以有效规避价格竞标，快速完成交易。按使用 / 次数付费模式，还可以使得企业的同一个资产让多个客户使用，简言之，就是"一鱼多吃"，虽然每次收到的钱变得较少，却可以不断地轮流给不同客户使用，并且跟他们收钱。如果能够保持足够的周转率，实际上的获利将会显著提高，所以企业不妨打打算盘，定个价格，算一下出租率达到什么状况，能够比卖断获利更高。

11.8　本章小结

价值获取商业模式，是企业完成了价值创新、价值生成、价值传递、价值获取四种不同维度的创新之后，最后需要考虑的"怎么收费"。有创意的收费模式经常可以使得企业跳出竞争的红海，独享蓝海获利的愉快。

免费模式可以快速吸引客人，然后再转化为收费；刀片＋刀架模式能够绑定客户长期使用，然后赚耗材的钱；外加商业模式，可以扩大客户基础，使得资产利用率提高，从而达到获利的目的；订阅模式是绑定客户的使用习惯；共享平台与按使用／次数付费，则是化解卖断时的价格竞争。

本章说明了七种后互联网时代常用的价值获取模式，也说明了每个模式的适用场景，以及如何一步步地规划、实施。建议企业找团队来讨论这七个模式，相信极有可能触发赚钱的新思路。

商业模式设计的实践方法

PART IV

第 12 章
商业模式的创新四部曲

前面四个模块分别讲述了商业模式的基本概念、商业模式之前的战略管理相关理论、现有商业模式的理论模型，最后基于这些理论，提出 1-3-1 商业模式战略创新思考方法。这些内容都是推动商业模式创新的基础知识，有了这些知识以后，就可以进入商业模式创新实施的阶段。

商业模式创新，是一种战略的创新，也是一种组织的创新，所以在这一模块当中会以组织创新作为主轴，结合前面讲的 1-3-1 模型，告诉企业家如何在组织当中成功推展、实施商业模式创新的工作。

应用心理学者塔克曼（B. W. Tuckman）提出的关于团队发展的四部曲，是组织发展理论当中被引述最多的理论模型之一（Tuckman, 1965），虽然他最初提出的文献是针对小型团队组织，但是随后学者们基于这个框架的研究也逐渐将它扩展应用到一般的组织发展与创新领域（Brown, 1999）。塔克曼最早发表的研究，认为一个团队的发展过程是形成（forming）、风暴（storming）、规范（norming）、绩效（performing）。参见图 12-1。

图 12-1 塔克曼的团队发展阶段模型

　　塔克曼认为一个具有特定目标的小型组织发展，首先是形成阶段，团队形成初期，团队成员间可能因为背景不同、观点不同，彼此之间对于价值观或工作方式会产生争议，这时候开始进入风暴阶段，经过相当一段时间的经验交流与学习理解，团队逐渐进入规范阶段，这时团队成员之间将逐渐达成共识，然后能够开始形成协同效应，工作有规则、有章法，且逐渐步入正轨，团队发展达到绩效阶段。

　　塔克曼的研究视角是应用心理学，小团队发展的四部曲，这四个阶段是有次序关系、循序渐进的。塔克曼建议，团队领导者应该了解这些必然会发生的阶段，前瞻性地解决每个阶段可能产生的问题，才能尽快地跨越障碍，达到绩效阶段。

　　塔克曼的模型经过稍微修改，非常适合拿来作为大型正式组织的商业模式创新与流程创新的管理方法。为什么需要修改才能适用于正式的组织发展？很简单，因为塔克曼模型的前提与企业的组织发展项目前提是不一样的。塔克曼的团队发展模型，是假设这个团队已经形成了，并且这个团队形成时已经具有比较清楚的任务，所以它的次序是以形成作为开端，接下来会经过风暴、形成规范，最后这个团队才能产生绩效。

　　但是在商业模式创新问题上，应用的前提与背景条件则是显著不同的。因为既然讲的是"创新"，就意味着原来的商业模式已经存在，而在特定时间组织是否有必要做调整通常存在不同的看法，所以组织应该先形成关于商业模式调整必要性的共识，才会有后面阶段工作的发展。所以这里将塔克曼原来的模型调整为先有风暴，再有形成，而且将形成改为构建（constructing），这样更能区别于塔克曼原来基于小型团队可能自然形成的假设，也更符合商业模式创新实践工作中，需要先解决"必要性"争议的情境。

　　所以本书提出的修正方法论是——风暴、构建、规范、绩效这四个阶段，而且在商业模式创新上的应用，这四个阶段不是线性的，而

是应该构成一个闭环，这样才符合商业模式必须不断迭代创新的基本
原则。参见图 12-2。

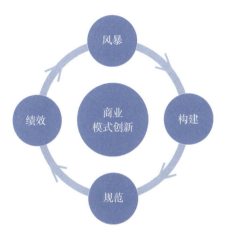

图 12-2　商业模式创新实施四部曲

12.1　风暴阶段

更具体地说，风暴阶段应该是形成风暴甚至是引发风暴，因为一
般情况下，在原有的商业模式形成后的相当长一段时间内，组织成员
很容易安于现状、不愿求变。这种心态能形成稳定的组织，几十年前
大生产环境是很好的，但是放到今天这个 UVCA 时代（多变、不确
定的时代），就可能造成企业的致命危险。特别是社会环境的变化往
往是隐性不明显的，即使有人注意到，也不一定会被团队当中所有人
接受。

例如，英特尔当年原本是全球记忆芯片的主要厂家，摩尔（Gordon
Moore）与葛洛夫（Andy Grove）洞察到这个行业将走向成熟，使得
英特尔不再具有绝对优势，摩尔提出英特尔必须换跑道，投入中央处
理器芯片这个状况未明的全新领域。但是这个关于趋势的判断，并不

是立即被董事会其他成员所接受，也是经历了内部的激烈争辩，董事会成员才逐步达成共识。

所以主导商业模式创新，首先需要在企业内形成危机感，让企业内部尤其是决策层达成"必须"转型与创新的共识。引入颠覆式创新的思维是风暴阶段的必要手段。我们将在后面章节从商业模式创新的视角，来说明颠覆式创新的思考方法与具体做法。

12.2　构建阶段

构建阶段是逐步发展出新的商业模式与流程的过程。前面几个模块分别讲述了 1-3-1 商业模式创新模型的整体框架，说明了企业组织创新的五种来源——价值主张创新、价值生成模式创新、价值推广模式创新、价值传递模式创新、价值获取模式创新，并且在每个创新来源维度，列举了过去 100 年当中，不同模式的发展以及迭代改变的历史。同时也强调了并不是后来的模式一定优于先前的模式，需要依照企业当时所处的环境、所处的业态以及企业独特的资源与能力，来决定这家企业当下最适合的模式。

除了生成模式的梳理挖掘，我们也在价值推广、价值传递、价值获取模式上，提出了几十年来不同类型企业所采取的模式，并引入最新的数字化、智能化概念，来加强这些模式的时代意义。

后文将提出如何利用 1-3-1 模式框架与当中的各种模式，协助完成模式创新的构想构建与实施的路径。

12.3　规范阶段

规范阶段是基于前面设计好的商业模式创新雏形，进行组织、流程以及信息系统设计与 KPI（关键绩效指标）的调整。规范阶段的这些工作是最经常被忽略的，大家对于商业模式的解读常常仅限于模式的构建。但有经验的企业管理者一定都会知道，如果只说要从哪几个方向进行变革这种战略层面的内容，极大的可能性是开完会议，这个事就过去了。一定是等到下次领导问起的时候，团队当中的人才说："哎呀，这些事我们还在构思当中！"

商业模式创新当中很重要的工作就是要根据新的业务设想，构建新的组织与协作分工的流程。哪些人需要在什么时间完成什么工作，做到什么程度，只有把规则、流程定义清楚，这些工作才会真正发生。否则再好的创新模式或概念，都绝对不会在组织里面发生。要求团队做规范化的工作，就是形成固定的组织、流程，达成无缝对接的分工协作。具体来说规范化至少应当包含以下几个重点：

（1）模式创新的目的以及目标宣誓。

（2）组织与分工的调整。

（3）标准流程设计并形成标准作业程序（SOP）文件。

（4）适当人员选择与培养。

（5）信息系统的配合。

（6）考核方法与每个阶段的关键绩效指标（KPI）。

之后也将在后面章节单独说明实施这些步骤的具体做法。

12.4　绩效阶段

绩效这个词在这里既可以是动词也可以是名词，作为动词是执行工作，作为名词则是产生绩效。产生绩效，就是达成既定的考核指标。商业模式创新必须以组织绩效作为关键考核指标，所以商业模式创新开始执行以后，必须按照既定的绩效指标进行考核，以保证新的作业流程与规范能够准确实施，并且再根据绩效检视新的商业模式是否需要进行调整，以及后阶段是否需要迭代更新，必要时重新进入风暴阶段。在绩效阶段应当包含三种工作——掌握绩效密码、绩效衡量、绩效管理。掌握绩效密码就是深层次地挖掘产生绩效的底层逻辑，也是变量之间的因果关系。绩效衡量是考核指标。绩效管理则是建立考核指标，产生绩效底层逻辑变量之间的关联，后面将有专门的章节说明。

本章说明了实施商业模式创新步骤的总体框架，了解了这个四阶段模型，后面的四个章节，将针对每一个阶段做深入说明。

第 13 章
风暴：点燃驱动企业商业模式转型风暴

商业模式创新最艰难的是开头，因为绝大多数的团队成员都会觉得他现在很好，不需要进行商业模式转型。颠覆式创新之父，哈佛大学教授克莱顿·克里斯坦森（Clayton M. Christensen）在他所著《创新者的窘境：领先企业如何被新兴企业颠覆》一书中对这个问题有很深刻的描述。他举了不同行业的例子，以计算机行业为例，IBM 公司主导了大型计算机市场，迪吉多（Digital Equipment Corp）创建了微型计算机市场，此后其他一些管理上锐意进取的企业，像通用数据公司（Data General）、Prime 公司、王安电脑公司（Wang）也都成为一时的电脑行业领军企业。正当它们享受着市场带来的红利之时，个人电脑技术出现了，这些厂商都忽视了技术层次更低的个人电脑，反而将个人电脑市场的机会拱手让给了苹果电脑公司以及其他例如戴尔、联想等与 IBM 个人电脑相容的电脑公司，最后迪吉多、王安等公司，因为无法跟上新时代的步伐都纷纷陨落。安于现状，疏于审视行业变化，没能及时启动商业模式创新，就是这些企业无法继续生存的原因。

13.1 安于现状是商业模式创新的最大障碍

安于现状是人类的天性使然，这里讲的安于现状，并不是真的

"安"了，而是一些心理感知或反应，让他们"希望"能够保持现状——能不动就不要动，能不变就不要变。

关于企业商业模式创新，有两个主要的原因，让人们产生安于现状的心理——没必要与怕犯错，这两种心理经常是密不可分的。这样的企业典型的反应是："我们感觉没那么严重啊！不就是这样一天天地过，也没见我们要倒闭了啊！"

即使有部分人在口头上会说，应该调整商业模式了，但是似乎有另外一种力量拉着他们不要改变。这种现象最常出现在国营企业或比较大型的企业组织，因为它们的基础确实比较好，拖个几年也没有大问题，很多的国企员工认为，如果没有强大的竞争对手介入，最多就是不增长，他们家大业大，所以没什么好担心的。

13.2　一家老牌国有糕点连锁品牌的故事

这家国企的副总裁是我在 EMBA 课堂的学生，听了我的课觉得很有道理，认为我在课堂里面讲的商业模式创新概念应该能帮得上他们公司，于是这位副总裁邀请我到他们的集团总部做一次分享与讨论。这个集团公司的顶层是一家控股公司，底下管理了七八家中型公司，这些旗下公司的总经理都是由集团总部派任，任期不定，有的是2—3 年，有的则是十年以上。在总部层级沟通完了，我对他们整个集团有了大致了解，接下来这位副总裁又安排我拜访了底下几个不同业态的公司。

这些公司当中有一家是经营所谓的"百年老品牌"的糕饼零售连锁，他们的店铺都是坐落在城市的中心区，店铺也是市政府配发给他们的，因此这些店铺没有房租的压力。据公司的总经理说，他们确实有品牌老化的问题，很多的店铺现今已经是门可罗雀。老实说我个人走进这些店铺时，店内光线不佳，毫无生气，实在很想马上离开。

接着我问了这家连锁烘焙店的管理团队一些关于商业模式的基本问题，例如他们的目标客户是谁？他们这家糕饼连锁的产品有什么特色？答案是集团领导觉得他们的特色就是百年老品牌，应该忠于原味，因此店内的陈设都是暗色的传统木制桌椅。他们认为自己的客人年纪也比较大，都是门店附近小区的叔叔阿姨。事实上我在店里面参访时，店里面坐着的客人，确实都是年纪比较大的长者，这些长者看起来也没有买什么东西，就坐在店里面聊天。难道这就是集团领导建议的"忠于原味"？

看完这家店以后，我问这家烘焙连锁店的总经理："采用'老门店、老装潢、老产品、老口味、老套路'坐等客户，你觉得这样下去会有发展吗？当这些年纪比较大的老客人陆续凋萎，以你们现在的陈设以及产品，你觉得能够吸引新的客户吗？"总经理回答道："我们确实希望能够吸引一些年轻族群，所以我们开始销售现打咖啡豆的咖啡。"我接着问："为什么你认为，增加一款咖啡产品，就能够吸引到年轻新客户？特别是 90 后和 00 后的族群，他们为什么不去星巴克，而愿意到你们这种看起来相当沉闷的店里面消费？"这位总经理苦笑着说："是啊，所以我们想要突破啊！不然年年亏损，这样下去，也不是个办法呀！"

后来我建议他们可以考虑一下，从国潮的角度重新设计产品以及门店，总经理觉得很有道理，连连称是。

几个月以后，我又见到了集团总部的那位副总裁，我问他上次那家百年老店是否提出了商业模式的创新方案。这位副总裁说："他们很犹豫，至今没有提。"我感到很讶异，说"那位连锁烘焙的总经理，上次一直表现得很想发奋图强，怎么至今都没动作呢？"我又好奇地问道："那么你身为集团分管零售业务的副总裁，很清楚知道他们必须做改变，否则经营绩效绝对是无法提升的，怎么你也没有给他们下达指令呢？"这位副总裁说："我们确实在例会上要求他们要整改，但是我们也不可能直接告诉他们怎么做，毕竟他们才是当事人啊！如果由我们发出指令指导他们怎么做，万一没做好，那么我们在总部的人，不也要负责了吗？"大家心里面都认为，不做事也不可能被要求下岗，但是太主动去做事，万一没做好，就要担责任了。这就是许多企业高层对商业模式转型的看法——没必要。因为经营不好不会死人，要是做了创新但是没做好，那就是犯错了。这是人性，如果没有立即倒闭的危险，身为打工仔，绝大多数状况下，是不会有人愿意去做创新冒险工作的。

13.3　追求边际改善的思维是创新的"岔路"

有的企业确实感受到了经营的挑战以及无法成长的困境，认为"我们要整改"，"整改"经常也是商业模式创新的"岔路"，很容易让企业主管走错路，因为整改通常只是检查当前的工作是不是得到落实贯彻，它起到的作用是拧紧螺丝，而不是把整个机器换掉或升级。这并不是说，企业没有必要整改，整改（或改善）是有必要的，必须不断在日常工作中进行。既然这样，那么为什么说整改是"岔路"？

因为整改看的是现况，看的是有没有照着标准作业（SOP）来做，所以通常的整改，不涉及大幅度的调整，更不可能全面推倒重来。

举例来说，在 2000 年前后，雅虎、新浪等门户网站兴起，把出版业打得晕头转向，这时如果出版社说，需要对出版、印刷技术进行整改，提高印刷质量，或是需要对经销渠道扩大培训，让他们能够把出版物的铺货做得更密集，请问这样的整改真的能为出版行业带来新的希望吗？绝对不能！当时门户网站对传统媒体的冲击是致命的，出版社必须做出商业模式根本上的改变，就是经常讲的把现有模式推倒重来的——颠覆式创新。

13.4　欧洲知名媒体：斯普林格

这里我举一个例子，一家欧洲排名前三的传统媒体，它是怎么推倒重来，获得重生的。斯普林格是欧洲最大的报业集团之一，2000年前后，它们的管理层感受到互联网的巨大冲击，派遣了大量的主管到美国硅谷的知名互联网公司参访、见习。经过这些人身临其境地感受互联网思维，回来以后，高层团队感觉到现有团队的经验与能力，对互联网行业太过陌生，靠着这些老员工，很难彻底帮集团脱胎换骨，而互联网带来的风暴又是那么急切。所幸，公司过去几十年积攒下不少资本，经过几次头脑风暴，于是决定停止对报纸出版本业的"整改"。他们组建了一个投资旗舰公司，开始针对新兴媒体企业进行投资。他们投资新媒体行业中的计费式的网络精准广告（CPS）服务企业取得新的行业经验，又购买大量互联网平台的版面，并协助客户进行网络广告的安排，同时又收购欧洲主要的女性时装网站以及社群网站，最后斯普林格成为欧洲首屈一指的新型互联网广告公司。

在欧洲，与斯普林格同时存在，但是没有进行商业模式全盘调整的几个原有大型报业集团，最终不是被其他企业收购，就是倒闭，斯普林格彻底推倒重来的战略选择，挽救了这家大型媒体企业。

13.5　如何激起商业模式创新动力的千堆雪

对上面讲述的克里斯坦森关于电脑行业颠覆式创新的案例以及欧洲媒体斯普林格推倒重来的经验，再进一步讨论，如果自己的企业处于这种时代改变的大潮之下，作为公司的领导层，该怎么做？

（1）CEO 要有"创新必要性"的认识：洞见趋势。斯普林格的CEO，为了制定互联网新时代的商业模式转型的战略，飞往美国硅谷，参观拜访那些新创的互联网公司。通过一系列的访问，斯普林格的 CEO，逐渐明白了互联网是不可逆的大势，而且见到了那些新型的网络媒体公司是怎么运作的，也知道如果硅谷的这些新兴互联网企业进入欧洲，斯普林格必将面临生死存亡的挑战。这次学习之旅让斯普林格的 CEO 下定了必须改革的决心。

所以作为 CEO，需要对环境改变有更开放、更敏感的态度，收集并掌握更多的信息，定期选择主题让高层团队共同商议，并且经常进行自我挑战："如果这个趋势成真，如果这个技术得以实现，如果竞争对手采取这种方式，我们企业应该如何因应"，这样，才能够提高企业对外在环境变化带来的挑战与机遇的敏感洞察能力。

（2）高管团队也要有转型升级必要性的认知：对标差距。斯普林格的案例中，CEO 察觉到大事不妙，他不但自己亲赴硅谷学习，还派遣他的高级管理团队，分批前往硅谷的互联网公司参访、学习，让他的团队高管们对互联网的趋势以及这些新型互联网公司的运营方式有了更深的体验。

接着 CEO 再召集他的高管团队，分享参观学习所得，并且邀请一些知名的互联网专家到企业内进行分享，特别是邀请新媒体行业的人到他们的企业进行内部分享，通过这种"对标"，使得斯普林格的管理团队逐渐开了眼界，并且知道了必须改变的急迫性。

再举个例子，我有个学生曾经专门在甘肃包了一块地去种各种玫瑰来做花茶，十年前通过直销，一年也能做几亿元的营业额。这个老板非常爱学习，有一次他邀请我去给他们的高管讲互联网的发展以及对应用户需求变迁，当时我给的建议是通过产品去打造一种新的生活方式，从而引领消费者前行，同时慢慢地弱化单纯依靠返利的卖货形式。现场大家听的热血澎湃。过了一段时间后，我问他内部有没有新的经营路径，他说跟团队高管沟通过了，大家一致认为他们当前生意利润不错，行业地位也有相对的优势。并且大家对当前的模式和状态也很有信心。可是几年后随着各大竞争对手进入，以及互联网大数据的发展，不断地刷新着用户的需求和欲望，他们的业务更是一落千丈，销售额跌到连十分之一都没有了，而且利润也越来越低。老板整天苦不堪言，怎么也没想到市场会有如此大的巨变。如果他们能够保持开放的态度，洞见趋势，就算面对竞争对手采取新模式的冲击，也能够很容易化解。

（3）战略会议确立企业改革方向、目的与目标：建立共识。团队成员们已经有了必须改变的想法，接下来需要确定改革方向与制定目标，也就是如何改，在什么时间内，达成什么结果。达成共识最好的方法就是开战略会议，特别注意，这里讲的战略会议不是一把手对他的高管团队"精神讲话"，而是让团队成员畅所欲言，每个人把自己心里想的全部讲出来，通过一定的步骤达成共识。这个方法我称为"贴纸讨论法"，分为四个步骤。

第一，会议的领会人（session leader）。"领会人"不是传统会议里的主持人，讲的是讨论形式的会议（session），也不是传统意义上的会议（meeting）。传统形式的会议可能是由 CEO 负责主持，然后董事长在旁边提出指导意见，这种会议经常是"圣意"下达，不是公开表达意见。圣意下达模式的会议，很快就会成为一个"马屁大会"，充满了"保证达成任务"这种没意义的宣誓。

讨论形式的会议是让每个人充分表达自己的意见，并且引发讨论，CEO 或董事长，通常会"忍不住给出意见"，这时就讨论不下去了。比较好的方法是找外部顾问，先让他们对企业环境有个初步的了解，然后由这个外部顾问引导讨论，并且执行会议纪律——公开表达、没有独裁意见、不岔开话题。这样的战略讨论会议，才能够有效地达成共识。

第二，可视化、各抒己见的讨论。首先由主持人宣布，这次会议要讨论的题目以及希望达成的成果，最常用的问题可能是：公司当前所处的环境挑战、我们看到的问题、我们希望在哪些方面进行改变、如何改变等。讨论的过程是一次讨论一个题目，让参与者针对每一个议题，将自己的观点写在一张小纸条上，然后成员逐个上台说明自己填写的内容观点。

注意，每一张小纸条，只能针对一个意见来写内容。为什么要用小纸条，而不是让参会人自由发言，因为通过小纸条的书写，可以让每个人产生独立思考，不会因为前一个人的发言影响了后来发言者的观点。同时，在每个人表达观点后，需要将他的小纸条贴在墙上，不用怀疑，这时意见一定会非常多，小纸条可以让这些意见"可视化的"留下痕迹，便于接下来的深入讨论。

图 13-1 就是我作为领会人，实际讨论的小纸条看板。这种讨论会议的方法，也是我多年来在 IBM、英特尔、麦德龙等多家跨国 500 强企业担任高层管理者时，经常用的方法。

第三，意见的聚拢。接着主持人需要公开讨论每一个人贴在墙上小纸条的观点，向意见提出者确定他们的想法，并且筛选掉那些实质

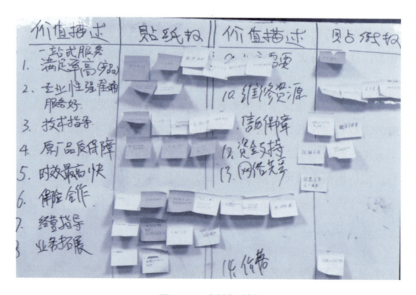

图 13-1 小纸条看板

上讲的是同一件事，只是文字表达方式不同的纸条，或是合并实际在讲同一件事，只不过有些讲的是一件事情的"因"，另外一些讲的是"果"的纸条。主持人需要在厘清后，把相同的观点重叠放在一起，这样看起来分歧的观点，很快就会开始收敛。

如果讨论的议题是"公司当前面临哪些重大挑战"，可能会出现40—50个小纸条（大概每个人提出 3—5 项），这些小纸条上的意见，经过第一轮筛选合并，大概还能剩下十条意见。进一步深入讨论这些事情的因果关系，例如"生产力低落""员工素质有待提升""员工缺乏有效激励"这三个意见，其实是两件事，因为生产力低落是表面现象而不是问题，实际问题是员工"能不能"与"愿不愿意"，"能不能"涉及工作能力需要培训，提高员工素质，"愿不愿意"则是员工做好这件事的动机在哪里，这是激励制度的问题。在梳理统合意见的过程中，领会的主持人需要很快地洞察出，不同小纸条上的内容是否有因果关系，重新梳理，一般最后留下 3—5 个待解决的问题就可以了。

第四，形成行动方案。很多人可能会认为，有效的会议一定要产生具体的结果并解决问题。可是，一般这种战略层的会议的结论，并不需要产生解决方案，因为找问题、确定问题是高层管理的事，但是提出好的解决方案通常却是专家的工作。所以，建议这种涉及企业重大转型的问题，应该交给专家去提出方案，再回到高层团队做决策。这种转型战略会议的行动方案，只需要列出具体问题以及针对这个问题的方向性解决方案，重要的是需要确定"谁负责跟进"，以及"什么时间之内向高层管理提报具体解决方案"。

13.6　本章小结

本章说明了商业模式转型实施四部曲里面的第一步骤——风暴。引发风暴的目的是要让全员觉醒，并且有序地疏导这些"想要改变"

的意见成为转型升级的动力。

我们提出了几项建议：① 组织要培养敏感的环境洞察能力；② 要能够就事论事，勇于对标，找出差距；③ 采用开放式的战略讨论会议，让团队快速达成共识。特别是后面讲述的这个"讨论型会议"是很重要的引爆观点与收敛的方法，各位不妨尝试一下，对企业引爆改革动力，并且快速引导到系统化的行动，一定会有重大帮助。

第 14 章
构建：五大创新源重构商业模式价值

通过前面的风暴阶段，企业管理层达成了必须有商业模式创新的共识，接下来就是构建新商业模式。本章将说明如何采用本书提出的1-3-1 商业模式创新模型框架，一步步发展出企业的新商业模式。

对于这个阶段所需要的知识，本书的前面几个部分已经非常深入地讨论了 1-3-1 商业模式以及五种模式创新的来源。为了方便讲述，还是先复习一下什么是 1-3-1 商业模式创新的框架。

14.1　简单回顾 1-3-1 商业模式创新模型

在本书第三部分，讲述如何发展出 1-3-1 创新模型框架时，提出了五种企业创新的来源——价值主张、价值生成、价值传递、价值推广以及价值获取。作为整个理论模型的基础框架，我们也分了五章深入解释每一种创新来源，同时也列出了过去 100 年，在社会经济发展的不同阶段，这五种创新来源当中分别出现过哪些商业模式，并且分析每一种模式的缘起、使用条件、优点以及缺点。从历史发展观的视角来看，本书对于商业模式的分类整理应该是比较完整的，参见图 14-1。

（1）价值主张创新。在思考企业的价值主张创新时，首先提出的概念是"忘了你是谁"。为什么在开始思考价值主张时要求忘了自己

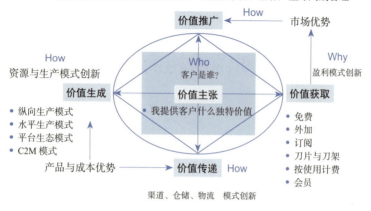

"价值创新"观点的商业模式思考架构（五种创新来源）

品牌创新、全渠道覆整合营销、全场景体验、全客户生命周期管理

图 14-1　商业模式创新 1-3-1 模型的分类与内涵

是谁？因为行业的刻板印象会限制自己的思想，例如便利店行业，需要先忘了自己是便利店，才能够没有负担地思考客户到底要什么？这种思想的解放，经常能够跳脱旧的先前思考，提出新的价值主张。本书第 7 章讲述价值主张创新时提出的知名便利店价值主张创新思考案例，其定义的价值主张是"满足都市的轻简生活"，从而在客户生活中找出竞争对手都没能提供的"便利餐饮化的服务"。先把自己传统的刻板印象忘掉，才能找出更贴近客户的价值主张。

其次，企业价值定义的思维方式应该遵循"最小可存活的区隔"（MVS, minimum viable segment）的概念，原则是针对一个较小范围，但是足够让企业存活的市场区隔空间，进行精准地定义。为什么MVS 这么重要，因为唯有这种 MVS 定义出来的价值主张，才不是服务全天下的客人，才能更精确地用场景化来描述客户状态与需求，这样才能帮企业做到战略聚焦。

接着，提出了企业思考价值主张创新时经常问的六个具体问题——客户是谁、他们需要什么、现有方案为什么没能满足客户、企业提供什么方案、这些方案如何解决客户的问题、这些方案具有什么独特性。能够回答这六个问题，就清楚地定义了价值主张。

有了独特的价值主张，企业很自然地就需要考虑，这些价值是如何创造出来的，这就进到下一个模式创新的来源——价值生成模式创新。

（2）价值生成模式创新。价值生成模式创新就是考虑产品或服务是如何产生的。之前总结了近100年来生产制造行业曾经采用过的模式，其又分为两大类型，第一种类型是将价值生成放在企业的边界之内，第二种类型是价值生成不完全限制在企业边界之内。

第一种类型包含了企业主导生产的三种生产模式，分别是垂直一体化整合、水平分工整合、精益制造。代表企业的模式分别是福特汽车胭脂河工厂、通用汽车材料外包最后在场内完成组装的模式以及丰田的精益生产模式。从商业模式历史发展的观点来看，这三种模式似乎是后浪推前浪，也就是说，采用后来模式的企业击败了采用前一种模式的企业。例如采用水平分工模式的通用汽车，击败了采用集中生产模式的福特汽车，而采用精益生产模式的丰田汽车，又击败了通用汽车的模式。但是需要注意的是，这其实不是后浪推前浪的取代，而是不同社会经济与竞争环境下的适用性问题。通用汽车是因为顺应当时经济环境改善的大趋势，采取了多品牌、多款式的产品策略，而水平分工模式正好符合了这种需求，并不是水平整合模式一定优于垂直整合模式。例如，宁德时代所采用的仍然是集中式的垂直整合模式，因为这个模式能使宁德时代获得最低的成本、最高效的产出。

第二种类型的价值生成也包含了三种模式，分别是平台共创模式、平台资源对接模式、C2M生产模式。这三种生产模式的特色都是改变了企业与客户之间的简单关系，也就是扩大了企业生产功能的边界，更强调客户、核心工厂以及供应链端厂家之间的交互关系。平台共创模式是互联网概念下的价值生成创新模式，宝洁为了解决企业缺乏创新氛围的问题，利用"Connect+Develop"平台，完成了大量产品创新。平台资源对接模式，例如优步、滴滴打车，它们延伸了企业的价值生成的边界，那些提供客户出行服务的汽车根本不属于优步或滴滴公司，它们只是将信息无缝对接的平台，撮合供需双方直接进行交互与交易。平台资源对接模式的价值生成也不在企业边界之内，例如快时尚领导者 ZARA 或市场黑马 SHEIN，它们大量的产品都不是在自己的工厂内生产出来的，它们只是市场供需信息的对接者，这种高效的信息对接，使得这两家公司都展现了"快与新"的特点，使得它们很少有滞销的服饰，产品成本得到最佳的控制。再加上快速地上新，使得客户更勤于造访它们的网站或线下门店。C2M 生产模式则是根据用户的需求定义决定生产什么产品，这时企业的生产体系需要与外界供应商进行时时的无缝对接，才能精准地供应不同生产序号所需要的零组件供应。例如上汽大通通过蜘蛛智选小程序与 App，让客户直接与生产者交互，选择他们需要的功能，核心生产者上汽大通则需要对接它的主要供应商，使得客户在下单的瞬间，就能获得精准的价格信息以及生产交付的时间。这三种价值生成模式，没有必然的优劣可比性，企业仍然需要考虑自身的行业特性以及技术成熟程度。

（3）价值传递模式创新。价值传递就是当产品被生产出来以后，客户接触到产品或服务，完成购买，最后商家交付给客户的整个流程。从零售企业的角度来说，就是构建企业的渠道、终端门店以及商品的物流，全过程的无缝对接。从网络结构来看，工厂与门店是节点（node），物流是网（net），所以价值传递的过程就是节点与网的组合。上述结构是传统商业的结构，有了互联网以后，增加了空中的节点——网店，它可以无限贴近消费者，形成了立体结构。但是网店仍需要发货，所以网店需要与原来的实体网络更有效地匹配，完成无缝对接，保证客户的体验感，同时还需要使得价值传递的成本最低，这就是后互联网时代企业的巨大挑战。价值传递模式创新在整体架构上提出了端到端（end to end）的价值传递模式设计原则，并且列举了三种业态店的模式，以及当客户决定购买，企业将如何把商品交到客户手里的三种物流模式。

（4）价值推广模式创新。从营销与销售的视角来检视企业如何进行对客户的价值沟通，从而激发客户购买，然后再通社交媒体及场景化的方式增强用户的黏性与提高用户活跃度。价值推广模式创新不仅讲述了随着时代发展营销思维的迭代，同时提出了后互联网时代的营销战略模型 CIDR 以帮助企业及营销人员自上而下的建立全域全场景的营销框架及路径。

（5）价值获取模式创新。提出了免费、订阅、外加、刀座＋刀片、按使用付费、部分拥有、付费会员等最常见的价值获取商业模式。好的价值获取商业模式能够帮助企业规避红海的价格竞争，以及锁定长期客户关系。

14.2　1-3-1 模型在理论上的三个创新优点

（1）模型框架的创新。1-3-1 商业模式创新的理论框架，基于已经被学术界广为接受的概念——商业模式是价值主张、价值生成、价值传递、价值获取的基本想法。从实践经验上，还需要考虑价值推广，也就是营销方法的创新，整合为五种创新来源的思考框架。这个五个维度的价值创新是本书首先提出的商业模式创新的思考框架。

（2）模型交互动态的概念。商业模式创新的五个来源是交互影响的，也就是说，改变了其中的一项，也需要考虑其他四个维度是不是也需要调整，是不是能够产生另一个创新的想法。这种交互影响的观念改变了传统商业模式的线性思路，例如在商业画布理论模型当中，奥斯特·瓦尔德（Alexander Osterwalder）提出了构建商业模式，包含了——价值主张、客户区隔、客户关系、渠道、关键资源、关键工作、合作伙伴、成本、收入九个要素。这个模型是一种一步一步推演的线性思考方式，这种线性思考模式不适用于快速变动的 VUCA 经济环境（volatile，易变不稳定；uncertain，不确定；complex，复杂；ambiguous，模糊）。

（3）持续迭代观点的创新。商业模式创新是与时俱进的思维方法，商业模式会因为企业的规模、经济大环境、消费者喜好、竞争者做法的不同，而时时更新。小的企业到处去参访，采用 500 强企业的组织以及运维模式，就是小孩子开大车，那是很危险，会致命的。企业从年营收几十万元的小店，扩大为数百数千家的连锁，其价值主张、生产模式、运营模式也都会发生变化。例如，小型餐饮店要做的是菜品新鲜，"一把手"需要亲自掌厨，做出好菜。但是当企业发展为数千家的连锁，应该关注的价值生成方式，就必须从个人厨师改变为预制菜或料理包，这样才能保持产品质量统一。如果企业已经成长到一定规模，而商业模式或思维还沿袭小企业的模式，不做与时俱进的调整，那就成了大人开娃娃车，也很容易出事故的。

14.3　如何利用 1-3-1 模型审视、创新商业模式

之前在说明这些可以借鉴的模式时，也强调了每个模式发展出来的环境背景、各自的优点与限制，以及新时代环境下采用这些模型可能需要的调整。这些列举出来的商业模式在帮助思考每一个维度价值创新来源时，也可以拿来对比企业现在的做法，以及可能的创新做法。所以 1-3-1 商业模式创新方法论，如何帮助实现商业模式创新呢？

（1）从核心价值主张六个问题出发，重新梳理价值主张。

（2）列出另外四个价值来源当前的做法。

（3）针对四个价值来源的不同做法，逐一考虑是否可行，是否能够创造更高的价值。例如价值生成，是否从水平整合改为平台生态模型；再例如价值获取，是否能从原来的出售标准化商品的商贸模式，转为外加商业模式或按使用收费，参考图 14-2 列举的方式。

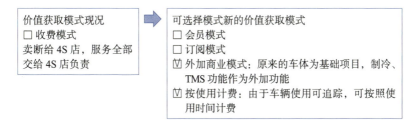

图 14-2　采用 1-3-1 方法论时的模式对比

（4）通过新的四种价值创新，评估这些改变是否支持新的价值主张。

通过这四个步骤，商业模式创新蓝图就出来了，由此可以发现，1-3-1 模型不仅仅提供框架，更提供了充实框架的内容。

我曾经帮助一家商用车企业利用 1-3-1 商业模型分析其既有的商业模式，并且设计出新的商业模式。

这是一家商用汽车企业，一般商用车就是指卡车、货车、巴士等车辆，按照它们的车重，区分为轻卡、中卡、重卡。一般轻卡指总质量在 1.8—4.5 吨的卡车，中卡指总质重在 4.5—14 吨的卡车，重卡是指总质量大于 14 吨的卡车。

案例企业属于中型卡车的主机厂企业，它生产的卡车，主要用于中短途以及城市内的运输，包含小型工地的建材运输、农产品从产地进入城市的运输、超市总部对门店的发货等。

国内外的中型卡车企业有一个很大的挑战，就是不同品牌之间的同质性很高，重型卡车因为需要承载的物件都是数十吨的东西，而且大多是长途运输，所以它们的发动机动力以及省油程度至关重要，重卡企业的竞争优势也从这些特点展现出来。但是中型、轻型卡车，因为载重不大，而且大多数是短程运输，所以发动机的动力以及油耗的优势就不是那么显著。再加上很多国内自有的中型卡车品牌因为规模问题，并没有开发自己的发动机，大家所用的发动机都是那几个日系品牌，车架以及外包的铁皮也没有什么明显的差异，企业之间的竞争基本上就是价格战。

大部分的中型卡车企业并没有办法提出具有说服力的价值主张，特别是新能源车，虽然在乘用车市场已经成为主流，但是在商用车市场仍然比较滞后。是否要在这个时候把新能源车领军者（其实它们也还不是）的形象作为核心价值主张，公司内还有极大的争议。

这家企业希望我能帮它找出更具有说服力的价值主张。我采取的方法，就是前面讲过的发展价值主张的六个问题——客户是谁（MVS）、他们有什么需求、现有解决方案为什么没法满足（痛点）、提供的是什么、为什么能够解决他们的问题、可以带给他们什么独特价值。

上述关于价值主张的六个问题的开头就是要决定 MVS，按照前面的说明，一家企业不可能在所有市场区隔都领先对手，所以企业必须先找出在哪个领域有机会领先。为了从客户视角来探索这个问题，我找了几十家具有代表性（业绩比较好）的 4S 店的老板，让他们述说他们在哪些行业有成功的客户，客户为什么跟他们买，他们给客户的价值是什么。结果发现，有两家城市级别的 4S 店的老板都提到了生鲜货运这个问题，他们说生鲜货运需要全程冷链的设备、运输过程的路径追踪以及实时的车内温度的监控，但这些功能在卡车出厂时是都没有的。这些 4S 店能做的是在当地城市找到能够提供制冷设备的厂家，将这些设备安装到车上，然后再加上隔热层，但是对于全程路径追踪以及车内温度时时监控，并无法提供。

讨论到这里，我发现这家企业的 MVS 已经呼之欲出，只要主机厂能够把这些相关技术整合在一起，让客户可以实时在手机上监看运输车辆的车内温度、运输路径、预定到达时间，这样在冷链运输这个市场区隔，就能够为生鲜行业的客户创造出独特的价值，这个方案得到了参会的 4S 店老板以及总部管理层的一致认可。

有了新的价值主张，重新构建商业模式的第二步骤是用 1-3-1 模型的其他四个维度——价值生成、价值传递、价值推广、价值获取，评估旧的模式是否需要调整。

旧的商业模式

➢ 价值主张："全功能"中型卡车，代表的是没有专注特殊市场区隔的通用型中卡。

➢ 价值生成：水平外包模式，主机厂负责车体外观设计，其余零配件（包含发动机）都是通过外包买进，然后进行组装。

➢ 价值推广：通过大众媒体向市场投放信息。

➢ 价值获取：典型的商贸模式。将汽车卖给 4S 店以后，服务也由当地 4S 店提供。

新的商业模式

➢ 价值主张：生鲜食品运输的安全守护神。因为新的汽车可以针对生鲜市场加装制冷、温度监测的功能，同时也包含了 TMS 进行配送运输路线的优化，并且有 IOT 实时将汽车路线与车内温度回传到云端，运输总部可以实时获取每一台车的运营状态，保证生鲜食品全程符合温控要求。

价值主张改变，其他维度的商业模式可以如何共同创新？可以循着 1-3-1 模型的其他四个维度，以及在每个维度当中总结的具体可参考模式，逐一评估是否可行，是否能带来更大的价值。

➢ 价值生成：原来的车体组装采取的水平外包整合模式是不变的，但是新增加的功能，则应该区分开来。

- 其中一部分仍然是外包，例如制冷设备、隔热层、IOT 传感器等这些加装设备，可以在原来的装配厂里面实现。

- 但是 TMS 路径规划、IOT 设备连接的软件以及驾驶与生鲜公司的终端用户操作软件，可能就需要自行研发，以保证解决方案的安全性以及核心价值的保护，属于垂直整合模式。

➢ 价值传递：车子本身仍然可以通过原来的销售渠道（比如 4S店）与消费者进行链接。而软件则通过网络直接安装、维护更新，并且提供线上（网络平台化）的服务模式。

➢ 价值推广：采取一些新媒体，例如社交媒体、短视频。

➢ 价值获取：在新的价值主张下，有更多、更有弹性的收费模式。

- 首先，不放弃原来与行业标准一致的"全功能"产品，这些没有加值的产品，仍然可以按照原来的卖断模式。

- 同时因为新增了很多专为生鲜市场发展的功能，企业可以考虑采取 add-on 模式，按模块计价。原来的车体是基础版，加装制冷、隔热、TMS 路径规划与监控，可以另外收费。全流程可视化管理的功能，也可以另外收费。另外，因为这些车辆的里程完全在掌控当中，所以可以考虑按使用付费作为计费标准，这样可以有效化解价格竞争。

从上面案例来看，企业为了寻求更强的竞争力，选定了市场区隔，按照这个市场区隔的特性，企业提供的价值主张改变了，这个改变也同时牵动其他四种创新来源的模式改变。1-3-1 模型在商业模式创新的过程给予了很好的路径指导。参见表 14-1 案例车企新旧模式对比。

表 14-1　案例车企新旧模式对比

	旧 的 模 式	新 的 模 式
价值主张	全功能中型卡车	生鲜食品安全运输守护神
价值生成	水平外包整合模式 主机厂负责卡车外观设计，所有零部件都来自外部供应商	原来的车体生产不变 外加制冷设备供应商、IOT 等，也采取外包 TMS、B 端客户 App 以及司机 App 自行研发，与车身整合
价值传递	在全国分区设置备品仓，通过各地 4S 店提供客户维修服务	车辆销售服务仍然通过 4S 店 软件直接下载，维护更新版本
价值推广	通过媒体广告进行推广	通过社交媒体、短视频加强推广
价值获取	卖断给 4S 店	车辆直接销售模式不变 客户可选择升级为生鲜行业专用版，以 add-on 模式计费，也可以采取 PPU 模式

14.4　本章小结

本章介绍了 1-3-1 商业模式创新模型的实际使用方法，它是从重新审视价值主张需要回答的六个问题开始，进行调研，最后做出新的价值主张。然后再循着其他四个创新来源维度，根据每个维度的可能模式进行挑选，最后选择出最具有创新价值的模式。你不妨在企业内试试这个为许多企业提供商业模式创新咨询时，已经被验证的方法，相信一定能够帮助你克服商业模式创新的挑战。

第 15 章
规范：持续创新的组织与流程规范

经过了前面两个阶段——风暴、构建，这时新的商业模式基本上已经成型，接下来将是新商业模式转型最关键，也是最困难的阶段，就是如何让新商业模式走向常态化。新的商业模式既然已经构建好了，为什么还说这时候是最困难的阶段？很简单，因为要克服惯性。

绝大多数的组织从建立的第一天起就开始潜移默化地形成自身特殊的组织文化，因为只要有人与人之间的互动，就会逐渐养成习惯。这些组织习惯，从显性的层面来看，就是团队形成的工作惯例，从隐性的层面来看，就是隐藏在组织当中的文化。惯性的形成可能是好事，因为大家都有了可遵循的规则，但是这种组织习惯也可能成为组织创新或商业模式转型的最大障碍。

15.1　公司从 2B 转型到 2C 的艰辛之路

前面介绍过一家年成交总额十多个亿的企业，创业者是一位 85后的年轻企业家。这家企业在市场上选择了一个很好的切入点，它原来是生产与销售竹纤维作为材质的卫生巾，这种卫生巾不同于传统棉质卫生巾，棉质卫生巾在放置较长时间后容易潮湿，并且滋生细菌，不利于女性生理健康。后来这家企业又与中医药大学合作，推出了女性经期护理的产品以及推拿服务。由于这个精准的定位，企业零售门店数量快速增长到 5 000 家以上，我和这位企业家结缘的地点是在课堂里。

在一次 EMBA 课堂，我要求学员们自我评估一下他们企业的数字化能力，以及对客户的了解。我问他们："你们知道自己公司有多少终端消费者吗？知道这些人住在哪里、在哪里上班、上次什么时间来店、什么时候应该会再来吗？如果没来你们知道吗？知道怎么立即采取有效的措施唤回这些潜在流失客户吗？"那位 85 后的企业家课后过来找我，希望我帮他建立数字化体系。于是我很直接地问他有多少终端消费者。这位企业家说："不知道，因为我们的产品是通过经销商销售的，所以我们根本没有终端客户的信息。能做的只是与经销商保持好的关系，提供他们好的产品，并且培训他们。我们的销售也集中在每年几次的进货活动上，在这些活动里面，我们提供更大的让利，激励经销商进货，因为没有终端消费者的信息，所以我们甚至不知道产品是真的卖出，还是留在经销商仓库里面做库存。"

我给出的建议是他的企业必须从传统商贸的 2B 模式，转型为无限接近消费者的模式。经销商在渠道当中主要的角色是提供产品本地销售以及服务，其所有的交易数据必须集中到总部，总部对这些数据进行挖掘。同时，总部会提供经销商前端管理客户的平板电脑，公司可以直接对潜在客户发出信息，例如提醒客户在季节变化时关注自己的身体，并且提醒客户回店接受符合当季需要的经期护理。这些信息会同步传达给经销商，让经销商跟进这些客户的服务。我称这种运营模式为"步炮协同作战"。其中，公司扮演着炮兵的角色，通过智能模型与大数据，直接发出信息给终端消费者。门店经销商扮演着地面步兵的角色，它们按照发给终端客户的信息内容，负责跟进终端客户到店接受的服务。参考图 15-1。

这样的新商业模式中间包含了两个重要的数字化手段：① 门店的平板电脑；② 总部的大数据分析与建模能力。首先要让门店人员

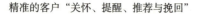

精准的客户"关怀、提醒、推荐与挽回"

图 15-1   步炮协同作战的客户管理模式

将客户数据录入平板电脑，然后将这些数据回传到总部数据中心，进行挖掘，并且产生场景化的联系建议名单。

照理说，这样的转型既能够让公司赋能经销商，又能够直接驱动终端客户到店消费，应该是很好的模式创新，但是在实际执行过程中遇到了许多挑战。接下来讨论在推动这个转型项目时，碰上的挑战以及我建议的应对方式。

15.2   商业模式转型面对的挑战

这家企业的经销商都是通过代理商开发的，这种模式在中国极为普遍，例如 eBay 中国的卖家也是通过渠道合作伙伴去联系开发。据我所知，淘宝除了铁军，也有类似的渠道开发伙伴。这些发展出来的经销商良莠不齐，参加了招商说明会就决定开始加盟作为经销商，当中很多人甚至没用过电脑。

过去，这些经销商都有自己手写的流水账，记录谁来了店里、买了什么东西、还有多少精油存在店里、客户预付款还有多少等。但这种写在纸质记事本上的东西，时间久了就很难再找到，许多客户就这么失去联系，甚至还有些客户的账户上还有剩余金额，却再没来店消费。

虽然店长们也知道将这些开单记录录入平板电脑以后，就不会有遗失的问题，甚至总部还能提醒他们在什么时候应该再联系客户。但是，这些店长却觉得电脑的输入不如写字随兴，太麻烦了。特别是对一些并没有接受过良好教育的店长来说，平板电脑有时候功能太多，反而让他们裹足不前。

门店成员不愿意用新的工具执行新流程有两个关键问题，首先是不习惯，因为他们习惯手工做账，觉得用手工记录更方便。其次是他们觉得用平板电脑输入没什么好处，花时间做这些事没太大意义。所以公司需要导入新的技术平台解决这两个问题。大量的关于信息化导入的学术研究也显示，有用性以及易用性是推动新技术平台被接受的关键。应该怎么做呢？建议遵循这几个原则。

（1）先聚焦 MVP（Minimum Viable Product，最小可行产品）。不要一下子告诉被培训者太多功能，那样会让他们觉得太复杂，不知从何下手而放弃使用。每次选择最简单但最重要的 1—2 个功能，让被培训者学习使用。等到被培训的人员回去熟练这个 MVP 操作以后，下一次再培训其他的 MVP。

（2）培训时要以"能够达到什么效益"为目的，而不是介绍产品技术。对于那些前端的业务人员或操作人员来说，他们要知道的是做这件事情的商业价值，而不是这个技术产品多伟大。例如，把培训的课题定位为"如何用新工具增加销售额""如何用新的工具增强客户黏性"，这样业务或操作人员心理上才会更容易接受这些新技术。

（3）培训时要将功能置于使用场景。场景就是什么时间做什么事，例如在晚上休息后、离店以前，门店运营的人应该提醒并与已经预约明天来店的客户做确认，这就是特定的场景。

（4）组成学习小组，让团队形成自己的驱动力量。可以将被培训者分组，每一组 5—6 个人，推举两人分别担任组长和副组长，由组长和副组长推动、监督学习。并且建立竞赛机制，这样培训的效果会更好。

数字化或商业模式转型经常需要一段时间才会见效，特别是让公司把原来全心全意面对经销商（B）的思维，转换为对 C 端的深入挖掘与发展，也是一个重大的思维挑战。过去，这些总部营销人员每隔 1—2 个月，就会搞一次针对 B 端的进货活动，根据过去的经验，这样可以吸引经销商下订单，帮助团队达成公司销售指标。而新的模式是要求团队聚焦 C 端的数字化运营，帮助经销商把手里的货卖掉，之后公司自然能接到经销商的补货订单。特别注意，这种经常性的补货，就没有刺激大量囤货的优惠。所以有时营销团队迫于短期业绩指标，通常会一对一与经销商沟通营销机制和囤货政策。他们为了不打乱对大客户的销售节奏，甚至排斥在微信群里与经销商沟通使用平板电脑的问题，这就导致对 C 端用户的经营三天打鱼两天晒网。

如何解决这种短期业务压力对新制度的打击呢？短期压力是所有人都会有的，毕竟原来的模式是公司、部门或个人赖以为生的工作方法，在特定时间内的压力的确容易让创新工作被打回原形。建议试试以下两个途径：

（1）建立试点团队，减小新业务造成的冲击。可以选择特定的城市或更小的区域作为新制度的试点，以及选择团队当中比较积极而且认同新制度的人来率先试点，这样不至于因为新制度的同步推行，影响到所有人或所有地区市场。其他人在新制度确定成功之前，还是继续做原来的事，新制度对现有工作的影响就会被降到最低。此外，船小好调头，当发现新制度的一些问题后，也可以及时调整，提高成功的概率。

（2）试点成功后，再扩大推广。试点成功以后，团队对新制度的信心也会更强，那时候再扩大全面推行，这样也就更容易成功。

市场或销售团队因为短期进货回款指标的压力，减缓对 C 端的关注。高层管理者经常也会因为受到这种短期回款的压力，容忍市场与销售团队忽视原来制定的 C 端运营规则。另外，当新运营模式受到团队消极抗拒时，不愿转变的下属会提出许多似是而非的论点，作为拒绝改变的借口。这时高层管理者更需要坚持战略转型的初心，坚持对新制度的推动。

不要把商业模式转型看成变魔术，今天调整了模式明天就会有成效。无论是消费者的行为，还是企业内部员工的行为改变，都不是一蹴可就的，公司可以设置几个里程碑，来检验整个转型的进程是否顺利。

我经常会问企业家们，他们做模式转型时，想用中医方法还是西医方法。他们会很好奇地问中医或西医的区别是什么？我告诉他们，中医就是在转型过程中不换人，给老员工培训，慢慢改变他们的想法。西医的方法很简单，换人，直接引进新人，就不会有"老毛病"，而且新人通常不太需要培训，见效最快。大部分企业家都选择中医方式，因为他们很在意那些和他们一起打江山的老员工。既然这样，高层主管就需要有更多的耐心，容忍更长的转型时间，不要想要速成。因为换机器容易，换脑子是最难的。

商业模式转型必然需要很多创新的流程与做法，例如，传统商贸型企业转型需要把精力从 B 端客户移转到 C 端客户，这免不了要尝试很多对 C 端营销的新方案。例如拉新活动，过去是依靠门店地推，而新的操作模式改为通过朋友圈或粉丝团的裂变。这时企业需要很长的时间学习过去没做过的方法，很少人能够一下子就成功。在这个过程中，团队必须不断尝试、调整方案与流程。企业高层主管需要理解这是试误而不是错误，并给予团队鼓励，表扬那些愿意接受新尝试并勇于面对失败的态度。

15.3　新商业模式规范化的步骤

规范化包含了"刚性的组织设计"与"柔性的管理内涵设计"两种工作。刚性规范化是外表可以看得到的内容，例如，新组织的调整与新流程的设计。柔性部分则是运营过程的内涵设计，这两种工作是缺一不可的，分别说明如下。

15.3.1   组织刚性的规范化

组织刚性的规范化，就是从企业的外观可以看到的内容，通常必须包含四个内容：策略、流程、组织、信息。

图 15-2   组织刚性的规范化流程

还是以本章开头讲的这家企业，打算从 2B 的商业模式转变为 2C 商业模式，作为例子，说明这四项内容是如何关联在一起。

（1）策略的同步。策略，就是企业将通过哪些方法达成转型 2C 的目标，这家企业原来采取的模式是商贸模式，它生产出自有产品以后，通过地区代理商、经销商销售它的产品。新的模式是 2C，企业希望通过直接掌握数据带动 C 端的销售，让 B 端的补货水到渠成，而不是像过去花费很高的成本激励经销商进货，如果经销商的库存无法消耗，未来即使给再多的进货奖励，也很难期望它们再进货了。

为了达成上述的目标，企业采取的策略是"多渠道无限接近 C 端客户"，了解他们的消费原因、消费行为的变化，并且适时地激活 C 端客户消费。

（2）业务流程设计。描述这个无限接近 C 端客户的策略如何实施，就是企业需要采取的流程。流程通常不止一项，可能需要有数个相互连接的子流程。图 15-3 是按照前面案例从 2B 转型 2C 时，企业 2C 商业模式从发掘客户一直到产生收益的过程。

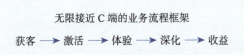

图 15-3　2C 商业模式在发掘客户一直到产生收益的过程

在规范化企业新流程时，首先要描绘出新核心业务流程的轮廓，然后再用泳道图细化出每一个步骤。

接下来就是用泳道流程分析方法将这些流程，具体如何操作——由谁负责做什么事、在什么时间内完成、完成以后交给谁等工作说明清楚。以案例中的获客拉新到激活客户的流程的泳道图作为说明，参看图 15-4。

这家企业将获客拉新流程制度化，这当中涉及市场部、门店部、电商部、会员部四个部门的协作。市场部的角色是策划线上线下每月的获客方案，围绕每月 15 日公司的会员日作为发动日的一系列工作。

具体工作流程是前一个月的 15 日，市场部对内部的各部门发布下月活动内容，并明确活动主题、拉新活动规则、钩子（试用）产品以及活动视觉设计的初步方案，当月 5 日完成文案、POP（point of purchase，售点广告）视觉设计。门店部需要督促各地经销商门店在当地打印 POP，与此同时，电商部也需要在这一天完成网站上的活动页面设计。当月 12 日活动预发布，同时在公司的公众号、网站发布，门店也同时张贴海报。

当月 15 日是会员日，也是拉新活动正式启动的日期。在这一天门店人员需要告知来客拉新活动，引导来客扫码参与，店长在线上也同时启动拉新裂变活动。会员部则在活动结束后的次日发布各部门拉新的绩效，同时发信息给新客户，感谢他们成为会员，并且提醒这些

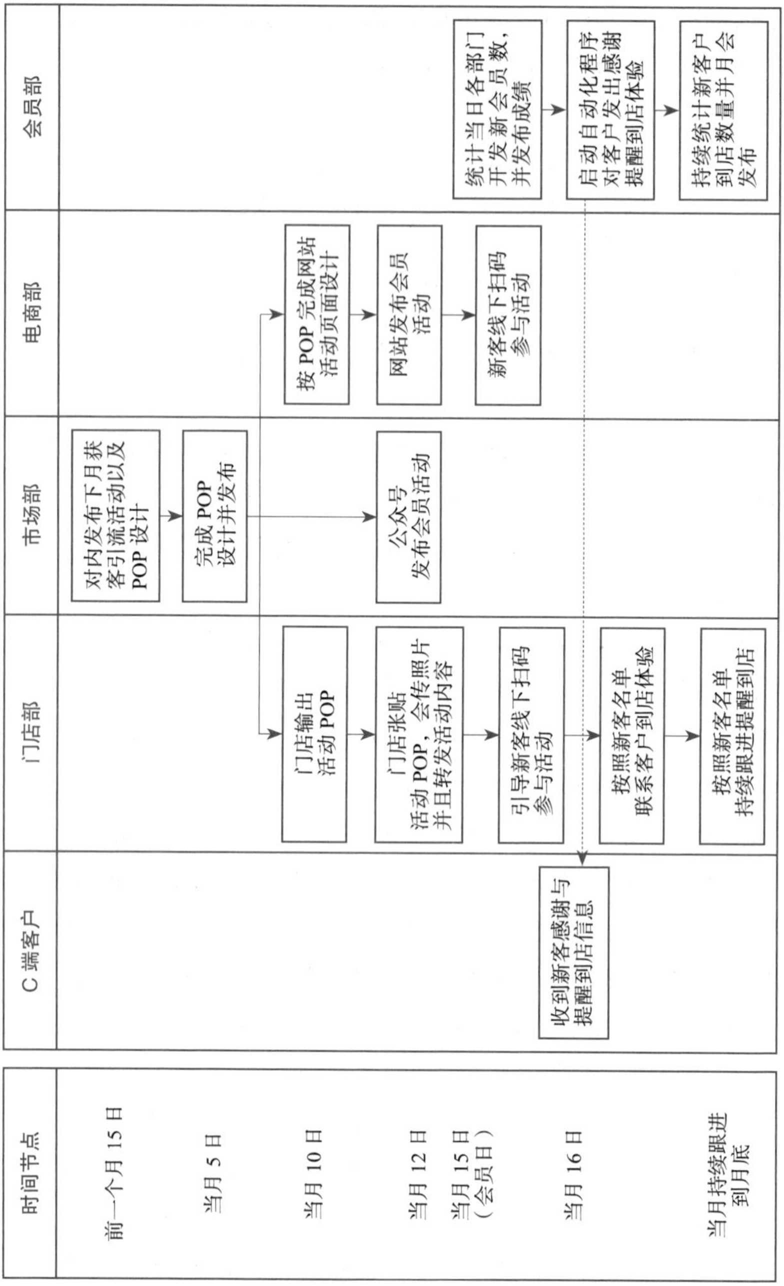

时间节点	C 端客户	门店部	市场部	电商部	会员部
前一个月 15 日			对内发布下月获客引流活动以及 POP 设计		
当月 5 日			完成 POP 设计并发布		
当月 10 日		门店输出活动 POP		按 POP 完成网站活动页面设计	
当月 12 日		门店张贴活动 POP，会传照片并且转发活动内容	公众号发布会员活动	网站发布会员活动	
当月 15 日（会员日）		引导新客线下扫码参与活动		新客线下扫码参与活动	统计当日各部门开发新会员数，并发布成绩
当月 16 日	收到新客感谢与提醒到店信息	按照新客名单联系客户到店体验			启动自动化程序对客户发出感谢提醒到店体验
当月持续跟进到月底		按照新客名单持续跟进提醒到店			持续统计新客到店数量并月会发布

图 15-4　泳道分析

新客户到店体验。此外，会员部还需告知店长，有哪些新客购买了试用产品，需要邀请他们到店体验。会员部持续发布已到店以及未到店的新客数，这个跟进工作将持续到月底，算是完成这一轮的拉新活动。活动的结果将在每月会议当中发布，并讨论如何进一步精进。

（3）分工组织设计。新的流程设计完成后，还需重新审视流程当中的每一件工作应当归属到哪一个部门，或成立一个新的部门，让任务分工更清楚，协作无缝对接。案例中的企业原来并没有会员部，新设这个部门就是因为定义工作时发现，需要有一个独立于各个线上线下渠道的部门，进行数据分析、绩效总结、发布。

（4）信息系统设计。在这种新流程构建过程当中，信息部门通常有两项工作：

　i. 流程的无缝对接：例如案例当中，当市场部门发布活动规则时，信息部门需要明确消费者参与活动的具体流程，如扫码浏览活动内容，老会员转发活动给朋友达成裂变目的，推荐的老客户与新客户如何得到活动规定的奖励。

　ii.绩效数据反馈：信息部门需要将每个地区、城市、门店有多少的参与者，最后有多少人完成裂变等业绩相关数据进行反馈。

15.3.2　组织柔性设计

前面讲的是组织刚性的一面，正如同人的身体，骨架、皮肤、肌肉是刚性的"硬件"，但是也有血液等"软件"。在硬件的基础上运行一个新的模式需要刚性组织，这种组织的刚性面，一旦建立，就不会经常改变。

而柔性的一面，则体现在实际运营达成目标的方式，这包含六项工作——目标、路径、节点、检核、庆功、修正，如图 15-5。这六个步骤会依据新项目不断地产生，也就是每一个大的项目都需要重复执行这一柔性流程。

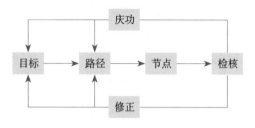

图 15-5　组织柔性设计

（1）制定目标。目标就是这个新的商业模式，要在什么时间完成什么样的任务，这些任务按照组织级别的不同，可能涉及企业的销售数字、利润数字、新产品上市、市场发展规模、产品研发成果。目标是相对稳定的，即使在运营过程中碰上一些挑战或困难，目标值都不应该轻易改变。

（2）路径规划。路径就是一步步达到目标的主要方法，例如客户要从上海到北京，首先要选择的是坐高铁还是坐飞机。同样，要达成新商业模式的销售目标，要确定从哪些渠道产生多少销售，加总起来可以达到总体目标。要按时达成新品上市的目标，需要选择是自己开发还是通过合作伙伴来开发。要达到发展某一个市场的目标，需要决定是自己派遣团队开发当地市场还是通过代理商去开发这个市场。

（3）确认节点。节点就是路径当中足以影响任务达成的里程碑事件，通常与时间相关。例如打算坐高铁从上海到北京，而且是下午五点前到达北京。关键节点就是必须在中午十二点前到达上海虹桥高铁站，不然会影响目标达成。如果目标是达到一定的销售额，节点可能是在什么时间之前需要发掘出多少潜在客户；在另外一个时间之前，有多少客户进入具体采购的谈判；又在哪一个时间之前，有多少客户签约，这样才能在预计时间内完成销售任务。如果超过了时间没能达到节点，就会影响最终任务的实现。

（4）按时检核。一个新的项目检核可以分为两种，而且是两种必须同时采用。第一种是固定时间的检核，例如每日、每周、每月。查核在各时间段是否完成了到达节点的距离或完成百分比，这样可以清楚地掌握是否能按时到达节点。第二种是节点的检核，就是在计划的节点时间之内，查核是否达到了节点的结果。

（5）及时修正。在检核时，需要审视达成的进度状况，如果发现在预定时间之内可以达到节点，就不需要做任何调整。如果在检核时发现无法在预定时间内到达节点，就需要了解为什么无法按时间完成，并及时做出必要的调整。这种调整可能是做法上的改变，可能是人员、资源、投入上"值与量"的调整，以确保按照预定时间到达节点。不过要注意一个原则，战术过程是可以调整的，但是战略方向一定是不变的。

（6）立即庆功。最后一个是庆功，不仅仅是在项目最终完成时庆功，也需要在按时到达节点的时候庆功，这样可以激励团队保持高昂的斗志。

15.4　本章小结

商业模式转型就如同历史上许多朝代实行变法，管理层要妥善地管理新模式的实施过程，这个过程就是一个规范化的过程，管理层需要坚持初心，化解当中的阻力。规范化的过程又可以区分为组织刚性面的设计与组织柔性面的设计。

在组织刚性的一面，应该确立战略与目标，建立正式的组织、流程以及信息反馈机制，在完成组织刚性设计的同时，也不能忽略组织柔性的一面，就是制定目标、规划路径、确认节点、按时检核、及时修正、立即庆功。

同时完成组织的刚性与柔性两个维度的设计，新商业模式在组织中成功实施的概率就会大幅提升。

第 16 章
绩效：持续性自主学习及绩效管理机制

前面三章讨论了商业模式转型的前三个步骤——风暴、构建、规范，本章将进入商业模式转型的最后一个步骤——绩效阶段。

在绩效阶段以前，企业经历了组织成员对于转型必要性的争执与意见不统一，通过风暴阶段，团队逐渐达成了必须做这个改变的共识。在构建阶段，团队利用本书介绍的 1-3-1 模型，构建新的商业模式。接着在规范阶段，再将这些新流程、新模式"定型"，让组织成员在未来工作上有遵循的标准。所谓的定型就是基于新的商业模式，制定业务流程，然后重新划分企业的组织分工，并且将这些流程交给不同的部门或组织去执行。

本章需要完成三件主要的工作：① 掌握组织绩效的密码；② 确定如何进行绩效衡量；③ 如何做好绩效管理。这三个步骤是保证组织形成持续性自主学习和绩效管理机制的关键。

组织必须有能力不断自我检视新模式、新流程是否可行，并且常态性地衡量这些新模式、新流程是否让企业绩效提升，并且达成了预定的效果。以及评估新模式当中是否有规则或流程要做二次优化，这样才能建立一套商业模式创新，形成完整而且有效的闭环。

16.1 掌握组织绩效的密码

掌握组织绩效的密码，其实就是需要了解公司产生业绩的底层逻辑，也就是当哪些事情做对了，企业自然就会产生好的绩效。那么绩效是什么？不同企业及其在不同阶段关注的绩效重点不同。不过为了简化讨论，这里讲的绩效就是企业能否产生利润。利润取决于销售、成本以及费用。成本与费用是相对稳定、容易计算的，因此大部分企业还是把日常绩效管理的重点放在销售上，所以这里的讨论暂时以"销售收入"作为企业绩效的主要目标。

为了容易理解，仍然用前面几章讲述的一家 2B 企业，转型为 B2B2C 的模式为例，来说明什么是里程碑的达成，以及这样的公司应当如何制定绩效衡量指标。

16.1.1　回款的底层逻辑：一定要现有销售

以案例企业为例，它原先采用的是 2B 商贸模式，所以它关注的应该是经销商的回款。绝大多数的 2B 企业其实并没有掌握产生回款的密码，它们都以为只要与经销商搞好关系，服务好经销商，就能产生回款，所以公司的营销活动也是以激励经销商进货为主要目标。例如，举办新品发布会时，2B 企业会大肆宣扬产品有多好卖，能给经销商带来多大的利润，然后再给予经销商更好的进货折扣，让经销商在进货大会上给出更大金额的订单。还有的企业是每年搞一次优秀经销商表扬大会、办个海外旅行等，给经销商打鸡血，让它们沉醉在这个"大家庭"的氛围当中，努力下单。

这种把经销商伺候好了自然有回款的逻辑，背后的假设是经销商有充分的能力把商品卖掉，这个假设在物资匮乏、渠道为王的时代的确是这样，只要经销商支持，愿意卖产品，这家企业就赢了。但是在现在这个产品快速迭代、多样化、供过于求的时代，这个赢得收入的底层逻辑发生了重大的改变。

很多的传统商贸企业抱持着 2B 的观点，只关注经销商的回款，对于经销商的实际销售（sales through，卖给终端客户）一无所知，更无法掌握经销商的库存，每到月底、季度末需要追回款的时候，业务员们就开始联系经销商，攀交情，给政策，争取回款。如果这时经销商正巧缺货，业务员跟经销商要订单是相对容易的。但是，如果经销商的商品滞销，或是前一段时间为了争取优惠政策所囤的库存还没消化完，这时公司的业务员还打电话催单，可能就会被经销商拒绝，然后公司为了达成短期回款目标，只好再给出一些额外的让利来吸引经销商进货。

但是如果经销商的货卖不出去，即使给它们再高的折扣，企业也还是没法获得回款。相反，假设经销商的产品销售很好，库存告罄，即使不给它们任何折扣，它们还是会赶紧进货，免得造成缺货断货，影响它们的销售与客户服务。

这就是 2B 企业回款的底层逻辑的第一条，也是最基本的原则，"有销售才会有回款"，最低回款与销售的关系如下：

最低回款金额 ＝ 安全库存 －（ 期初库存 ＋ 期间进货 － 期间销售成本 ）
60 000 元　　　80 000 元　　50 000 元　90 000 元　　　120 000 元

如上面公式，期初库存 ＋ 期间进货 =140 000 元，这个数字就是经销商在这期间的库存金额，假设这段时间销售了 120 000 元，这时经销商期末库存金额就是 20 000 元。假设要求经销商月底一定要保持 80 000 元的安全存量，而经销商的实际库存是 20 000 元，这时经销商应当补货的金额就是 60 000 元（ 80 000 元－20 000 元）。

这个公式告诉我们，回款虽然是最终目标，但是在日常运营上，企业更需要关注的其实是销售，然后定期计算应该补充货的金额，就是应该合理向经销商要的回款金额。了解了销售的重要性，接下来，需要进一步再深挖，什么事情或行为将决定销售？

16.1.2　销售额是怎么决定的

经销商的销售是怎么发生？企业应该如何关注经销商的能力，帮助经销商把产品卖出去呢？很简单，一定要有来客，才会发生销售。那么来客又是怎么产生的呢？一般来说，来客又可以区分为老客和新客两种，这两种来客的形态与关注点又有所不同。老客是已经来过的客户，再来购买的行为叫作复购；新客是没有来过的客人，也就是第一次接触到公司产品，产生了需求的人。公司的地区业务员应该关注经销商老客的复购活跃度，以及新客数量，这两个数值决定了一家门店的销售业绩。

例如，一家门店有 1 000 名老客，当中有 50% 的客户的活跃度是每月到店一次，20% 是两周到店一次，其余 30% 的客户已经属于睡眠客户，假设能在一个月之内激活那 30% 的准流失客户的 10% 来店一次，那么每月老客到店次数就是（1 000×50%）+（1 000×20%）×2+（1 000×30%×10%）=930 次。再假设这家门店每月通过地推、广告、短视频、裂变等方法，能够产生 200 名新客户，当中有 20%的人会实际到店消费。再假设不管是新客或老客，这些来店客人的平均客单价是 200 元，那么这家店每月的销售预估金额就是 194 000元，计算如图 16-1：

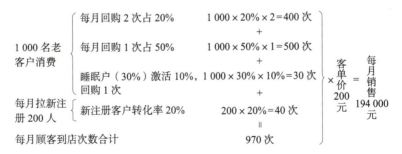

图 16-1　销售业绩的数字化拆解

上面这个计算过程，就已经解开了门店销售业绩的密码，如果这家门店每月要达成的最终销售额 194 000 元，它是通过老客到店 930 次，以及新客到店 40 次（合计 970 次），平均每次的购买金额为 200 元来达成的。从这个逻辑推演，发现企业需要关注的是：① 老客户的复购率；② 拉新人数；③ 新客转化率；④ 平均客单价，这四件事都做好了，就能产生 194 000 元的每月销售额。

了解了这个产生回款的底层逻辑，接着需要考虑如何进行日常运营的绩效衡量与绩效管理。

16.2 绩效衡量怎么做

绩效衡量是从数字上研判一个门店、一个部门甚至是整个企业的绩效如何。衡量绩效需要关注两个维度的绩效——短期绩效与长期绩效。所谓的短期绩效衡量一般是一个月、一个季度，最长不超过一年的绩效衡量，长期绩效则是关注那些能够作为未来至少一年以上，决定企业业绩好坏的预测性指标。

区分长期指标与短期指标。上面讲的这个 2B 企业案例，最典型的短期绩效指标就是企业的销售收入，也就是从经销商那里收到的回款，可以拆分为年度、季度、月度的回款指标。长期绩效指标则应该是客户数的增长以及客户的活跃度。因为客户数量的增长代表了这个企业的基本盘正在扩大，而活跃度则代表着质量水平，客户活跃度高代表着企业的产品或服务能够满足这些客户的需求，这代表着在未来更长的期间内，企业能够持续发展。

16.3 绩效管理怎么做：逐层拆解

绩效指标是了解做得怎么样，绩效管理则是如何确保做得好、达成绩效指标的方法和流程。怎么做呢？就是需要掌握绩效数字产生的底层逻辑。前面解释了回款是怎么产生的，分拆那些影响回款的因素，不断地监控这些因素，发现其中某些因素有问题，就立即采取改正措施，就是绩效管理。可以说绩效考核是结果指标，而绩效管理则是过程指标。当过程指标都没问题时，结果指标也必然没有问题。结果指标通常只有一层，而过程指标则可能需要逐层分解，所以可能是多个层级。结果指标通常无须天天看，但是过程指标则需要经常关注。因为结果指标与过程指标之间经常有滞后性，例如上面这个 2B 企业的结果指标是回款，企业不需要时时监控回款，或许每周看一次就可以了，但是销售属于过程指标，需要时时关注。而且通常这些过程指标还需要再拆分，这样才能知道过程出了什么问题。例如，某一家门店的销售金额是第一层过程指标，如果这个指标表现得不理想，就需要向下挖到第二层过程指标，如来客数、转化率或客单价。如果是来客数不足，我们还需要再往下挖到第三层指标，如复购率或拉新数量是否达标。如图 16-2 所示。

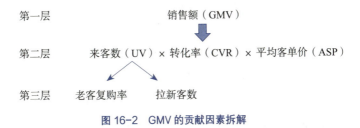

图 16-2　GMV 的贡献因素拆解

通过这样将过程指标进行分解，就能够时时掌握销售的动态，并且在发现问题时立即采取改正措施。例如，老客户复购率太低，可以推出唤醒活动；拉新客数不足，可以立即发动裂变活动；转化率太低，可以推出更具有吸引力的钩子产品；客单价不足，可以做一些捆绑或套餐。这样针对性地调整下面第二、第三层的过程指标，很快就能改善第一层指标，这就是数字化的时时绩效管理。

16.4　绩效管理数字化：
建立企业核心关注的骨干神经系统

前面花了很长的篇幅说明绩效管理是如何从绩效考核延伸出来的，然后再将绩效管理逐次拆分为影响绩效指标的多层次因素，这个拆解的过程，我称之为"解析企业的绩效密码"。企业主管不仅需要知道自己的企业或团队现在做得好不好，例如这个月有没有达成回款目标，更需要知道为什么好或不好。例如，没有销售究竟是因为来客数不足，还是因为转化率或平均客单价的问题，唯有掌握这些底层结构原因，才能对症下药，有效提升绩效。

如果同意上面的论述，认为时时掌握绩效密码是重要的，那么数字化的需求就自然出现了。怎么做呢？我称这个体系的设计为"打造企业的骨干神经系统"。

一个高效的数字化管理体系应该像是一个人的神经系统，从末梢神经获取环境数据，然后传到局部神经，再传到以大脑为中心的骨干神经。大脑进行判断以后，再对神经发出指令。在这种体系下，CEO就如同大脑，随时关注的事情就是其他部门主管也应该时时关注的事，只是因为层级不同，关注的范围不同而已。例如，CEO最关注的是GMV，那么在CEO的办公室里面应该有一个大看板，展示时时的GMV。CEO要能够看到GMV的主要组成（例如地区或事业部门的GMV，以堆叠图展示），同时看板数据能将这个数据与昨天同一时间（包含当前小时以及当日累计）的数据做对比。参见图16-3。

只要某一个小时的GMV没达到昨天的水平，CEO就需要开始关注。同时，部门主管也会看到自己部门或地区的GMV变化，所以部门主管对自己的业绩好坏心里有数，而且他们知道CEO办公室的墙上，正显示哪个地区或哪个业务表现不好，这些主管应当时时警惕并主动跟CEO汇报原因以及对策，这就是骨干神经系统能够产生的

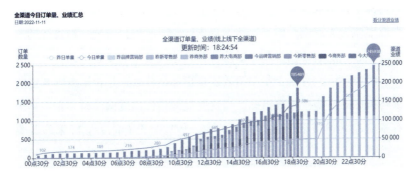

图 16-3　数字化看板，打造数字化管理的骨干神经体系

价值。这样的组织才是能够快速反应的组织。

　　作为数字化的进阶版，这个系统还需要对这些出现问题的过程指标，制定出自动化的改善方案，例如，来客数不足时，系统需要启动唤起复购的方案或是增加新客的裂变；如果是转化率太低，表示门店或网站上缺乏引起需求的钩子产品与价格；如果是平均客单价太低，则需要创造捆绑套餐，提高商品或服务的整体价值与价格，这样就能够有效地做好绩效管理。

16.5　本章小结

　　本章讲述有效实施商业模式创新四部曲当中的最后一个步骤——绩效阶段，就是说明企业如何在完成商业模式创新之后，持续性地进行绩效管理。核心观念是区分绩效指标与绩效管理的概念。

　　绩效指标是想要的最终结果，绩效管理则是达成绩效指标的底层逻辑，这些底层逻辑是由一组相关的变量构成的。我们用一家传统的2B的商贸企业来说明，绩效指标是企业要的最终目的——回款，而绩效管理则是拆解回款怎么产生的底层逻辑。我们用数字化的衡量方式来体现这些过程做得好与不好，当这些过程指标都是好的，那么结果指标就自然水到渠成，如果当中的某个过程指标有问题，结果指标大概率就无法完成。但是这些过程指标给了我们最清楚、最直接的改善入手点，能够帮助企业立即改善并且达成最终的绩效指标。

回想一下，自己企业的绩效衡量指标是什么，是否知道影响这些最终指标的是哪些过程指标。当这些过程指标出现偏差时，企业是否有特定的人员或部门负责持续关注，他们是否有能力立即采取改善行动。

第 17 章
总结：打破过往　重构未来

商业模式的概念，从 2000 年开始产生以来，在学术或实践领域，都不算是新的概念，本书重提商业模式创新，主要是着眼于近几年商业环境的快速变迁。2000 年之后，互联网技术的快速迭代，大量的新形态企业产生，这些新形态企业革了原本经营了 30 年、50 年甚至百年的成功企业的命。例如门户网站颠覆了整个媒体出版行业，搜索引擎又颠覆了这些门户网站，电子商务的去中间化模式颠覆了传统的零售企业，基于移动技术的新零售又革了传统电商的命。5G、大数据、AI 等技术突破，结合了沉睡已久的物联网技术，再次对整个产业与社会发起了第四次商业革命——数字与智能时代。

数字时代不仅技术环境与以往不同，更因为这些新的技术改变了企业的边界与竞争模式。在传统时代，甚至是互联网初期的时代，企业的竞争主要还是基于培养自身优势。但是在数字时代，新的技术使得企业间的互联互通变得可行，企业的边界被打破，企业间更强调连接以及建立生态关系。深入的数字化进程，也使得企业能够更深层次地取得企业运营的实时数据，并据此发出实时的改正指令。

在生产领域出现了以工业 4.0 为基础的虚实整合系统模式。在供应链与物流体系上，数字化与智能化的影响加强了跨企业之间的链接关系。在商业领域，重点也不仅仅是做不做电商、去中间化的争议，而是更强调了以数据下沉赋能经销商，达成品牌厂家与零售伙伴之间的无缝对接与整合。

　　我们梳理了过去 20 年以来与商业模式有关的研究以及理论模型，归纳出五种典型的商业模式理论框架，例如以核心因素为思维导向、流程导向的商业画布理论，以及关系人之间交互的模型等。然而，我们发现这些现有的商业模式理论框架模型，面对基于数字与智能技术的环境，已经无法充分地解读，这些研究当中选择的案例，也明显地与数字化的智能时代脱节。

　　本书的内容是基于过去的理论研究基础，以及作者本人多年来担任 500 强企业高层管理者的经验，融合发展出来的一个全新理论框架——1-3-1 商业模式创新模型。我们提出，企业战略创新是商业模式创新的基础，企业战略创新有五种主要的来源——价值主张创新、价值生成模式创新、价值推广模式创新、价值传递模式创新、价值获取模式创新，当中又以价值主张创新为出发点，引导企业思考自己对客户的价值是否需要创新。例如，诺基亚手机的价值主张是人与人的连接，在传统的手机年代，这确实满足了客户的需求，但是当苹果将手机、音乐、相机以及大量的场景化应用相结合，立即唤醒了用户的潜在需求，在短短一两年内就彻底击溃了诺基亚。苹果因为提出了这个价值主张创新，使得它在价值生成上不再局限于自己开发、生产软件，而是形成了苹果的生态，利用全球庞大的自由开发工程师和合作伙伴，一起为客户创造价值，盈利后再和这些合作伙伴分润，这就是典型的商业模式创新。

　　从苹果的商业模式创新中，可以发现，商业模式创新往往不是单一维度的，而是会带动其他维度的创新，这就是 1-3-1 模式所强调的。这五种创新来源当中，任何一个维度的改变，都会牵动其他维度一起改变。例如在书中列举的上汽大通，其价值主张从批量生产改为客户定制的 C2M，让客户有了更多的选择，也无须再为单一功能而必须购买其他不需要的功能，这个价值是非常有吸引力的。为了实现这个定制功能，上汽大通的工厂生产模式就必须转为柔性生产。同时，由于前端用蜘蛛智选 App 让客户自行定制，4S 店的角色也从门店推销转为售后服务。此外，其收费模式也从按型号选择，改为基于基础车型，客户自行外加他们所需要的附加功能。

我们在五个创新来源的每一个维度，也汇总了从 20 世纪 20 年代一直到今天 21 世纪 20 年代的商业模式，并在这些模式当中加入了数字化智能化的迭代思考。所以无论是生产型企业、销售型企业还是服务型企业，都能找到可以借鉴的模式，用这些基本模式作为基础，加上数字化智能化的能力，企业就可以创造出适合自己的商业模式创新。

孔子有云："学而不思则罔，思而不学则殆。"阅读了这本书的每个章节以后，我建议你一定要停下来，看看每一章节后面留下的作业，这些作业也是我平常给 EMBA 学员上课时讨论的主题，它们能够帮助你有效地吸收内容，并且进行深度思考。在孔子的"思与学"以外，对于今日处在企业当中，尤其是担任领导职务的你来说，更重要的是"行"。

关于"行"，我们在本书的最后一部分也提出了商业模式创新实施的四部曲，这个一方法论是我在领导许多企业做商业模式创新时积累下来的扎实经验，对于企业实施商业模式创新将有巨大的帮助。

最后，愿你在这个诡谲多变的不确定时代，能够不断地创新为企业建立持续盈利的坚实基础。

参考文献

第 1 章

1. 魏炜，朱武祥 . 发现商业模式 [M]. 北京：机械工业出版社，2023.

2. Alexander, Osterwalder. Business model generation [M]. New York：John Wiley & Sons, 2010.

3. Joan, Magretta. Why Business Models Matter [J]. Harvard Business Review, 2002.

4. David, Teece. Business Models, Business Strategy and Innovation [J]. Long Range Planning, 2010(43).

5. 三谷宏志 . 商业模式全史 [M]. 马云雷、杜君林，译 . 江苏：江苏文艺出版社，2016.

6. Raphael, Amit and Christoph, Zott. Value Creation in e-Business [J]. Strategic Management Journal, 2001(22): 493−520.

7. 贾斯曼·奥利佛 . 商业模式新生代 [M]. 黄涛、郁婧，译 . 北京：机械工业出版社，2016.

第 2 章

8. Rita, McGrath. Business model: a discovery driven approach [J]. Long Range Planning, 2010.

第 3 章

9. H, Igor, Ansoff, et al. Strategic Portfolio Management ［J］. Journal of General Management, 1976: 4(1): 13-29. DOI: 10.1177/0306307 07600400102.

10. Porter, E. Competitive advantage: creating and sustaining superior performance: with a new introduction ［M］. New York: Free Press, 2004.

第 4 章

11. Kevin, Boudreau and Karim, Lakhani. How to Manage Outside Innovation ［J］. MIT Sloan Management Review, Summer 2009.

12. 陈威如，余卓轩 . 平台战略 ［M］. 北京：中信出版社，2013.

第 5 章

13. Raphael, Amit and Christoph, Zott. Value Creation in e-Business ［J］. Strategic Management Journal, 2001(22): 493-520 .

14. David, Teece. Business Models, Business Strategy and Innovation ［J］. Long Range Planning, 2010(43).

第 10 章

15. Philip, Kotler — The Father of Modern Marketing-Keynote Speech — The Future of Marketing (2019) — YouTube, www.youtube.com/watch?v=WPetPmlN1Iw.

第 11 章

16. Henten, H and Windekilde, M. Transaction costs and the sharing economy ［J］. info, 1999.

17. Wosskow, Kickstarting. The great British sharing economy: Central government seems receptive to entrepreneur Debbie Wosskow's ideas to support novel marketplaces [J]. Parking Review, 2015.

18. 罗宾·蔡斯.共享经济：重构未来商业新模式［M］.王芮，译.杭州：浙江人民出版社，2016.

19. Nwaorgu, Benson. What is Collaborative Consumption? Platforms and Participation of People in Collaborative Consumption——Impact of the New Technologies [J]. International Journal of Innovation and Technology Management, 2018(9).

20. 汤天波，吴晓隽.共享经济："互联网＋"下的颠覆性经济模式［J］.科学发展，2015（12）.

21. 龚静，侯长林，张新婷.计算思维能力发展模型与教学程序研究［J］.现代教育技术，2018，28（4）.

22. 郑志来.共享经济的成因、内涵与商业模式研究［J］.现代经济探讨，2016（3）.

第 12 章

23. Tuckman, W. Developmental sequence in small groups [J]. Psychological Bulletin, 1965(63): 384−399.

24. Brown, R. Group Processes 2e [M]. Oxford: Blackwell, 1999.

第 13 章

25. Clayton, Chrestensen the Innovator's Dilemma: When New Technologies Cause Great Firms to Fail [M]. New York: Harvard Business Review Press, 2016.